U0142371

泰國發展進行式：

政治、經濟與社會文化整合

Thailand Development Is Going On:

Views from Politics, Economy, and Social Culture Integration

宋鎮照　洪鼎倫　譚偉恩主編

序

　　台灣與泰國的雙邊交流從1947年開始以來，到2017年時，已經堂堂地邁入70周年，以往台灣對台泰雙邊交流的認識與接觸，僅僅在於台商層面而已，多數的人僅知道泰國是全世界台商第二多的國家，但卻不知道台灣與泰國在實質雙邊關係上的發展是相當密切與活絡的。

　　根據外館資料顯示，泰國的台灣僑胞將近有15萬人，泰國是台灣人旅居海外的首選之一。自新南向政策推動以來，便有許多政府、民間組織、企業、學術、大學等機構，積極與泰國政經社會文化各層面進行交流，特別是前往拜訪泰國台灣商會聯合總會（簡稱泰國台商總會）和泰國台灣會館，當作進入泰國社會交流的重要媒合處。而且許多人可能不知道台商總會的由來，其實它是由泰國台灣會館工商部負責人余聲清先生於1992年所推動成立的組織。

　　2017年台灣第二屆泰國研究國際研討會：『台泰交流七十年的機遇與情誼：邁向多元交流的新紀元』，便是希望透過學術研究的視角，讓過去沉澱已久的台泰交流、台泰友誼的發展再度重現，並為台泰雙邊發展提供更多的交流管道與機會。更重要者，希望能夠讓泰國研究在台灣生根和發展。同時，掌握泰國發展趨勢與政經文化內涵，也是一種管道與商機，更是前進泰國的重要資訊依據。

　　本書收錄的論文是以第二屆研討會的眾多論文中所篩選出來，主要以泰國「中國與泰國政經發展」、「華人政治與經濟」及「文化與創意產業」三個方面進行整體的內容建構，著重於全方

位對泰國的發展有更全面的掌握。

　　第一部分重視泰國與中國政經關係發展，一方面專注於泰國在區域發展與整合的發展策略，以及泰國大選與政治民主的發，另一方面著重於泰國與中國在一帶一路倡議，以及軍售合作和安全發展的關係。

　　第二部分討論華人在泰國參政的政治與經濟情況，以及泰國華人在當地的經商的網絡關係，可以看出在泰國社會裡，華人在政治、經濟和社會上扮演著重要的角色。

　　第三部分著重於文化與創意產業上。當前台灣對於泰國文化的接觸大多以旅遊文化為主，而本書特地收錄泰國文化遺產及創意產業的文章，希望可以讓讀者對於泰國如何利用歷史文化遺產，來發展文化創意產業，可以有多一層次的認識。

　　總之，本專書能夠順利出版，首先要感謝撰寫論文的作者們，對於他們在泰國研究上投入許多的時間與努力，不僅為台灣的泰國研究帶來許多學術動力與貢獻，也提升這本泰國專書出版的品質與閱讀價值。在此要對專書作者趙文志、周美辰、孫國祥、陳尚懋、陸文浩、戴萬平、黃勇富、嚴智宏、蘇明如、王雅萍等教授及老師，致上十二萬分的謝意。

　　最後，更要感謝贊助與支持第二屆台灣泰國國際研討會舉辦及專書出版的政府部門、學術單位、企業與個人，包括有僑務委員會、國立成功大學國際事務處、國立臺灣師範大學國際與社會科學學院、Thai-Taiwan（BDI）Technological College、唐榮鐵工廠、泰國威名企業、國立台北商業大學東協經營策略研究中心、泰國台灣會館、就諦學堂、楊文瑞（溫馨護理）等，對於他們的大力支持，在此表達最高的謝意。

　　本書出版的最大期許和用意，無非是要來提高台灣在泰國研究領域的重視，以及在提升泰國研究能量上，能夠扮演拋磚引玉的角色，也希望大家能夠共襄盛舉來開拓泰國研究的廣度與深度，更希望能夠凝聚成一個泰國研究的台灣社群，藉由對泰國政治民主、經濟市場和整合、社會發展、文化歷史、國際關係、軍事安全、區域合作、發展策略、宗教交流、華人網絡等，讓台灣的泰國研究能夠更上一層樓。

宋鎮照　洪鼎倫　譚偉恩

謹誌於成功大學社科大樓政治系

2018年10月31日

目錄

緒　論

緒論：泰國政治經濟發展挑戰及發展機會

宋鎮照

國立成功大學政治系 特聘教授

台灣泰國交流協會 理事長

壹、前言：泰國發展挑戰

根據國際貨幣基金（International Monetary Fund, IMF）估計，2017 年泰國的國內生產毛額(Gross Domestic Product, GDP)達 4,550.3 億美元，在東南亞國協(Association of Southeast Asian Nations, ASEAN)十國中，是僅次於印尼的第二大經濟體。2017 年泰國經濟成長率為 3.9%，略高於 2016 年的 3.3%；2017 年人均國民所得毛額(Gross National Income per capita, GNI) 達 6,589 美元，屬於世界銀行(World Bank)所定義的「高中等收入經濟體」（upper-middle-income economies）。[1]

泰國在經濟發展上有兩波重要的成長，第一波是在 20 世紀的 1980 年代到 1990 年代，這 10 年之間泰國的經濟成長平均達 8.1%，其 GDP 更是翻漲一倍之多。從 1980 年的 323.5 億美元到 1990 年時高 853.6 億美元。第二波的經濟成長是從 2000 年到 2010 年，主要成長動能在於泰國的全球化及中國大陸的經濟崛起，使得泰國在這 10 年之間，GDP 從 2000 年的 1,264 億美元成長至 2010

---

[1] IMF, "THAILAND," *Country Report*, file:///C:/Users/user/Downloads/cr18143.pdf. (accessed on 2018-10-12).

年的 3,411 億美元。

　　雖然整個泰國的 GDP 看似持續性的在增長，但是 2012~2017 年以來，泰國經濟彷彿被看不見的大手壓制著，失去了活力。同時，泰國近三年的外資直接投資逐年減少，遠低於經濟發展程度接近的越南及馬來西亞。相較於緬甸的 7%、越南的 6.7%、馬來西亞的 5%，泰國的經濟成長率也在東協各國中偏低。

　　究其原因，政治動亂與天災肆虐是經濟放緩的元凶。2006 年、2008 年及 2010 年，泰國相繼出現大規模反政府示威，2014 年更發生軍事政變，政局不穩，導致當年的經濟成長率僅 0.8%。此外，泰國也存在著嚴重貧富不均的現象（如亞洲開發銀行(Asian Development Bank, ADB)估算，泰國在貧窮線以下的人口約有 10%），再加上泰國近年來因為水旱災和政治上的動盪、及泰國經濟體在東南亞國家相對而言已經處於高度發展的狀態，再加上泰國國王蒲美蓬的過世，使得泰國政府在抑制泰國國內消費的情況下，泰國經濟成長率較東協的其他國家低。根據世界銀行的統計數據，2015~2017 年間，泰國 GDP 之平均年增率約只有 3.4%，均低於菲律賓 GDP 的 6.6%、印尼的 5%。[2]

　　2011 年，曼谷首都圈爆發史上最大的洪水，重創製造業產線，逾 100 家汽車零組件工廠被迫停工。在吸引外資不利方面，主因在於薪酬水平相對周邊國家較高，如 2016 年，泰國工人的平均月薪為 383 美元，約是越南的 3.3 倍，緬甸的 4.5 倍，這些都是外國企業在投資泰國時必須考慮的成本。

---

[2]　數據來源：The World Bank，from http://databank.worldbank.org/data/reports.aspx?source=2&type=metadata&series=NY.GDP.MKTP.CD (accessed on 2018-08-12).

　　因此泰國政府近年來積極的希望透過大型的投資來帶動國內的經濟成長及引進國外的投資，如與中國合建的 52 億美元高鐵項目，來推升創新與先進產業發展擴大經濟動能。[3]

　　為此，泰國投資產業促進會規劃將以五個產業為主，強化四個技術的發展，再以東部經濟走廊(Eastern Economic Corridor, EEC)、特別經濟區(special economic zon, SEZ)及工業區等為重點開發區域，除了新開發 EEC 等重點園區之外，也可以帶動較落後區域的發展，如（圖一）所示。

　　除此之外，泰國除了大型的基礎建設的硬體投資之外，泰國政府也持續地強化本身的文化創意軟實力，像是一村一品（One Tambon one Product，OTOP）、曼谷時尚之都（Bangkok Fashion City）、泰國創意設計中心（Thailand Creative and Design Center，TCDC）、創意泰國（Creative Thailand）等。希望透過泰國本身的創業產業除了強化本身的文化認同之外，也希望可以提升泰國經濟，擺脫「中等收入陷阱」（middle-income trap）的障礙。

---

[3] 黃嬿，〈軍政府執政 3 年，泰國經濟成長遠不如東協鄰國〉，《財經新報》，2017 年 5 月 23 日，網址：https://finance.technews.tw/2017/05/23/thailand-economy-lack-of-boost/，檢索日期：2017 年 12 月 15 日。

以產業為主
- 生物產業
- 創意與數位產業
- 高價值商業與服務業
- 先進生產
- 基礎和輔助工業(Basic & Supporting Industries)

以技術為主
- 生物技術
- 奈米技術
- 先進材料技術
- 數位技術

重要發展產業，相對應技術/產業如附件

以地區為主
- EEC(東部經濟走廊3個省份)
- SEZ(經濟特區10個省份)
- 南部邊境口岸
- 20個低收入省份
- 工業園區
- 食品工業園區

以價值為主
- 研究開發
- 提供教育機構，培訓中心或技術或人才發展基金
- 知識產權費
- 高等科技培訓
- 發展本土供應商
- 產品和包裝設計

圖一、2017 泰國產業投資促進政策

資料來源：作者自製

貳、中國一帶一路與泰國發展結合契機

　　另外，對於中國發展一帶一路倡議進入東南亞而言，泰國不論是在地理、政策，還是國際關係及經濟發展上，都對中國要前進東南亞有重要的影響。第一、泰國在東南亞各國當中具有重要的國際地位，在東協十國當中，泰國是其中為重要的領導國家之一。泰國位於東協的核心地帶，是東協物流、貿易和金融的中心。同時，泰國也是中南半島實力最為雄厚，地區影響最大的國家。

　　因此，對於中國而言，中、泰兩國通過一帶一路合作，可以

打造「一帶一路」建設的示範效應，實現「雙邊促多邊」的積極影響，推動「湄公河次區域合作」和「21 世紀海上絲綢之路」的良好發展。

　　第二、泰國政府提出「泰國 4.0」經濟戰略，通過創新和智慧製造等科技發展高附加值產業，促進泰國產業轉型升級和新經濟模式發展，增強國家競爭力。泰國政府表示，將在未來 20 年全力推進「泰國 4.0」戰略，讓國家走出「中等收入陷阱」，步入發達國家行列。實現這一戰略目標的重要策略就是「東部經濟走廊」(Eastern Economic Corridor，簡稱 EEC)計畫，該計畫規畫在泰國東部沿海的北柳府（泰文：จังหวัดฉะเชิงเทรา，英文：Chachoengsao）、春武里（泰语：จังหวัดชลบุรี，英文：Chonburi）和羅勇（泰文：ระยอง，英文：Rayong）三個府，發展基礎設施、實行一系列投資優惠政策鼓勵高附加值產業發展，如新型汽車、生物科技、智慧電子、醫療保健、機器人、數位產業等。泰國希望將「東部經濟走廊」打造為高科技產業集群區。

　　泰國提出的構建計畫以創新驅動為主的經濟發展戰略，並希望與中國「一帶一路」倡議發展理念和目標相契合。中國與泰國雙方未來「一帶一路」倡議和「泰國 4.0」戰略基礎上，將基礎設施、產業群聚、電子通訊、數位經濟、科技和能源列為未來五年雙方經貿合作五大重點領域，兩國在發展戰略和政策理念上相互合作。

參、泰國華人政經發展現況

　　東南亞的華人族群一直對於當地國的經濟有舉足輕重的影響

力，這幾年隨著華人參與政治的比率越來越高，東南亞華人族群的政治參與也受到學者研究的重視。泰國作為東南亞華人人口比例第二高的國家，其華人同化的比例又遠高於印尼、馬來西亞、菲律賓等國，因此泰國華人的發展歷程、與當地同化的情況、對當地經濟的影響甚大。

1973 年之後，泰國政治情勢出現變化加上國內經濟持續改善，使得泰國華人參政的比例逐漸增加，目前可以發現華人參政可以整理出下列幾個特色：第一：部分華人政治家本身具有企業家背景，這從泰國華人自 1973 年以前的政商網絡連結以來就存在；第二：華人開始積極透過各種管道來參與及影響政治，包括：直接透過選舉、資助政黨、組成企業組織，來影響政府的決策；第三：泰國政治民主化進行提升了華人企業家參與政治的熱情。

泰國華人參政議題與其他東南亞國家最大的不同點，在於泰國華人的「同化」程度最高，目前的第三代或第四代華人幾乎都是在泰國出生，父母也都是在泰國出生，使用泰語，並與泰籍人士結為家庭，並完全接受泰文教育，因此對於其華人身分及文化傳統上的認同，無疑地出現「天然泰」的華裔泰國人。對於在泰國定居超過四代以上的華人，其實 華人只是一個修飾詞而已，泰國才是他們的國家，在國家認同問題上不會出現分裂。

肆、泰國文化產業發展

近年來國際間，「文化產業」、「創意產業」或「文化創意產業」等概念，常被認為是國家經濟發展、社會生活品質提升的關鍵因素，並常與國家主體認同有關，使得世界各國社會越來越重視其

發展，尤其是當面臨全球性經濟不景氣之際，於是攸關文化經濟與文化認同等內涵的文創產業，便被挑選出來成為各國政策，台灣與泰國亦不例外。

泰國的文化產業從 2001 年的「一村一品(One Tambon One Product, OTOP)」開始，泰國政府陸續在整體產業方面投入許多政策資源，來發展泰國的文化創意產業，如今泰國的設計、時尚、工藝、電影、媒體等產業的發展已漸具成效，不僅使泰國走出經濟危機，更成功地透過文創產業提升國家競爭力。目前泰國政府推動文化創意產業的重大計畫包括：一村一品、曼谷時尚之都（Bangkok Fashion City）、泰國創意設計中心（Thailand Creative and Design Center，TCDC），逐漸將泰國的文化創意產業發展起來，也成為泰國經濟發展的特色之一。

目前泰國的文化創業產業的競爭優勢大致可以分為以下三點：第一，在文化旅遊（cultural tourism）方面：泰國擁有三座聯合國所認可的世界文化遺產、傳統文化具多元樣貌、相對低價之高品質服務。第二，在商品設計（design goods）方面：擁有獨具文化特色之手工藝精品並且獲得泰國政府全面的支持。其三，在影視產品（film）方面：地點優勢，天然景點眾多、相關電影從業人員專業素質佳、廣受政府相關單位的支持與補助等。

伍、本書架構說明

承上所述，泰國為了跳脫「中等收入陷阱」的障礙，積極的建構與改善創新經濟的商業環境及基礎建設，為此提出「泰國4.0」、「東部經濟走廊」（EEC）等政策，並結合原本的文化創業

產業等，希望可以協助泰國的經濟重新起飛，在經濟、產業、物流、基礎建設、農業、資訊、科技、運輸、生物醫學、環保、能源上，建立一個全方位的經濟立體與產業自動化的整合發展，來提升泰國工業與產業的競爭力，希望在 2030 年達到目標。

　　因此，本書主要以三個方面來處理泰國發展的研究議題，第一是以中國「一帶一路倡議」因素、泰國的跨域經濟發展、中泰軍事合作為主軸；第二是以華人政經發展與華人企業網絡研究為主軸；第三是以泰國的文化與創意產業為主軸，來分析泰國目前的文化認同與創意產業的發展。

　　如圖二所示，針對泰國政經發展與安全的主題，試圖將 9 篇論文放在一個研究架構下，進行整合與規劃，並建立一個緊密的議題連結架構。透過泰國經濟發展、穩定區域安全的途徑，來追求與中國一帶一路倡議的結合、跨區域合作的發展、以及泰中軍事合作、泰國華人政經濟發展及企業網絡關係、區域文化發展與認同、和泰國文化創意產業等。

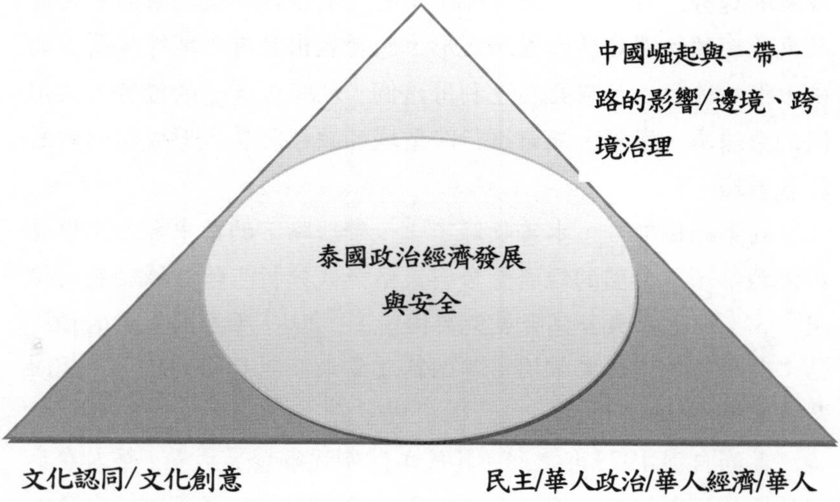

中國崛起與一帶一
路的影響/邊境、跨
境治理

泰國政治經濟發展
與安全

文化認同/文化創意　　　　　　民主/華人政治/華人經濟/華人

圖二、泰國經濟發展與安全概念

資料來源：作者製作。

　　第一個部分的專書結構將呈現如圖三所示，在外的三角主要
是凸顯目前中國大陸經濟崛起之後，積極希望可以往外拓展，而
邊境的中南半島（印支半島）無疑是最優先的地緣戰略選擇，而
泰國因為對於中國的政治態度並不像是越南一樣強硬，且在經濟
發展及地理位置上又極具有競爭力。因此，對於中國大陸而言，
泰國不論是經濟上、政治上、甚至軍事上，都是中國大陸最佳的
合作夥伴。

　　再者，曼谷地區占泰國國內生產毛額比率超過三分之一，大
曼谷地區更高達 45%，從近 10 年的數據來看，曼谷幾乎扮演了
泰國經濟發展核心支柱的地位。但是近年來，因為曼谷地區得發
展逐漸呈現飽和的現象，因此泰國的經濟發展有逐漸往邊陲地帶

發展的趨勢，再加上中國和 GMS 的經濟合作，使得泰國在北部及東北部的經濟發展圈逐漸成形，而發展出具有「地緣經濟」的核心樞紐地位。目前泰國也利用這個「地緣經濟」的優勢，與鄰國的柬埔寨、寮國、緬甸進行跨區域的政經發展，形成新的經濟發展區域。

在第一個部分，本書收錄了「一帶一路下的泰中合作：機會與挑戰」、「泰國的經濟整合與策略模式分析：跨區域發展的檢視」、「中泰軍售合作發展與契機」、「2019 年泰國大選的預評估：選舉暴力與民主鞏固」等四篇文章來探討泰國的政治、經濟及軍事的合作。

泰國自從 1973 年之後，其民主體制逐漸發展成熟，華人在泰國的地位逐漸提升，因此華人從原本參與商業經營逐漸轉向參與政治活動，讓泰國華人參政的比例逐年增加，而使得華人在泰國的政治、經濟與商業／企業網絡上呈現更為綿密的交錯關係。因此本書特別收錄「泰國華人參政的政治經濟分析」、「泰國華人企業的關係網絡運作」二篇文章，來探討目前泰國的華人在整個泰國政治經濟發展上的現況與發展。（如圖四所示）

第三個部分，主要是介紹東協、泰國及臺灣相關的文化創意的相關發展。一個國家或社會的認同需要有共同的文化為基礎，但是自古以來東南亞的文化就非常豐富多元，要其成立「社會文化共同體」並不容易。而對文化認同發展上，是否可與東協的國家可以進一步的持續發展，就變得非常的重要。因此本文特別收錄「東協社會文化共同體「文化遺產合作」議程的推動與前瞻：以泰、柬為例」這篇文章，希望可以透過位在兩國邊界上的柏威夏寺為焦點，探討這個願景落實的可能性。

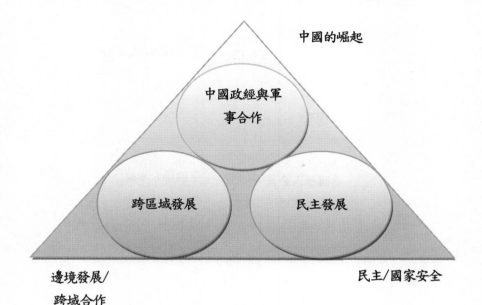

圖三、泰國政經治理架構

資料來源：作者自製。

　　另外，泰國在金融風暴後 1998 年推出「Amazing Thailand」，以泰國文化為觀光主要訴求，因應不同地區，設計出不同觀光策略，並在 2002 年選出觀光、時尚、食品、電腦動畫、汽車做為五大競爭力產業，2003 年推動「Creative Thailand」，逐漸打造出被譽為「風格之境」的「泰流」。而這個泰國文化的發展是值得台灣在文化創業產業的發展上直接借鏡。因此，本書收錄「誰的文化？誰的認同？探索台灣與泰國之文創觀光」這篇文章，希望可以供臺灣當局，有更為多元化及全面化的了解泰國，以及如何透過文化創意產業來提升國內經濟。

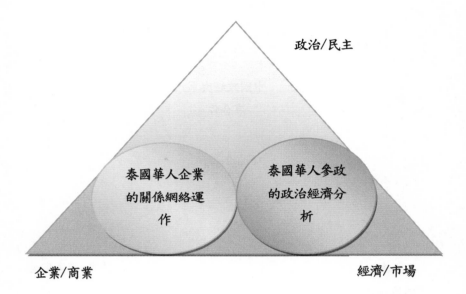

圖四、泰國華人政治經濟發展情況
資料來源：作者自製。

　　另外，在文化的表現上，一個博物館的營運及價值的創造，
對與一個國家如何體現本身的文化內涵及價值創造就變得非常重
要，而這一點在國內的研究當中甚少。本書最後一篇規劃了「台
灣與泰國的博物館發展樣態與策展交流回顧與展望」，內容介紹
以泰國為例，顯影研究博物館和民族文化村，對東南亞整體的博
物館和民族文化村的發展輪廓提供理解，以及對東南亞多元族群
教育的願景和實施策略，以連結和瞭解台灣新南向政策的影響，
並思考以博物館為主，提供對未來國人理解東南亞文化的教育模
式。整體第三個部分的章節架構，便如圖五所示。

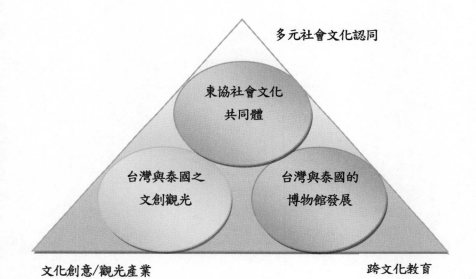

圖五、泰國文化創意與教育

資料來源：作者自製

第一部分

民主與區域治理

一帶一路下的泰中合作：機會與挑戰

趙文志

國立中正大學戰略暨國際事務研究所教授兼所長

【摘要】

　　中國一帶一路倡議是習近平上任後所提出來的重要國家戰略工程與規劃，一帶一路所規劃的國家或區域對中國與習近平來說，具有不能失敗之壓力。泰國位處「中國─東南亞」中心位置，是整個中國─東南亞的重心與中心。這樣絕佳的地理位置使得泰國成為中國一帶一路規劃藍圖中必須要合作的重要國家。面對中國如火如荼推動地一帶一路倡議，泰國政府的態度以及雙方在一帶一路上合作的挑戰為何？是本文的要研究目的。在此研究目的下，本文希望耙梳兩國在一帶一路倡議上，官方立場與態度為何？目前為止在一帶一路的合作進展現況為何？以及最後探討雙方在一帶一路倡議合作上所可能面臨的挑戰與困境。

關鍵詞：**一帶一路、泰國、中國、中泰鐵路**

壹、前言

　　中國「一帶一路倡議」是習近平上任後所提出來的重要國家戰略工程與規劃，在一帶一路所規劃的國家與區域對中國與習近平來說，有不能失敗的壓力。因此，中國非常系統性積極推動一帶一路工作。在一帶一路所規劃的區域中，東南亞地區正是位處「海上絲綢之路」上的重點區域，也是中國要完成海上絲綢之路建設必經之地。稟此，東南亞是中國一帶一路戰略規劃上必須要克服的戰略高地。

　　泰國位處「中國-東南亞」中心位置，是整個「中國-東南亞」的重心與中心。這樣絕佳的地理位置使得泰國成為中國一帶一路規劃藍圖中重要的合作國家。然而中國與泰國關係發展經歷過不同階段與進程，從過去的歷史經驗來看，兩國經歷過敵視、和緩以及合作三個不同階段。在這不同階段中，兩國關係發展呈現不同的互動樣貌。對於中國來說，泰國對其整個東協外交政策來說具有中心指標地位。因此，如何促進兩國在一帶一路倡議上具體合作並產生成果具有重要意義。

　　面對中國如火如荼推動一帶一路倡議，泰國政府的態度以及雙方在一帶一路上合作的挑戰為何？是本章的要研究目的。在此研究目的下，本章希望耙梳兩國在一帶一路倡議上，官方立場與態度為何？彼此目前為止在一帶一路的合作進展現況為何？以及最後探討雙方在一帶一路倡議合作上所可能面臨的挑戰與困境。

貳、一帶一路目前合作成果

　　根據目前中國官方統計資料指出，一帶一路合作的國家除了沿線國家外，中國也與非沿線國家簽署合作備忘錄等各種不同形式文件。同時中國各部門也紛紛提出各種各自執掌權限下的關於一帶一路政策文件。例如，中國文化部提出了「一帶一路文化發展行動計畫（2016-2020 年）」，主要任務是「健全一帶一路文化交流合作機制，完善一帶一路文化交流合作平臺，打造一帶一路文化交流品牌，推動一帶一路文化產業繁榮發展，促進一帶一路文化貿易合作。」又如中國國家體育總局與國家旅遊局發佈的「一帶一路體育旅遊發展行動方案（2017-2020 年）」，其主要任務則是「培育體育旅遊市場，實現一年有影響、兩年上規模、三年創品牌，在一帶一路相關區域形成一批精品體育旅遊賽事、特色運動休閒項目、有競爭力的體育旅遊企業和知名體育旅遊目的地，體育旅遊人數占該地區旅遊總人數的比重超過15%。通過體育旅遊全方位的交流互動，促進「一帶一路」區域內的政策溝通、產業互通和民心相通，使體育旅遊成為一帶一路區域內開放合作的亮點。」。[1]

---

[1] 新華絲路，2018，〈「一帶一路」：2017 成果亮眼 2018 行穩致遠〉，《新華絲路》，<http://silkroad.news.cn/2018/0202/82835.shtml>，(檢索日期：2018 年 05 月 10 日)。

表一、中國公布的一帶一路成果表(2017-2018/4)

日期	一帶一路成果
2017 年 1 月	中國發布《文化部「一帶一路」文化發展行動計畫（2016-2020 年)》
2017 年 3 月 17 日	中國推動「一帶一路」寫入聯合國決議
2017 年 4 月 1 日	中國自由貿易試驗區再增 7 個
2017 年 5 月	中國國家能源局發佈《推動絲綢之路經濟帶和 21 世紀海上絲綢之路能源合作願景與行動》
2017 年 5 月	中國推進「一帶一路」建設工作領導小組辦公室組織編寫了《共建「一帶一路」：理念、實踐與中國的貢獻》
2017 年 5 月	中國環境保護部、外交部、國家發展改革委、商務部聯合發佈了《關於推進綠色「一帶一路」建設的指導意見》
2017 年 5 月 14 日- 5月 15 日	中國召開「一帶一路」國際合作高峰論壇
2017 年 7 月	中國國家體育總局、國家旅遊局發佈《「一帶一路」體育旅遊發展行動方案（2017-2020 年)》
2017 年 7 月 4 日	中俄簽署《關於歐亞經濟夥伴關係協定聯合可行性研究的聯合聲明》
2017 年 7 月 24 日	亞洲金融合作協會（亞金協）成立

2017 年 8 月	中國工業和資訊化部、中國國際貿易促進委員會發佈《關於開展支援中小企業參與「一帶一路」建設專項行動的通知》
2017 年 8 月 8 日	第 11 屆中國——東協民間友好大會通過《暹粒宣言》
2017 年 8 月 31 日	中國與塔吉克斯坦共和國簽署多項合作檔，加強基礎設施領域合作
2017 年 9 月 6 日	2017 中國——阿拉伯國家工商峰會發佈《銀川宣言》
2017 年 9 月 16 日	中澳簽署關於開展收入政策制定合作的諒解備忘錄
2017 年 10 月 18-24 日	「一帶一路」等內容寫入中國共產黨黨章
2017 年 10 月 27 日	中國大連港開通國內首條直達斯洛伐克中歐班列
2017 年 10 月 27 日	中國秦皇島港開通東南亞航線 外貿直航航線增加到 3 條
2017 年 11 月	中國國家發改委和海洋局發佈《「一帶一路」建設海上合作設想》
2017 年 11 月	自 2017 年 10 月 29 日至 2018 年 3 月 24 日，中國民航將執行 2017/2018 年冬春航季航班計畫。新航季，中國國內航空公司計畫新開「一帶一路」沿線國家國際航線 95 條，主要集中在東歐、中亞、東南亞、南亞及南太平洋地區國家。國外航空公司

	新開 18 條「一帶一路」沿線國家的國際航線，主要集中在菲律賓、馬來西亞、泰國、越南、柬埔寨、哈薩克斯坦等國家。
2017 年 11 月	南向鐵海聯運通道累計發行常態班列 18 班，跨境公路通道實現常態化運行
2017 年 11 月 10 日	中國與柬埔寨簽署《關於電子商務合作的諒解備忘錄》
2017 年 11 月 11 日	中國、智利簽署自由貿易協定升級議定書
2017 年 11 月 17 日	中國、巴拿馬簽署共建「一帶一路」等多項合作文件
2017 年 11 月 17 日	中國天津港新開今年第三條「一帶一路」集裝箱班輪航線
2017 年 12 月 13 日	中國首列以入境班列為首發的「烏蒙歐」中歐班列開通
2017 年 12 月 19 日	亞投行新增 27 成員
2017 年 12 月 26 日	首次「中國－阿富汗－巴基斯坦」三方外長對話舉行 達成八大共識
2017 年	絲路基金簽約 17 個項目
2018 年 1 月	中國國家主席習近平提出與拉美和加勒比國家建設「太平洋海上絲綢之路」
2018 年 1 月 16 日	中國重慶江北國際機場已開通「一帶一路」沿線國家國際航線 44 條
2018 年 1 月 18 日	中國廣西首趟中歐班列開行 連接東協及歐洲

2018 年 1 月 26 日	《中國的北極政策》白皮書將「一帶一路」伸至北極
2018 年 1 月 31 日	中國國家開發銀行與渣打銀行簽署 100 億人民幣「一帶一路」專案授信貸款備忘錄
2018 年 2 月 7 日	南非標準銀行與銀聯達成合作協定支付便利化助推中非經貿
2018 年 2 月 9 日	中國鄭州-盧森堡「空中絲綢之路」開門首月執飛航班 65 班
2018 年 3 月	中國重慶首次由陸路「南向通道」進口東南亞水果
2018 年 4 月 2 日	中國和寮國將正式建立智慧財產權雙邊合作關係，並簽署首份智慧財產權領域合作諒解備忘錄。
2018 年 4 月 27 日	中歐班列首次抵達維也納

資料來源：中國民營經濟國際合作商會，2018，〈2017 年「一帶一路」建設成果豐碩〉，《中國民營經濟國際合作商會》，<http://www.ciccps.org/News/Shownews.asp?id=1085>，(檢索日期：2018/05/10)。2018，〈「一帶一路」：2017 成果亮眼 2018 行穩致遠〉，《新華絲路》，<http://silkroad.news.cn/2018/0202/82835.shtml>，(檢索日期：2018 年 05 月 10 日)。《中國一帶一路網》，<https://www.yidaiyilu.gov.cn/>，(檢索日期：2018 年 05 月 16 日)。

此外，中國與東南亞國家之間在一帶一路上的合作雖然有所進展，但也呈現出一些特點，首先，最多在一帶一路項目上合作國家是以過去就長期與中國關係密切的國家為主，例如柬埔寨、寮國、緬甸。但東協重要國家，如泰國、印尼、馬來西亞合作項目就不如前述國家多。其次，是一帶一路合作項目中，很多是延

續過去既有計畫，再冠上一帶一路合作項目。例如、中國與柬埔寨經濟特區合作項目及中國與寮國綜合開發計畫等，是在過去的基礎上延續推動並列入一帶一路計畫項目與成果中。第三是項目無所不包，凡是雙方有合作的地方，都被納入為一帶一路合作成果。（見表二）

表二、中國與東協關於一帶一路合作項目與聲明

日期	一帶一路與東協合作項目與聲明
2010 年 6 月	時任中國國家副主席、現任中國國家主席習近平與寮國國家副主席本楊·沃拉吉的見證下，中寮雙方簽訂了《寮國首都萬象綜合開發項目諒解備忘錄》。
2010 年 12 月 13 日	中柬兩國政府在北京正式簽訂《中華人民共和國政府和柬埔寨王國政府關於西哈努克港經濟特區的協定》。
2012 年 6 月	中馬雙方共同在吉隆玻簽署了《關於馬中關丹產業園合作的協定》。
2013 年 9 月 30 日	中緬天然氣管道全線貫通，開始輸天然氣。
2014 年 4 月 28 日	中菲簽署《加強防務合作協定》。
2014 年 11 月 13 日	第十七次中國－東協領導人會議主席聲明。
2015 年 11 月 13 日	中寮鐵路項目簽約儀式在北京舉行。
2016 年 5 月 3 日- 5 日	中寮聯合聲明，雙方簽署了《中國共產黨和老撾人民革命黨合作計畫（2016-2020 年）》《中老兩國政府經濟技術合作協定》《中寮關於促進產能與投資合作的諒解備忘錄》等 10 項合作項目。
2016 年 9 月 7 日	中華人民共和國和東南亞國家聯盟成員國領導人在寮國萬象（永珍）發表《第 19 次

	中國－東協領導人會議暨中國－東協建立對話關係 25 周年紀念峰會聯合聲明》。
2016 年 9 月 8 日- 9 日	中華人民共和國和寮國人民民主共和國發表聯合公報。雙方簽署了《關於編制共同推進「一帶一路」建設合作規劃綱要的諒解備忘錄》、《關於確認並共同推動產能與投資合作重點專案的協議》、《關於共同編制寮國電力、中寮鐵路沿線綜合開發、旅遊等重點領域經濟發展專項規劃合作框架協定》、《經濟和技術合作規劃補充協定》、《關於開展國內安全執法領域情報資訊交流合作的諒解備忘錄》、《關於修繕和保護在寮中國烈士陵園的協定》、《2016 年至 2018 年文化合作執行計畫》、《關於通關便利化合作的安排》、《雙邊銀行監管合作諒解備忘錄》等合作項目。
2016 年 9 月 10 日	第五屆中國-東協質檢部長會議（SPS 合作）聯合聲明。
2016 年 10 月 13 日- 14 日	中華人民共和國和柬埔寨王國聯合聲明，雙方簽署了《中柬兩國政府經濟技術合作協定》、《免除柬埔寨政府到期債務的協議》、《關於實施中柬友誼醫院大樓專案的立項換文》、《關於編制共同推進「一帶一路」建設合作規劃綱要的諒解備忘錄》、《關

	於加強合作預防和打擊拐賣人口的協定》、《對所得避免雙重徵稅和防止逃避稅的協定》、兩國外交部《關於加強新形勢下合作的協議》、《關於確認並共同推動產能與投資合作重點專案的協議》、《關於開展國內安全執法領域情報資訊交流合作的諒解備忘錄》、《關於監察領域合作的諒解備忘錄》、《關於開展中柬青年科學家交流計畫的諒解備忘錄》、《關於聯合開展水利項目合作諒解備忘錄》、《海洋領域合作諒解備忘錄》、《廣播電視合作協定》等31份合作項目。
2016 年 10 月 28 日	中國-東協衛生合作與發展南寧宣言。
2017 年	中國與寮國將寮國萬象（永珍）賽色塔綜合開發區專案，列入中國「一帶一路」戰略規劃中的早期收穫項目。
2017 年	中緬合資天然氣發電廠將於 2018 年投產。
2017 年 2 月 24 日	中菲舉辦投資論壇推動雙邊合作。
2017 年 3 月 13 日	中菲雙方簽署《中菲經貿合作六年發展規劃》。
2017 年 5 月 13 日-17 日	《中華人民共和國和柬埔寨王國聯合新聞公報》，柬埔寨王國首相洪森與中國大陸簽署了《共同推進「一帶一路」建設合作規劃綱要》《關於加強基礎設施領域合作的諒

	解備忘錄》《關於交通運輸領域能力建設合作諒解備忘錄》《關於旅遊合作的諒解備忘錄實施方案（2017-2020）》，《關於共建中東聯合海洋觀測站的議定書》等13份合作項目。
2017 年 7 月	泰國推進東部經濟走廊計畫，積極表態希望同「一帶一路」對接。
2017 年 7 月 13 日	中國和東帝汶簽署經濟技術合作協定
2017 年 8 月	中企承建馬來西亞東海岸鐵路項目開工
2017 年 8 月 8 日	第十一屆中國－東協民間友好大會通過《暹粒宣言》。
2017 年 10 月 27 日	秦皇島港開通東南亞航線 外貿直航航線增加到 3 條。
2017 年 11 月	中國與菲律賓簽署了 14 項合作檔，訪問後雙方發表了《中華人民共和國政府和菲律賓共和國政府聯合聲明》，雙方同意實施好《中菲經貿合作六年發展規劃》，在基礎設施、產能與投資、經貿、農業、民生發展、社會人文等重點領域推進合作，共同編制和落實《中菲工業園區合作規劃》。
2017 年 11 月	中國國內航空公司計畫新開「一帶一路」沿線國家國際航線 95 條，主要集中在東歐、中亞、東南亞、南亞及南太平洋地區國家。國外航空公司新開 18 條「一帶一路」

	沿線國家的國際航線，主要集中在菲律賓、馬來西亞、泰國、越南、柬埔寨、哈薩克等國家。
2017 年 11 月	南向鐵海聯運通道，將中國西部相關省區市與新加坡等東協國家通過區域聯動、國際合作共同打造、有機銜接「一帶一路」的複合型國際貿易物流通道。
2017 年 11 月 10 日-13日	中越聯合聲明，雙方簽署了《中越國防部邊防合作協定》、《共建「一帶一路」和「兩廊一圈」合作備忘錄》、《電力與可再生能源合作諒解備忘錄》、《2017 年中越產能合作專案清單的諒解備忘錄》、《核安全合作諒解備忘錄》、《加快推進中越跨境經濟合作區建設框架協定談判進程的諒解備忘錄》、《關於成立電子商務合作工作組的諒解備忘錄》、《確定 2017-2021 年中越經貿合作五年發展規劃重點合作專案清單的諒解備忘錄》、《關於人力資源合作開發諒解備忘錄》、《關於使用中方援款開展建設傳統醫藥學院項目可行性研究的換文》、《銀行監管資訊交流諒解備忘錄》、《關於文化產業合作的諒解備忘錄》、《中越衛生合作執行計畫》、《中國社科院同越南社科院學術交流合作協定》、《中國外文出版發行事業

	局同越南國家政治真理出版社 2017-2022 年合作框架協定》、《全國新聞工作者協會同越南記者協會新聞交流合作協定》、《中國共產黨廣西壯族自治區委員會同越南共產黨廣寧、諒山、高平、河江省委員會關於開展幹部培訓合作的協定》，以及一些企業和金融機構間的合作協定。
2017 年 11 月 10 日	中國與柬埔寨簽署《關於電子商務合作的諒解備忘錄》
2017 年 11 月 12 日	中國香港與東協簽署自貿協定與相關投資協定。
2017 年 11 月 13 日-14 日	中寮聯合聲明，雙方簽署了《中寮兩國外交部關於加強新形勢下合作的協議》、《關於共同推進中寮經濟走廊建設的諒解備忘錄》、《關於加強「數字（網上）絲綢之路」建設合作的諒解備忘錄》、《中寮政府間科技合作協定》、《關於聯合開展寮國國家水資源資訊資料中心示範建設專案和寮國南烏河、南屯河流域綜合規劃項目合作的諒解備忘錄》、《關於共同建設中寮現代化農業產業合作示範園區的諒解備忘錄》、《關於加強基礎設施領域合作的諒解備忘錄》、《關於開展未來三年援助合作的諒解備忘錄》、《關於人力資源開發合作的諒解

	備忘錄》、《援寮國工貿部資訊系統專案立項換文》、《關於實施懷博萊水電站專案的優惠貸款框架協定》、《關於建立電力合作戰略夥伴關係的諒解備忘錄》、《關於金融支援寮國中小企業發展合作的協定》、《懷博萊水電站專案優惠貸款協定》、《寮國 115 千伏輸變電線路擴建與綜合改造專案貸款協議》、《關於萬象至萬榮高速公路專案合資協議》、《寮國 500／230KV 萬象環網專案貸款協定》等合作項目。
2017 年 11 月 15 日-16 日	中華人民共和國政府和菲律賓共和國政府聯合聲明。簽署合作清單：一、《中華人民共和國政府和菲律賓共和國政府經濟技術合作協定》；二、《中華人民共和國政府和菲律賓共和國政府關於援菲馬尼拉兩座橋樑專案立項換文》；三、《中華人民共和國政府和菲律賓共和國政府關於援菲戒毒中心專案立項換文》；四、《中華人民共和國商務部與菲律賓共和國貿易工業部關於工業園區發展合作的諒解備忘錄》；五、《中華人民共和國商務部和菲律賓共和國財政部關於共同推進第二批重點基礎設施專案合作的諒解備忘錄》；六、《中華人民共和國商務部和菲律賓共和國交通部關於共同

	推進菲律賓南北鐵路南線項目合作的諒解 備忘錄》；七、《中華人民共和國國家發展 改革委和菲律賓國家經濟發展署關於應對 氣候變化物資贈送的諒解備忘錄》；八、《中 華人民共和國國家發展改革委和菲律賓環 境與資源部關於中菲產能與投資合作諒解 備忘錄及專案清單的實施框架》；九、《中 華人民共和國國家國防科技工業局與菲律 賓共和國國防部關於國防科技工業合作的 諒解備忘錄》；十、《中華全國青年聯合會 與菲律賓全國青年委員會合作諒解備忘 錄》；十一、《中華人民共和國國家智慧財 產權局與菲律賓共和國智慧財產權局智慧 財產權領域合作諒解備忘錄》；十二、《中 華人民共和國國家開發銀行與菲律賓共和 國基地轉化發展署諒解備忘錄》；十三、《中 國進出口銀行與菲律賓財政部關於赤口河 灌溉和卡利瓦大壩專案融資合作協定》；十 四、《菲律賓共和國 2017 年人民幣債券發 行承銷協議》
2017 年 11 月 19 日	中緬擬建「人字形」經濟走廊 打造三端支 撐、三足鼎立合作格局。
2018 年 1 月 10 日-11 日	中華人民共和國政府和柬埔寨王國政府聯 合公報，簽署了以下合作文件：《關於進一

	步推進中柬技術轉移中心建設的諒解備忘錄》、《關於品質提升合作諒解備忘錄》、《中柬兩國政府經濟技術合作協定》、《關於實施吳哥古跡王宮遺址修復專案的立項換文》、《關於開展「愛心行」項目的諒解備忘錄》、《關於合作編制柬埔寨現代農業發展規劃的諒解備忘錄》、《關於水稻研究合作的諒解備忘錄》、《關於在柬埔寨建設珍貴樹種繁育中心的協定》等 19 份合作文件。
2018 年 1 月 18 日	中國廣西首趟中歐班列開行 連接東盟及歐洲。
2018 年 3 月	中國重慶首次由陸路「南向通道」進口東南亞水果。
2018 年 4 月 2 日	中國和寮國將正式建立智慧財產權雙邊合作關係，並簽署首份智慧財產權領域合作諒解備忘錄。
2018 年 5 月 6 日-8 日	中華人民共和國政府和印尼共和國政府聯合聲明，簽署合作檔清單：一、《中華人民共和國國家發展和改革委員會與印尼共和國海洋統籌部關於推進區域綜合經濟走廊建設合作的諒解備忘錄》；二、《中華人民共和國國家發展和改革委員會與印尼共和國國有企業部關於對雅加達──萬隆高速鐵路項目持續順利實施提供支援的諒解備忘

	錄》；三、《中華人民共和國國家國際發展合作署與印尼共和國公共工程和住房部關於傑納拉塔水壩工程可行性研究的立項換文》；四、《中華人民共和國國家國際發展合作署與印尼共和國公共工程和住房部關於裡阿克瓦水壩工程可行性研究的立項換文》；五、《中國國家開發銀行與印尼投資協調委員會投資促進合作諒解備忘錄》；六、《中國進出口銀行和印尼共和國財政部關於萬隆高速公路三期專案優買貸款協議》；七、《中國進出口銀行、印尼共和國財政部和印尼共和國國家發展計畫部關於基礎設施融資合作實施協定》

資料來源：作者整理自中國一帶一路網，<https://www.yidaiyilu.gov.cn/>，(檢索日期：2018 年 05 月 17 日)。

　　從上述表一與表二洋洋灑灑許多項目來看，中國在推動一帶一路過程中是傾全國之力，動員各個部門在推動一帶一路這項戰略工程。也因此，在中國官方資料與網站中展現出中國推動一帶一路極為豐富的成果。這樣的成果其中是以東南亞國家為重點區域。其中，面對泰國，中國極力希望這個在東協國家當中最具份量與重要性的國家可以與其在一帶一路上進行大量而深入合作，然而泰國的態度與外交傳統讓中國在泰國推動這項戰略工程也遇到了一些機會與挑戰，以下將進一步分析泰國與中國在一帶一路合作現況以及可能的挑戰。

參、泰中在一帶一路的合作現況與泰國政府對於一帶一路的態度與立場

一、泰國政府對於一帶一路的態度與立場

　　基本上，由於中泰之間關係在 1975 年關係正常化之後，雙方開始有了合作與往來。1978 年兩國簽署了第一份經貿合作協議，開啟了雙邊經貿合作的大門，其後雙方合作項目擴展到投資、貿易經濟與技術合作、雙邊貨幣互換協議、泰國基礎建設合作、農產品交換合作項目等，截至 2013 年為止在經貿合作上簽署了超過十項各式合作協議，這也讓中國與泰國的經貿關係越加緊密。隨著中國經濟快速發展，大部分泰國領導人都將中國崛起視為經濟合作的機會，中國在亞洲金融危機期間提供十億美元援助以及人民幣不貶值政策大幅改變泰國領導人對中國的刻板印象，這也讓雙邊經貿關係持續獲得強化與伸展。[2]除經貿合作之外，中國也展開對泰國經濟援助。1997 年亞洲金融危機爆發，泰國為主要受影響國家，在經濟遭受重創之時，中國提供了超過 40 億美元的低利貸款援助給泰國，同時堅持人民幣不貶值政策，以免帶給泰國經濟上更大衝擊。相較於美國等西方國家近乎袖手旁觀與西方國家主導的國際貨幣基金（IMF）對泰國援助的同時提出許多附加嚴苛條件，來自中國的援助並不附加條件，同時願意犧牲自己經濟利益，這對於泰國來說具有重大意義，也讓泰國進一步扭轉對中

2　Chinvanno, Anuson. 2015. "Rise of China: A Perceptual Challenge for Thailand," *Rangsit Journal of Social Sciences and Humanities,* Vol.2, No.2, p.16.

國國家形象的認知，讓泰國願意與中國發展緊密的關係。除此之外，中國也積極對泰國天災以及偏遠地區提出救助與開發計畫，加強對泰國的經濟外交工作。這樣的歷史經驗，也反應在泰國政府對於一帶一路的態度。

　　泰國政府對於一帶一路倡議也因此是持正面與肯定的態度與立場。泰國前副總理功‧塔帕朗西（Korn Dabbaransi）即對外表示：「中國政府提出的『一帶一路』倡議充滿善意，東協各國應積極響應，通過具體項目合作造福區域民眾。」[3]泰國皇室樞密院大臣 Dr. Jarantada Kannasut 也表示：「泰國和中國有著緊密的友好的關係，中泰兩國在政治，經濟，文化，旅遊，教育和外交等方面有著緊密的合作。泰國皇室從國王陛下到各個皇室成員高度重視中泰兩國關係的發展。一帶一路可以說是中國在二十一世紀偉大的一個倡議、一個構想，因此有必要使得中泰要加緊在各個領域，如經濟，技術建設，特別是一些重大項目的基礎設施建設能夠實現互聯互通，包括鐵路，公路，航海以及航空運輸。」[4]泰國總理巴育（Prayuth Chan-ocha）在曼谷會見外交部長王毅時也表示：「願進一步深化泰中全面戰略合作夥伴關係。泰國欽佩中國發展成就，希望學習中國治國理政經驗，將泰國 4.0 發展戰略與『中國製造 2025』深度對接，在『一帶一路』框架下，深化兩國務實合

[3] 林浩、鐘建珊與俞靖，2017，〈泰國前副總理：「一帶一路」建設將造福東盟民眾〉，《新華網》，<http://big5.xinhuanet.com/gate/big5/news.xinhuanet.com/fortune/2017-09/09/c_129700160.htm>，(檢索日期：2017 年 11 月 23 日)。

[4] 王榮平，2017，〈第二屆一帶一路亞太女性高峰論壇曼谷舉行〉，《大公網》，<http://news.takungpao.com/mainland/topnews/2017-09/3494154.html>，(檢索日期：2017 年 11 月 23 日)。

作。」[5]泰國外交部長敦·帕馬威奈（Don Pramudwinai）在參與中國大陸舉辦一帶一路高峰論壇時也表示泰國願意積極參與一帶一路建設。[6]

由上述泰國皇家官員與政府各不同層級官員表達出不同程度意願，願意與中國在一帶一路倡議上合作的表述來看，兩國在經歷過去歷史互疑階段後，顯然雙方關係目前處於高度友好狀態，也讓泰國政府高層在不同場合表達出願意合作的意向。

二、泰中一帶一路合作現況

泰國政府對於一帶一路是持正面的態度，對於兩國具體在一帶一路項目上的合作項目：

在政策溝通上：兩國預計將中國一帶一路倡議與泰國政府推動的「泰國 4.0」戰略結合起來，雙方預計將基礎設施、產業集群、電子資訊通信技術、數位經濟、科技和能源等面向作為彼此合作重點領域。[7]

在設施連通上：目前雙方合作項目是泰中鐵路的興建。然而由於泰國內部民意以及泰國政府要求，雙方從 2014 年開始簽訂合

---

[5] 楊樞，2017，〈泰國總理會見王毅，雙方願在一帶一路框架下深化合作〉，《環球網》，<http://china.huanqiu.com/hot/2017-07/11036006.html>，(檢索日期：2017 年 11 月 23 日)。

[6] 2017，〈王毅會見泰國外長敦〉，中華人民共和國外交部，<http://www.fmprc.gov.cn/web/wjbzhd/t1461471.shtml>，(檢索日期：2017 年 11 月 23 日)。

[7] 世界日報，2017，〈寧大使：「帶路」推動中泰務實合作〉，《世界日報》，<http://www.udnbkk.com/article-230673-1.html>，(檢索日期：2018 年 11 月 24 日)。

作備忘錄，經過三年冗長的談判，針對設計、施工、融資等達成共識後，目前卻因為環境影響評估問題仍遲遲無法正式動工興建。[8]

　　在貿易暢通上，兩國貿易往來密切，2000 年時，泰國與中國雙邊貿易額約為 61.9 億美元，到 2003 年時突破 100 億美元，達到 117.7 億美元，經過十年的密切發展，到 2012 年時，兩國經貿總額正式突破 600 億美元，達到 639.6 億美元，2016 年兩國貿易總額達到 658 億美元，中國成為泰國最大貿易夥伴（見表三）。

表三、泰國與中國雙邊貿易額

時間	泰國對中國出口(億美元)	中國對泰國出口(億美元)	中泰雙邊貿易額(億美元)
2000 年	28.16	33.69	61.86
2001 年	28.63	37.16	65.79
2002 年	35.54	49.32	84.87
2003 年	57.02	60.65	117.67
2004 年	71.19	81.47	152.66
2005 年	91.00	111.50	202.50
2006 年	118.00	136.40	254.40
2007 年	159.30	175.90	335.20
2008 年	162.20	202.70	364.90
2009 年	160.90	171.50	332.40
2010 年	214.70	245.20	459.90

---

[8] 同註 12。

2011 年	271.30	306.60	577.90
2012 年	267.60	372.00	639.60
2013 年	268.30	376.10	644.40
2014 年	248.30	385.40	633.60
2015 年	233.10	409.10	642.20
2016 年	235.80	422.60	658.40

資料來源：整理自 UNcomtrade. "UN Comtrade Yearbook." in http://comtrade.un. org/pb/. Latest update 29 November 2017.中華人民共和國商務部,〈2004-2016 年泰國對外貿易情況〉,中華人民共和國駐泰王國大使館經濟商務參贊 處,<http://th.mofcom.gov.cn/article/ztdy/200503/20050300028974.shtml>,(檢 索日期：2017 年 11 月 29 日)。

除此之外,中國至泰國投資的金額約逐年增加,根據統計資 料顯示 2007 年時,中國至泰國投資金額為 7,640 萬美元,到了 2010 年時已經達到 7 億美元,2014 年更達到高峰,約 8.40 億美元,2015 年時則為 4.07 億美元,中國也成為泰國第三大外資來源國（見表 四）。

表四、中國至泰國的直接投資占所有泰國外資的比例（2000-2016）

年份	泰國所有外資 (百萬美元)	中國投資 (百萬美元)	比例 (%)
2007	9,194.8	76.4	0.83
2008	8,054.4	45.5	0.56
2009	5,361.8	49.8	0.93
2010	14,555.0	699.9	4.81
2011	1,370.4	230.1	16.79

2012	9,135.2	478.6	5.24%
2013	15,493.0	755.2	4.87%
2014	4,809.1	839.5	17.46%
2015	5,699.7	407.2	7.14%
2016	1,554.2	N.A.	N.A.

註：2007 年以前中華人民共和國國家統計局尚未登錄資料，2016 年中華人民共
　　和國國家統計局尚未更新資料。

資料來源：United Nations Conference on Trade and Development. 2017. "Annex table
　　01. FDI inflows, by region and economy, 1990-2016." in http://unctad.org/en/
　　Pages/DIAE/World%20Investment%20Report/Annex-Tables.aspx. Latest
　　update 27 November, 2017. 中國對外直接投資淨額〉，中華人民共和國國家
　　統計局，http://data.stats.gov.cn/easyquery.htm?cn=C01&zb=A060B0102&sj=
　　2015 ，（檢索日期：2017 年 11 月 27 日）。

　　在資金融通方面，泰國與中國簽署了 700 億人民幣的貨幣互
換協議，同時也向泰國提供了 500 億人民幣合格境外投資機構額
度，在曼谷設立人民幣業務清算銀行。[9]

　　在民心相通上，中國到泰國旅遊觀光客不斷增加，中國成為
泰國觀光客最大來源國，2016 年到泰國旅遊的中國觀光客達到
875 萬人次，2017 年達到 900 萬人次。此外，中國到泰國留學的
學生人數達到 3.1 萬人，而泰國至中國留學的人數則達到 2 萬人，
泰國成為中國第三大留學生來源國（見表五）。

---

[9] 同註 12。

表五、中國至泰國旅遊之人數

年代	中國至泰國旅遊之人數（單位：千人）
2017(1-10)	8,200
2016	8,757
2015	7,935
2014	4,624
2013	4,637
2012	2,787
2011	1,721
2010	1,122
2009	777
2008	827
2007	907
2006	949

資料來源：泰國政府網站，from http://www.thaiwebsites.com/tourists-nationalities-Thailand.asp，(檢索日期：2018 年 05 月 17 日)。

肆、泰中在一帶一路合作的挑戰

從 1990 年代開始，在區域上，泰國外交政策配合其國家整體戰略，試圖要讓泰國扮演中南半島經濟轉型者的角色。差猜·春哈旺(Chatichai Chunhawan)試圖推動泰國成為中南半島重要角色的願景也成為泰國後續領導者的迴響。阿南·班雅拉春(Anand

Panyarachun)總理試圖打造泰國為中南半島的門戶，推動泰國成為東南亞大陸的商業、金融與集散中心。[10] 這樣的政策轉變，也讓泰國的外交政策經歷過一個影響深遠的改變，反映出這個國家的轉變，從一個中等國家，需要依賴外部強權來捍衛其安全，開始邁向一個走自己路的區域經濟大國。[11]也因此發展經濟成為泰國主要國家目標，如何讓泰國在區域經濟扮演重要角色，在面對中國力推一帶一路倡議的時候，這樣的動機為雙方找到彼此合作的空間與動力。再加上雙邊緊密的經貿關係與人員往來，都為雙方在一帶一路合作上提供合作的基礎與方向。然而，這樣基礎與條件並不意味著雙方在一帶一路合作上將毫無阻礙與挑戰，其可能面對的挑戰如下：

一、泰國外交政策的傳統

　　雖然泰國在一帶一路合作上表現出正面的態度與立場，但是泰國傳統以來，在外交政策上的立場是不過度偏住哪一個大國。泰國歷史上與外部強權互動的經驗，重視彈性（flexibility）與實用主義（pragmatism）的外交文化，被學者稱為如「隨風彎曲的竹子」（bamboo bending with wind），亦即為了生存可以有足夠彈性彎曲。這也意味著泰國外交決策過程對外部環境是極其敏感，其常常突然做出改變去回應面臨的壓力。彈性原則使泰國可以達到兩個目標，一是避免與大國衝突，二是在國家主權與安全上維

---

[10] Buszynski, Leszek. 1994. "Thailand's Foreign Policy: Management of a Regional Vision," *Asian Survey*, Vol.34, No.8, pp.721-726.

[11] Buszynski, Leszek. 1994. "Thailand's Foreign Policy: Management of a Regional Vision," *Asian Survey*, Vol.34, No.8, p.736.

持現狀。事實上，泰國充分認識到其作為一個中等國家，其需要謹慎維持與外部強權國家的關係，避免對其生存帶來負面影響，這充分反映在泰國外交決策菁英的現實主義思考中。[12]

泰國前外交部長他納‧科曼(Thanat Khoman)所說：「在大國競爭權力之間，泰國必須不能投向任何人的懷抱，但是要維持一個均衡的政策，不能依靠任何人太多，因為這樣會把泰國綁的太緊以致於無法自在呼吸。」[13] 也因為這樣的外交傳統思維，讓泰國在面對複雜的中南半島的情勢，試圖去平衡大國在東南亞間的競逐，為泰國生存與發展找尋最大的戰略空間。

二、官民間對中態度的落差

雖然泰國目前政府高層以及皇室與中國關係良好，但這種高層友好關係並未同樣反應在泰國民間社會對中國的態度上。隨著雙方關係日益密切，民間交流密度越來越高情況下，泰國民間社會反而湧現對中國的不滿與質疑的聲浪。這其中包括泰國與中國在鐵路項目的合作、越來越多中國民眾到泰國經商、留學、工作與旅遊所帶來的負面形象。例如：在高速鐵路合作項目上，中國提出希望擁有沿線土地開發權，這樣的要求引起泰國民間社會的反對，認為這種出讓土地開發權的要求形同被殖民，是一種「賣國」的表現。泰國學者與意見領袖就曾在媒體發表文章，質疑高

---

[12] Busbarat, Pongphisoot. 2016. "Bamboo Swirling in the Wind: Thailand's Foreign Policy Imbalance between China and the United States," *Contemporary Southeast Asia*, Vol.38, No.2, pp.234-236.

[13] Busbarat, Pongphisoot. 2016. "Bamboo Swirling in the Wind: Thailand's Foreign Policy Imbalance between China and the United States," *Contemporary Southeast Asia*, Vol.38, No.2, p.237.

鐵項目是否只是為了迎合中國的需求，並不能為泰國民眾帶來實際利益。[14]又如，中國民眾到泰國旅遊，由於不懂的泰國民俗風情與文化差異，產生許多不符泰國風俗民情與脫序行為的發生，讓泰國民眾普遍對於中國遊客產生反感情緒。[15]除此之外，中國商人在泰國的經營手法引起泰國人的不滿與批評，中國商人在泰國過於唯利是圖，排擠泰國商家，也讓泰國民眾對於中國的負面形象進一步加深。[16]這些負面形象與效應衍生出來泰國將被中國控制的恐懼情緒在民間逐漸蔓延。

三、泰式工作風格

中國與泰國雙方對雙方合作建設鐵路項目早已達成共識，但是此條鐵路卻遲遲無法開工，原本預計 2017 年底中泰鐵路將可以開工，但是卻又傳出泰國方面對於環境影響評估作業尚未完成，因此此條鐵路開工日期將可能會受到影響。根據媒體的報導，泰國的國民性格顯示出，「快速」從來就不是泰國人要最求的目標，泰國人常常說的一句話「宅焉焉」，意思就是慢慢來，泰國人認為

---

[14] 朱諾，2017，〈中泰高鐵一波三折：政府強推，民間冷淡〉，《美國之音》，〈https://www.voachinese.com/a/sino-thailand-high-speed-railroad-20170826/4002049.html〉，(檢索日期：2017 年 11 月 23 日)。

[15] 2015，〈中國遊客在泰國形象調查：80%收訪者表示非常不滿〉，《中國新聞網》，<http://www.chinanews.com/sh/2015-05-05/7252103.shtml>，(檢索日期：2017 年 11 月 23 日)。

[16] 張錫鎮，2016，〈一帶一路這麼好，泰國人為啥開始討厭中國了？〉《鳳凰國際智庫》，<http://pit.ifeng.com/a/20160731/49692762_0.shtml>，(檢索日期：2017 年 11 月 23 日)。

一切自有安排，何必急於一時。[17]這種「慢慢來」的作事風格，顯然與中國一切講求效率、快速達成目標的態度有所落差。面對兩國之間這種工作與生活文化差異，如何克服，以便有利於未來雙方在一帶一路其他項目合作上，是兩國要共同克服的挑戰。

伍、結論

泰國政府對於一帶一路的態度，在兩國友好的互動與關係中是持正面與願意合作的立場。也因此，雙方在一帶一路倡議的合作上，在官方層次中並沒有遭遇太多阻礙。然而，在面對實際雙方合作互動中，卻因為來自泰國外交傳統、民間社會與泰國傳統行事風格，面臨一些挑戰。

首先在泰國外交傳統上，泰國一直以來在外交事務上就不願意依靠單一強權，而是與各大國保持一定關係與距離。雖說，泰國在官方立場與與中國保持良好互動與關係，但對泰國來說也不會放棄與其他國家之合作與互動（尤其是與大國的關係），這樣的傳統也反應在泰國與中國在鐵路上合作上，泰國曾經一度考慮引進的是日本高鐵系統。也因此，泰國與中國在一帶一路合作上，可能遇到泰國外交傳統的挑戰，在雙方具體合作上是否可以如口頭表示願意密切合作是有待觀察的。

其次是泰國民間社會之反對聲浪。泰國民間對於中國大舉進

---

[17] 朱諾，2017，〈中泰高鐵一波三折：政府強推，民間冷淡〉，《美國之音》，<https://www.voachinese.com/a/sino-thailand-high-speed-railroad-20170826/4002049.html>，（檢索日期：2017 年 11 月 23 日）。

入，讓泰國生過度依賴中國現象是有所疑慮，再加上民間互動下所產生對中國負面觀感，都對泰國政府造成一定壓力，而可能影響了泰國與中國在一帶一路上的深度合作。

　　第三則是泰國傳統「慢慢來」行事風格與中國講求效率的作風十分不同。光是彼此在高鐵項目合作上就一波三折，雙方截至目前為止仍遲遲無法讓高鐵開工。這種行事作風的差異性，也為兩國在未來一帶一路其他項目上的合作帶來可能的挑戰。

參考文獻

一、中文

〈中國對外直接投資淨額〉，中華人民共和國國家統計局，http://data.stats.gov.cn/easyquery.htm?cn=C01&zb=A060B0102&sj=2015，(檢索日期：2017 年 11 月 27 日)。

中國新聞網，2015，〈中國遊客在泰國形象調查：80%收訪者表示非常不滿〉，《中國新聞網》，<http://www.chin anews.com/sh/2015/0 5-05/7252103.shtml>，(檢索日期：2017 年 11 月 23)。

中華人民共和國外交部，2017，〈王毅會見泰國外長敦〉，中華人民共和國外交部，http://www.fmprc.gov.cn/we b/wjbzhd/t1461471.shtml，(檢索日期：2017 年 11 月 23 日)。

世界日報，2017，〈寧大使：「帶路」推動中泰務實合作〉，《世界日報》，<http://www.udnbkk.com/article-230673-1.html>，(檢索日期：2017 年 11 月 24 日)。

新華絲路，2018，〈「一帶一路」：2017 成果亮眼 2018 行穩致遠〉，《新華絲路》，http://silkroad.news.cn/2018/0202/82835.shtml，(檢索日期：2018 年 05 月 10 日)。

中國民營經濟國際合作商會，2018，〈2017 年「一帶一路」建設成果豐碩〉，《中國民營經濟國際合作商會》，http://www.ciccps.org/News/Shownews.asp?id=1085，(檢索日期：2018 年 05 月 10 日)。

中國一帶一路網，https://www.yidaiyilu.gov.cn/，(檢索日期：2018

年 05 月 17 日)。

中華人民共和國商務部,〈2004-2016 年泰國對外貿易情況〉,中華人民共和國駐泰王國大使館經濟商務參贊處,<http://th.mofcom.gov.cn/article/ztdy/200503/20050300028974.shtml>,(檢索日期：2017 年 11 月 29 日)。

王榮平,2017,〈第二屆一帶一路亞太女性高峰論壇曼谷舉行〉,大公網,<http://news.takungpao.com/mainland/topnews/2017-09/3494154.html>,(檢索日期：2017 年 11 月 23 日)。

朱諾,2017,〈中泰高鐵一波三折：政府強推,民間冷淡〉,《美國之音》,<https://www.voachinese.com/a/sino-thailand-high-speed-railroad-20170826/4002049.html>,(檢索日期：2017 月 11 年 23 日)。

林浩、鐘建珊與俞靖,2017,〈泰國前副總理:「一帶一路」建設將造福東盟民眾〉,《新華網》,<http://big5.xinhuanet. com/gate/big5/news.xinhuanet.com/fortune/2017-09/09/c_129700160.htm>,(檢索日期：2017 年 11 月 23 日)。

泰國政府網站,http://www.thaiwebsites.com/tourists-nationalities-Thailand.asp,(檢索日期：2018 年 05 月 17 日)。

張錫鎮,2016,〈一帶一路這麼好,泰國人為啥開始討厭中國了?〉《鳳凰國際智庫》,http://pit.ifeng.com/a/20160731/49692762_0.shtml,(檢索日期：2017 年 11 月 23 日)。

楊樞,2017,〈泰國總理會見王毅,雙方願在一帶一路框架下深化合作〉,《環球網》,http://china.huanqiu.com/hot/2017-07/11036006.html,(檢索日期：2017 年 11 月 23 日)。

二、西文

Busbarat, Pongphisoot. 2016. "Bamboo Swirling in the Wind: Thailand's Foreign Policy Imbalance between China and the United States," *Contemporary Southeast Asia*, Vol.38, No.2, pp. 233-257.

Buszynski, Leszek. 1994. "Thailand's Foreign Policy: Management of a Regional Vision," *Asian Survey*, Vol.34, No.8, pp.721-737.

Chinvanno, Anuson. 2015. "Rise of China: A Perceptual Challenge for Thailand," *Rangsit Journal of Social Sciences and Humanities*, Vol.2, No.2, pp.13-18.

UNcomtrade. "UN Comtrade Yearbook," in http://comtrade.un.org/pb/. Latest update: 29 November 2017.

United Nations Conference on Trade and Development. 2017. "Annex table 01. FDI inflows, by region and economy, 1990-2016." in http://unctad.org/en/Pages/DIAE/World%20Investment%20Report/Annex-Tables.aspx, Latest update: 27 November, 2017.

泰國的經濟整合與策略模式分析：

跨區域發展的檢視

周美辰

國立成功大學政治經濟研究所碩士

宋鎮照

國立成功大學政治系特聘教授

【摘要】

　　全球化的發展下，東南亞的經濟市場成為大國必爭之樞紐地帶，不論在地理上的優勢或是藉著發展中國家的經濟快速增長與地理位置的特性，讓中國、美國、日本或是韓國等已開發國家都更有意願對該地區進行貿易與投資，使得該地區經濟快速增長，並於 1992 年在亞洲開發銀行(Asian Development Bank, ADB)的倡導下推動大湄公河次區域經濟合作計畫(GMS)。而泰國位處亞洲的臍帶，又是東南亞國家協會(The Association of Southeast Asian Nations, ASEAN)的心臟，故而成為本文對於東協經濟整合與發展

的重要觀察對象。

　　本文將整體推為「三元」（國內：邊疆經濟發展、次區域：邊境經濟整合、國際：經濟整合圈的擴張）「三層」（地緣發展、區域整合、建構經濟圈）的探討，在國內層面的地緣移挪，從經濟發展核心的曼谷地區轉移至泰國北部、東北部地帶作為發展重點，此一方面可以均衡發展，也就是降低都會與衛星之間的發展落差；另一方面則可以透過地緣上的優勢與鄰邊國家進行區域經濟整合，增強邊界經濟的連結發展優勢。在此前提下，本文架構出泰國與鄰邊國家發展出「三大菱形經濟圈」的模式，並藉由跨境經濟整合圈的擴張方式，以「泰銖經濟圈」、「佛教經濟圈」策略，來加速其與東協區域的整合，加以鞏固泰國在東協、亞洲地區發展上的重要性。

關鍵詞：**泰國邊境貿易、經濟整合、東協、菱形經濟圈、佛教經濟圈**

壹、前言

　　東南亞地區在 1967 年 8 月 8 日時於泰國曼谷成立「東南亞國家協會」（Association of Southeast Asian Nations, ASEAN）簡稱東協。而這也成為東南亞地區發展至今唯一的多邊安全機制。自1967 年成立以來各成員國之間強調以「共識決」與「東協方式」的多邊合作機制，來促進東南亞地區國家之間的共同合作。一方面可以考量東協的安全與發展問題，各國如何去獲取國家的最大利益，另一方面也會考慮其在國際、區域發展上，如何受到內外整體政治經濟的影響。[1]同時，也為東南亞地區的經濟市場量身打造了一個新的合作模式，也讓東南亞國家在區域合作發展上開啟了國際經濟市場的合作大門。

　　隨著東協的崛起，東南亞區域的發展備受矚目，汶萊（1984年 1 月 8 日）、越南（1995 年 7 月 28 日）、寮國和緬甸（1997 年7 月 23 日）以及柬埔寨（1999 年 4 月 30 日）的加入，陸續形成東協 10 國至今仍持續擴大發展。東協更在 2003 年第九屆東協高峰會上，由東協各國領袖決議將於 2020 年建立「東協共同體」（ASEAN Community），其中包括「東協政治安全共同體」（ASEAN Political-Security Community, APSC）、「東協經濟共同體」（ASEAN Economic Community, AEC），與「東協社會文化共同體」（ASEAN Socio-Cultural Community, ASCC）等三大發展核心。東協正以東協產品貿易協定（ATIGA）、東協服務業框架協定（AFAS）、東協全面投資協定（ACIA）為主要框架，不斷推進各種自由化進程

---

[1] 林若雩，2008，《變遷中的東南亞區域整合》，臺北：五南圖書，頁 9-12。

。儘管制定了「東協經濟共同體藍圖」，鼓勵機制方面也制定了「AEC 分數卡」，希望造成一種同儕壓力，雖然情況並未按計劃下順利發展。但在 2012 年 4 月在柬埔寨召開的東協領導人會議時，便就「金邊議程」達成初步的共識。[2]

當東協市場蓬勃發展下，從區域合作逐漸走向國際市場，也在 2011 年 11 月第 19 屆東協高峰會（ASEAN Summit）中，由東協 10 國領袖通過《東協區域全面經濟夥伴關係架構文件》（ASEAN Framework for Regional Comprehensive Economic Partnership），訂定 RCEP 發展之基本原則。更在 2015 年底順利發展東協經濟共同體（ASEAN Economic Community, AEC），在順利推動東協經濟整合的 AEC 後，東協將逐步形成一個單一市場、單一生產基地。因此，對東協而言，2015 年是推動該區域經濟整合關鍵的一年，同時也被視為東南亞區域整合的里程碑。

當 AEC 和 RCEP 的逐步成型，不僅使東協內部的經濟有深度合作外，也會使東協與外部的東北亞（中國大陸、日本、韓國）和南亞（印度），整合成為一個為「東協核心」（ASEAN Centrality）的發展模式，這涵蓋著全球最多人口的自由貿易區（Free Trade Area, FTA）。[3]截至 2016 年 1 月為止，東協區域內貿易之關稅減讓比例已有 96%，通關程序與技術規範亦大為簡化，投資限制也

---

[2] 山影進（YAMAKAGE Susumu），2013，〈東協和平繁榮之路與日本〉，《走進日本》：<http://www.nippon.com/hk/in-depth/a01502/>，(檢索日期：2017 年 5 月 31 日)。

[3] 徐遵慈，2015，〈區域全面經濟夥伴協定(RCEP)之最新談判進展與內容對臺商佈局之影響〉，《經濟部全球台商 e 焦點電子報》，第 264 期，http://twbusiness.nat.gov.tw/epaperArticle.do?id=270172160，(檢索日期：2018 年 10 月 25 日)。

已逐步開放。值得注意的是，近年來東協的經濟表現超越多數開發中的國家，像在 2000 至 2013 年之間，東協 10 國的平均經濟成長率約 5.1%，在全球次區域中表現僅次於中國的 10% 與印度的 7%。[4] 從國際層面來看，從東南亞國家協逐步整合發展，而東協的 FTA 夥伴（如日本、韓國、澳洲、紐西蘭、印度、中國）會議，就具體建設東亞全面區域經濟夥伴關係（Regional Comprehensive Economic Partnership, RCEP）已經達成了共識。不僅為了解決東協國家之間的差距問題，更為要整合「東協+1」的 FTA 框架，以實現「東協+6」的 FTA，這無疑地是東亞經濟整合的雛形。

　　若自東協國家對外雙邊經貿關係來觀察的話，日本、韓國及中國為東協主要的進、出口市場，並為東協國家吸引外資的主要來源地，而日、韓、中與東協之緊密的經貿關係同時也反映在與東協的「雙邊 FTA」簽署。中國也藉以廣西北部的區位優勢，延著南寧、北海、崇左三大前沿城市為基地布建產業園區，一舉從中南半島擴及整個東南亞海域。中國於 1994 年加入「東協區域論壇」（ASEAN Regional Forum, ARF）、1996 年正式升格為「東協全面對話夥伴國」（Dialogue Partnership），並與日本和韓國進行「東協十加三會議」，跟東協成員國共進協商。

　　中國在 GMS 地緣發展架構下的角色，跟其位於區域位置的上端有密切關係，通常會透過與東協或東亞鄰國經濟發展優勢，將使得國與國之間更加緊密，在有效利用地緣經濟手段下，將建立起該區域的戰略地位，以化解東協國家對中國崛起產生之疑

---

[4] 北美智權報，2016，〈東協崛起 越南領頭〉，<http://www.naipo.com/Portals/1/web_tw/Knowledge_Center/Industry_Economy/publish-483.htm>，（檢索日期：2017 年 5 月 31 日）。

慮，亦可在東南亞地區建立出中國在其地區之影響力，藉以削弱

美國和其他主要經濟強國影響，形成與美國、歐盟抗衡的新力量。中國交通運輸部指出：「交通運輸承載與沿線 26 國家相連，構建基礎建設互通的使命，將從三個方向對接『一帶一路』建設，帶動中國大陸產業轉型升級。」由此可知，中國大陸期望透過輸出，以消化過剩產能，並且完善沿線國家基礎建設，藉此挖掘沿線市場經濟潛能，替中國大陸產業尋找外銷市場。

自 1992 年 GMS 成立以來，隨著東協加一的推動與成形，目前中國和東協是以雙邊交互投資，提升區域工業化、都市化作為合作標的；除了合作之外，還可以進一步觀察其市場潛力。以 2017 年來看，中國儼然成為東協的第三大貿易伙伴，而東協是中國的第四大貿易伙伴。中國透過參與 GMS 的優勢與「一帶一路」的配套政策緊緊的牽著東協，亦透過雲南優越的地理位置，以「瀾滄江」掌握住其下游的「湄公河」流域，這對東南亞地區而言，無異是讓中國掌握東南亞國家經濟的命脈，也因如此，東南亞地區與中國至今的發展關係，更是密不可分。在農業、工業與服務業等產業政策都相繼調整和發展下，雙方都成為彼此重要的外資來源地和市場。

而身為「東協的心臟」、賦有「亞洲的臍帶」之稱的泰國，位於東南亞區域的角色則相對重要許多。從地理位置來看泰國，地形從東北部的高原到中部的平原地區，大多以較低的山地或高原為主，南部則延續了西部的山地。而泰國首都「曼谷」主要是運用了地理優勢，在泰國最主要的河流「湄南河」，其流域面積就占泰國的土地面積三分之一，泰語稱此流域為「昭披耶」意為賦有「河流之母」，其泰國透過其「湄南河」港口進行出入口貿易，除

此之外「湄南河」的下游平原面積寬廣，多數地區適合種植稻米其稻米產量達到世界之冠，又有「泰國糧倉」之稱，使其成為泰國的經濟重心所在地。

從國際層面來看，泰國為東南亞國協的五個創始國（印尼、馬來西亞、菲律賓、和新加坡）之一，在其後續發展下讓泰國與馬來西亞、新加坡、和中國互動，也逐漸發展出互賴自主模式，也就是經濟自由度相對較高，而在國家發展經濟時，政府通常會處於較為主動主導的管理位置，企圖在政治上維持其相對的自主地位。

同時，泰國在東南亞國家中，有著高達六至七百萬的華僑，可以作為中國與泰國傳統友誼外交的基礎。儘管中泰兩國在1975年7月1日才開始建交，但兩國在非官方的交往上卻一直維持著相當「友好」的關係。尤其泰國在南海安全問題上，也多次表示支持中國的外交作為，便可見一班。因此，泰國與中國在歷史上的互賴互利關係，常會呈現在政治、經濟、安全與民間來往的各個層面上。[5]

首都曼谷地區的產值在2005年至2015年的資料顯示（如表一所示），可以發現曼谷地區占泰國國內生產毛額的比率將近有三分之一。從近10年的數據來看，更可以肯定曼谷扮演了泰國經濟發展核心支柱的地位。

由於受到泰國內部與外部因素的影響，讓泰國區域發展產生移挪現象。使得泰國向來以曼谷為核心、非曼谷地區為邊陲之經

---

[5] 參閱 星洲日報，2015，〈王毅：中國已停南海填海造陸〉，《星洲日報》，<http://www.sinchew.com.my/node/1462018>，(檢索日期：2018年10月25日)。

濟依賴發展關係，逐漸出現從泰國曼谷核心的經濟外移到北部、東北部地區的現象，主因是泰國曼谷地區的發展趨於飽和，加上內部經濟發展不均失衡問題明顯；另一方面因泰國參與 GMS 區域經濟合作，以及中國推動一帶一路倡議的發展，打開了泰國對外部合作的經濟大門，而使得曼谷地區與北部、東北部區域，漸漸形成泰國的三大重要經濟圈。由於泰國北部、東北部地區，不論在 GMS 區域經濟的位置上，或是在中國積極南向東南亞發展策略下，均對泰國的內需經濟市場發展與擴大都有很大的助益，讓泰國從曼谷地區逐漸往北部與東北部區域發展與佈局，可以先佔有在 GMS 區域的優越位置，以及跟中國南下發展的市場商機結合，可以發展出具有「地緣經濟」的核心樞紐地位。

表一、2005 年至 2015 年曼谷占國內生產毛額之比率

（單位：億泰銖）

	2005	2006	2007	2008	2009	2010	2011	2012	2013	2014	2015
曼谷	25,396.89	26,972.41	28,143.55	29,289.23	29,210.83	31,037.33	33,393.93	36,249.93	39,220.74	41,559.38	44,374.05
全國	76,144.13	84,006.47	90,763.03	97,069.29	96,586.64	108,081.42	113,069.07	123,574.03	129,211.55	132,037.37	136,728.50
比率	33%	32%	31%	30%	30%	28%	29%	29%	30%	31%	32%

資料來源：整理自 Office of the National Economic and Social Development Board. 2015. Gross Regional and Provincial Product (GPP). Gross Provincial Product At Current Market Prices 2015 (asccessed on May 29, 2018).

在大湄公河次區域經濟合作（GMS）的發展下，讓世人積極

前進軍東南亞國家投資發展，這也讓東協發展較為落後的四國（東埔寨、寮國、緬甸和越南，簡稱 CLMV）成為世界經濟成長最迅速的新興國家。東協成為全球化發展下所帶動出來的區域合作產物。而泰國處於東協的核心地位，自然成為新東協的新經濟核心。

　　就泰國的區域發展動能來看，從過去以曼谷為經濟核心地帶的發展，已然逐漸轉移至北部、東北部，而逐漸形成三大經濟圈。而過去相較弱後的泰北與泰東北（ISAN），在泰國投資促進委員會(Board of Investment of Thailand, BOI)的大力推動下，讓北部與東北部的經濟發展與投資作為戰略首要地區，而在 GMS 的共同發展規劃下，促使該兩大偏遠地區成為泰國的新興經濟樞紐地帶。另一方面中國的雲南是最接近東南亞的地區，而過去對於中國而言，相對屬於邊陲地帶的雲南，在中國「一帶一路倡議」推動絲路角色，反而也占據與東南亞連結的核心地位。

　　從泰國核心經濟地帶轉移到北部與東北部地區的發展，也讓北部和東北部的邊境貿易增加，讓未來市場合作與整合上有更良好的經濟貿易基礎。隨著中國與東協的經貿關係逐年增加，也使得泰國在與東協國家的發展合作上備受重視，讓泰國內部經濟發展可以延伸連結鄰邊國家的市場，可以讓彼此之間的貿易量增長，以及加深跟鄰國的經貿夥伴關係。泰國經濟投資與佈局從曼谷向北部與東北部移動，一則可以掌握到 GMS 區位發展的核心地位的經濟優勢，二則可以連結中國經濟崛起，以及向南發展的經濟利基。

　　能在合作關係上加強融合性，這對於陸上的東南亞國家而言，無疑是「南南合作」的拓展（如下圖一所示），可以加速融合區域經濟市場的合作，且在未來肯定具有一定程度的影響力。

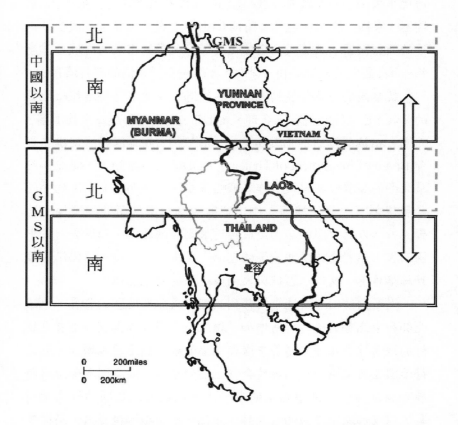

圖一、泰國在中國與 GMS 之南南合作發展的地緣機會

資料來源：作者自製

貳、泰國邊疆經濟發展

從泰國五年計劃發展可以看出泰國整體發展的變化與趨勢。基本上，泰國於 1961 年開始推行五年經濟發展計畫，隨著多年計畫的推動下，曼谷已成為經貿中心和與外國連接的重要鏈接點。然而，泰國政府卻忽略了偏遠地區發展的均衡性，當曼谷地區的經濟成長率出現趨緩後，當局才意識到地區發展失衡的問題。長期以曼谷為中心的發展經濟模式，造成了泰國在北部、東北部地區相對發展上的缺乏與劣勢，形成對曼谷經濟的依賴；泰國內部的經濟和生產部門的結構，大多數還是依賴著農業，而許多工業和服務還沒有蔓延到偏遠地區，而是集中在中部地區和曼谷。

自從政府規劃五年為一期的社會經濟發展計畫後，自第五期五年計畫開始，便帶動了泰國整體的經濟發展，也將發展重心轉移到了偏遠地區，也加強了北部、東北部發展上的重要性，減少了過去泰國內部嚴重城鄉差距所導致的貧富差距問題。泰國過去有 20 多年處於「中下收入」國家（Lower-Middle Income Countries），但自從 2011 年至 2014 年開始，泰國已經連續三年被編制為「中高收入」國家（Upper-Middle Income Countries）。[6] 從整體發展來看泰國的經濟發展，似乎有效地減少內部貧困的問題，但相對地卻帶來了地區發展不均的現象。[7]

通常對於一個發展中國家的定位，基本上則具備著幾項特徵

---

[6] 收入分等以世界銀行所使用的 Atlas method，以美元作為設定值。

[7] 泰國世界日報，2014，〈終止 GSP 後 稅務恐損失 55 億〉，《泰國世界日報》，<http://www.udnbkk.com/article/2014/0715/article_118875.html>，(檢索日期：2017 年 3 月 31 日)。

分別為：1.生活和生產水平較低；2.人力資本較低；3.不平等和極端貧困程度較高；4.人口增長率較高；5.社會分級嚴重；6.農村人口眾多，並且迅速往都市遷移；7.工業化水平相對較低；8.地理環境較差；9.欠缺發達的經濟和市場；10.殘存殖民影響等。[8] 對泰國而言，上述發展中國家之特徵則具備多項，以第 3 項不平等與極端貧困程度較高來看，如陳舊的制度和對外部的依賴性等，都必須要去解決與面對的問題。

　　泰國為一個發展中國家，根據泰國國家統計局的官方資料顯示（如下表二），泰國在 2006-2016 年的貧窮人口大多集中在泰國的北部和東北部，甚至南部地區。而隨著社會經濟發展計畫的推動，也改善了過去貧窮人口過多而且集中的問題，但相較於曼谷都市地區，北部和東北部地帶仍然較屬於發展遲緩地帶。

　　相對於曼谷地區，在最新數據顯示下，2016 年的貧窮問題明顯出現在泰國北部、東北部地區，甚至是南部地區，在經濟發展上也與曼谷核心經濟地區有很大的差距，顯示出在鄉鎮地區或者是泰國南部地區與城市之間的貧富差距，仍是相當明顯。雖然逐年有縮短的趨勢，但如果要將北部、東北部作為地緣戰略的首要位置，則在未來發展上仍需要注入更多的資源與公共基礎建設，甚至要提供更多的工作機會。因此，泰國政府仍然需要在發展策略上增加對北部與東北部的投資，以及提升規劃外國經濟投資的

---

[8] Michael P. Todaro & Stephen C. Smith. 2015. Economic Development. United Kingdom: Pearson Education. pp.40-41.

意願，提升對該地區發展的信心，才能改善泰國非都市地區和非曼谷地區的發展。[9]

表二、泰國國內地區按性別人口統計的貧窮率（2006-2016）(%)

地區	2006	2007	2008	2009	2010	2011	2012	2013	2014	2015	2016
曼谷地區	2.88	3.51	2.33	2.36	2.25	7.74	1.91	1.06	1.64	2.01	1.36
中央	12.85	12.15	12.83	11.18	10.77	10.36	6.94	5.4	4.95	4.3	5.2
北部	26.11	25.99	29.05	23.38	22.33	16.09	17.4	16.76	13.19	8.78	9.83
東北部	35.32	30.24	31.19	27.71	25.26	18.11	19.79	17.37	17.04	10.3	12.96
南部	19.84	19.33	16.77	17.03	14.14	10.12	13.32	10.96	13.79	9.92	12.35
全國	21.94	20.04	20.43	17.88	16.37	13.22	12.64	10.94	10:53	7.21	8.61

資料來源：本表統計資料整理自泰國 NESDB：http://social.nesdb.go.th/SocialStat/ StatReport_Final.aspx?reportid=678&template=2R2C&yeartype=M&subcatid=61，自 2006 年統計至 2016 年根據地區總人口統計出泰國貧窮率，資料更新日期為 2017 年 9 月 17 日，(檢索日期：2018 年 3 月 29 日)。

接著在第六次的五年計畫中，仍繼續加強在北部、東北部地區的發展與吸引外來投資，然而泰國政府也透過五年計畫的策劃積極發展北部、東北部這兩個地區，以工業為發展基礎進而發展

---

[9] NESDB, 2017, สัดส่วนและจำนวนคนจนเมื่อวัดด้านรายจ่ายเพื่อการอุปโภคบริโภค และจำนวนประชากร จำแนกตามเพศและจังหวัด ปี พ.ศ. **2549–2559 (**地區總人口統計出泰國貧窮率的統計 **2006-2016** 年**)，《**NESDB**》，**<http://social.nesdb.go.th/SocialStat/ StatReport_ Final.aspx?re portid=678&template=2R2C&yeartype=M&subcatid=61>， (accessed on March 29, 2018) .

出與鄰國之間貿易相互往來與經貿合作，並且以促進外向型的工業發展為目標，試圖帶動農村開發。在近期的規劃中，也關注教育以及人力資源和永續發展的重要性，逐步提升泰國與國際接軌的程度，亦增加偏遠地區在基本教育的普及度（整理如下表三）。

表三、泰國五年一期發展計畫之主要經濟社會發展內容
(1961-2021 年)

期數規劃	年份期間	主要經濟計畫內容
第一期 -第一階段 （泰國 1.0）	1961-1963	政府大多數的收入來自稅收，但由於承諾開發的支出過多，因此必須要在預算規劃方面求穩定貨幣。另一方面增加稅收種類，預計能增加 400 至 500 億泰銖；貸款方面也限定只能和泰國銀行借款，除了過去印度在技術與金錢上的外援，泰國在未來發展方面則需要更大量的資金。第二階段則重點放在下一期計畫經濟的發展規劃上。
第一期 -第二階段	1964-1966	
第二期 （泰國 2.0）	1967-1971	政策發展上為求農民對國家的信心度，因此以農業發展為主要分支，不論在農地面積方面或是品質方面的提升，而另一方面特別是工業原料和國內勞動力方面，國家內部鼓勵私人投資者和國家外部則開啟門戶鼓勵外資（foreign investment），主要投資於泰國在商業工業和服務業，以財稅誘惑鼓勵出口與加強市場自由競爭，在經濟方面求穩定經濟與金融，並且提高國民收入為目標。
第三期	1972-	鼓勵企業與政府合作，產業策略方面注重農業出口，鼓勵農民互相合作提供一個穩定的栽培技術已增加生產效率。另一方面政治在此時期較為穩定，而經濟方面為

	1976	求社會安定，以財政誘惑鼓勵出口，並且注重能源發展、推動農業及工業的出口。
第四期 （泰國3.0）	1977- 1981	指定了9個主要的城市以「區域城市中心」（regional urban center）概念進而發展「區域城市成長中心」（regional urban growth centers）；試圖將服務經濟延伸至農村地區，以提高農業經濟效益；將特別工業區定義化。
第五期	1982- 1986	加強各地，把泰國分為五個區北部、東北部、西部、南部以及曼谷城市區域的發展，調整對外貿易與發展結構並提高整體經濟效益；並且優化紡織業、火車物流系統、汽車零件及航空業。
第六期	1987- 1991	重點放在提高開發的效率和質量以及提高生活質量，在農村和城市地區符合條件的必要的基礎設施，並且推動與加強民間投資機會。更以北部、東北部「區域城市成長中心」的基礎設施建設為發展重點目標，如清邁、呵叻、宋卡、孔敬、春武里等。以工業發展為中心，帶動附近農村開發以進一步促成中小型企業發展。
第七期	1992- 1996	這一階段強調要調整過去發展下所造成失衡或是發展不均的現象，包含收入分配（權力下放、增加地方行政預算）、工業區域分配、城市發展分配到地方區域、提高生活質量與減少貧困人數；在教育方面則加強了人力資源和生活環境品質的發展。由政策規劃引進外國投資往偏遠地區開發，如東北地區省份，另外指定了9個省份作為「產業開發中心」，延續了前期「區域城市成長中心」的概念，並且促進北部、東北部地區設置邊境貿易（Chaing Rai、Tak、Nogng Kai、Mukdahan和Ubon等）新經濟區的活絡。
第八期	1997- 2001	為了長期可持續發展加強教育，創造北部、東北部偏遠地區就業率，減少收入不均現象（特別是農民與城市貧民），使農業升級多元發展成綜合型農林業，透過農業綜合的結果發展農村工業。支持偏鄉地區工業發展，也包含支持產業從曼谷搬遷至鄰近或是偏鄉地區並給予投資獎勵，為了把貿易鏈接到鄰國的經濟產業投資且發展經濟市場擴張。

第九期	2002-2006	隨著全球化將市場打開，泰國把結構調整計畫放眼全球市場，在國內則計畫把農村發展成可持續發展的城市，希望能夠消除城鄉差距（減少貧富差距），並且加強 GMS 區域之間的合作。透過擴大市場和議價能力在貿易，投資和經濟合作方面顯示出區域競爭力。關於北部地區，計畫書內則是以清邁、清萊、南奔和南邦為主要發展，其地區也與 GMS 內的國家關係密切關係。在東北地區則是以廊開府、穆達漢府和那空帕農，如 Gateway 到 Indochina，使得烏汶（Ubon）地區為中心，呵叻府和孔敬連接北部和東部，帶動旅遊業也加強連接中南半島以東西經濟走廊和南北邊境省份為發展。
第十期	2007-2011	發展背景以解決貧富差距為基礎出發，加強社會、經濟資本與區域經貿的整合與發展，改善人民社會道德和知識基礎增加農業、工業與服務業在全球化背景下的競爭力；加強建設城市的基礎設施和物流業的發展。
第十一期（泰國4.0）	2012-2016	注重經濟方面能夠自給自足和東協組織內的發展以及提高市民生國品質、延長壽命、提高教育程度。推動社會公平，建立公民長期的教育制度，把投資政策資金來源放在國內；發展全國鐵路系統和發展，特別注重在高速鐵路的系統發展計畫。由於 2011 年泰國受到嚴重的水災影響國內發展，因此也為受災的製造商提供財政的援助，加速重建。
第十二期	2017-2021	對泰國而言過去的發展下除了持續的收入不平等外，泰國公民仍然存在缺乏實現國家發展所需的知識，技能，素質和態度。人口結構已經變成一個老齡化社會，導致了勞動力短缺，而人口結構在本期末段時也將達到老齡化社會。隨著發展下自然資源在持續惡化和環境質量的降低導致經濟成本的提升和生活質量的破壞等負面影響。此外，公共行政效率低下，缺乏透明度，而且高度腐敗。所有這些因素都將限制國家發展。從長遠來看發展，人們普遍認識到，為了提升泰國作為一個安全、繁榮與可持續發展的發達國家，泰國必須加速發展基本戰略發展因素在各方面的改善，因此擬定了十大發展策略，分別注重於 1、增加國家發展潛能與實力；2、創造

| | | 公平社會減少不平等；3、加強經濟與持續競爭力；4、增加可持續發展的環境友好（Environmentally-Friendly）策略；5、加強國家安全促進國家繁榮和可持續發展的；6、泰國社會的公共行政戰略，預防腐敗和善政；7、推進基礎設施和物流戰略；8、科學技術發展上的研究和創新；9、區域，城市和經濟區戰略發展；10、國際合作促進發展戰略。在此計畫中可以看出泰國在本期的規劃將重點放在環境與社會平等和國家安全、貪腐等國內現象與硬體建設持續推動以穩定與強大內部發展以加強經濟與持續發展的競爭力，進而藉由區域往國際層面的推動的經濟戰略。泰國需要就此達成協議國際貿易和投資，與盟國合作擴大發展通過雙邊和多邊安排，加強區域和分區域聯繫並為各地區推行積極的投資策略。各級國際合作框架將為泰國提供機遇最大限度地發揮其地理位置優勢，發展成為一個主要的區域經濟和貿易中心。因此，第十二個五年規劃的重點加強在同時發展國際監管體制在執行各層面的邊境檢查站，與發展國內物理基礎設施網絡以增加與鄰國的連動性。此期間泰國將擔任開啟通往西亞和東亞的重要角色。並強調使用物理基礎設施聯繫作為發展邊境地區發展經濟和社區的基礎，以跨境經濟走廊提升競爭力，將錢潮作為連動邊境區域其他國內的省份和城市。此外，以追求一個創新、創業的社會，同時支持泰國企業家在海外投資開發和潛在商機。此階段是泰國推進的關鍵時刻國際貿易和投資增長以及國內投資和經濟提升為主要發展動力，目的是為了提升泰國在柬埔寨、寮國、緬甸、越南（CLMV）和東協中的價值。 |

資料來源：作者整理自 office of the National Economic and Social Development Board, 1-12 國民經濟和社會發展計畫；Takao Tsuneishi, 2005, "The Regional Development Policy of Thailand and It's Economic Cooperation with Neighboring Countries," *Institution of Development Economics (IDE), Discussion Paper,* No.32, pp.3-7；撒俐，2015，〈探究泰國經濟重心轉移之研究：以地緣經濟學的角度詮釋分析〉，國立成功大學政治經濟研究所（碩）士學位論文。

　　藉由上述可以總結出，泰國政府在第六期五年計畫開始利用地緣優勢來發展偏遠地區經濟，試圖打開北部、東北部的經濟市場與地緣經濟連結利基，從工業區的建設與規劃帶動當地就業機會與發展。為了進一步的解決貧富差距問題，在第十期五年計畫中泰國政府也加強在社會、經濟資本與區域經貿的整合與發展，以改善人民市場資訊知識和鄉村文創產業，連結農業、工業與服務業，以提升在區域化與全球化發展下的競爭力。

　　從國內區域發展搭上鄰國邊境經濟或經濟發展策略來看，邊境地區的發展已成為解決偏遠區域在貧困率和低度發展方面的重要方針。而泰國的區域發展政策一直重視在跨越邊界上進行區域發展的整合，這種邁向新階段並向鄰國擴展市場合作，企圖讓泰國朝向自給自足經濟市場的發展模式。

　　而在國際社會的發展下，現今許多國家也面臨著「高齡化」、「高齡社會」的來臨，與「高技術」、「高階人才」的缺乏，形成對比的挑戰，因此泰國政府在第十一期的五年計畫中，把泰國帶向一個經濟均衡發展的階段，並且朝向教育與永續人文發展的推動目標。在政策規劃與經濟發展方面，泰國逐漸呈現有效地降低貧窮問題，且政府在與鄰邊國家的貿易合作上，也逐漸建立邊陲經濟發展的良好基礎。

參、泰國與鄰國新興經濟圈發展：跨境經濟整合擴張

　　泰國除了讓國內資源更加均衡發展之外，也藉由外力在國際層面藉由中國推動的「南北經濟走廊」，以及透過日本之手發展的「東西經濟走廊」，讓泰國佔有一定的東西南北經濟走廊交叉連結的區域優勢，也在 GMS 區域上扮演更為重要的區域核心角色。本節則以建構主義的觀點融合地緣經濟發展下的區域整合，藉建構主義所主張的，以國家為單位，來分析並且認為在國際社會中國家是主要的行為者，以這樣的角度來看泰國未來的發展，如何與其他國家共同建構其特殊的合作模式，或是發展新的經濟市場整合模式。以 2017 年泰國與鄰國邊境貿易的數據額來看，目前合作的經濟貿易程度，來建構未來泰國與其邊境貿易市場的相對政策（如下表四所示），可以獲得邊境經濟發展的重要機制。

表四、泰國與鄰國之邊境貿易統計（2017）

2017 年泰國對鄰邊國家主要口岸之邊境進/出口貿易數據				
				（單位：億泰銖）
	省份	邊境口岸名稱	進口/出口貿易額		貿易順/逆差
緬甸	Chiang Rai/ Shan State	Mae sai/Tarchileik	出口	15.251	順差 11.371
			進口	3.880	
	Tak/ Kayin State	Mae sot/ Myawaddy	出口	211.944	順差 191.968
			進口	19.976	
	Kanchanburi/ Tanintharyi	Ban Phu Nam Ron/ Nabulae (Htee Khee)	出口	2.221	順差 1.001
			進口	1.220	
	Ranong /Burma	Ranong/ Kawthaung *（渡海邊境）	出口	15.638	逆差 -17.754
			進口	33.392	
	Kyaing Tong	Kyaing Tong *位於緬甸邊界的三角交匯地帶	出口	0.465	順差 0.398
			進口	0.067	
寮國	Mukdahan/ Savannakhet	Mukdahan/ Kanthabuli	出口	1,230.872.	順差 362.921
			進口	867.951	
	Nong Khai/ Vientiane	Tha Sadet/ Tha Deua	出口	531.712	順差 445.327
			進口	83.385	

	(Xaignabouli)				
	Bung Kan /Bolikhamxai	Bung Kan/Pakxan *以渡輪方式過邊境	出口	41.715	順差 36.995
			進口	4.72	
	Nakhon Phanom/ Khammouane	Nakhon Phanom/ Tha Khek	出口	564.874	順差 306.52
			進口	258.35	
	Ubon Ratchathani	Phipun Mangsahan *湄公河流域非國際口岸	出口	115.775	順差 64.214
			進口	51.561	
	Ubon Ratchathani	Khemmarat *湄公河流域非國際口岸	出口	6.933	順差 5.644
			進口	1.289	
	Tha Li (Loei)/ Sayaboury	Ban Pak Huai/ Kaen Thao *每週有兩次的邊境渡輪	出口	42.879	順差 33.259
			進口	9.62	
	Loei/ Vientiane	Chiang Khan/ Sanakham	出口	4.065	逆差 -0.593
			進口	4.658	
柬埔寨	Sakaeo/ Banteay Meanchey	Aranyaprathet/ poi pet	出口	602.319	順差 446.857
			進口	155.462	
	Tart/	Hat lek/	出口	292.548	順差

Koh Kong	Cham Yeam	進口	42.472	250.076
Chanthaburi/	Ban Pakard/	出口	114.554	順差
Pailin	Phsar Prum	進口	11.988	102.566
Surin/	Chong	出口	9.580	順差
Oddar	Jom(Chom)/			
Meanchey	O'smach	進口	4.280	5.3
Sisaket/	Chong Sangam/	出口	4.810	順差
Oddar	Anlong Veng			
Meanchey		進口	4.280	0.53
Ubon	Ubon Ratchathani	出口	0	
Ratchathani		進口	0	

資料來源：作者整理自 Bank of Thailand, 2017, Foreign Trade Through Customs Houses in the Northern Region (Millions of Baht); Thai - Laos Trade Through Customs Houses in the Northeastern Region; Thai - Cambodia Trade Through Customs Houses. The Republic of The Union of Myanmer Ministry of Commerce, 2017, "Export/Import Border Trade Situation Of Myanmar In 2012-2013 Fical Year To 2017-2018 (Dec) Fical Year," (accessed on May 30, 2018). 緬甸邊境進、出口貿易額官網以美金為單位(百萬)，匯率換算以 1 美金兌 31.17 泰銖計算(瀏覽於 April 2, 2018)。

　　泰國有 30 多個省份分別與緬甸、寮國、柬埔寨及馬來西亞接壤，更藉著地理位置上的優勢，達到與鄰邊國家發展邊境貿易合作，獲取貿易的利益。除此之外，更是達到了鏈結東協內部國家的市場功能，透過交通建設與友誼大橋的建設等，使國與國之間的往來更密不可分。

　　從泰國與鄰邊國家主要的邊境之貿易金額來看，泰國對緬甸邊境貿易金額，與寮國及柬埔寨相比，並不是最高，但也代表著

泰國的經濟對緬甸的貿易發展仍有很大的機會。在地理位置上緬甸與泰國的邊境最長，而兩個國際口岸兩岸都各自設有經濟特區，因此以地緣經濟發展的方式來看，泰國與緬甸的經濟互動上主要以邁向競合方式，來持續合作共利共生。而寮國在「他沙代」（Tha Sadet）—「他都」（Tha Deua）口岸中，呈現了相對最高的貿易順差，此地區的發展依賴泰國經濟較多，對泰國經貿比較有利，但長期來看，會讓泰國與寮國雙邊的經貿依存度會提高，泰國對於寮國邊境之出口也會大增。

依現在邊境發展情況來看，泰國的邊境經濟市場正蓬勃發展，也讓泰國從過去過度集中經濟貿易市場在曼谷的現象有所趨緩，也適度發揮了泰國的地理優勢，更與鄰國發展友好關係，進行邊境區域經濟的整合。說到友好關係的發展，泰—柬關係從過去因為衝突事件導致兩國埋下仇恨，近年來的外交破冰，讓兩國經濟貿易合作上出現了轉機，在邊境口岸合作上都享有不錯的成績，對泰國經濟成長而言，商機無限。未來泰國需要適時調度市場之出口與進口金額，來達到貿易平衡，對穩定雙邊的經濟市場才是最好的合作模式。

全球化帶來網路資訊的興起，也帶來了虛擬世界的地球村，如今各國以地緣上的優勢發展出鄰國網絡關係，試圖將虛擬世界的全球化帶到現實世界，完成實際面的地球村，中國近年來以「一帶一路倡議」伸入東南亞地區，而身為陸上東協經濟老大哥的泰國更是積極與緬甸、寮國與柬埔寨三國在經濟層面合作，甚至延伸至與越南合作，以地緣上的優勢發展邊境和跨境貿易，以上表所統整的經濟數據雖然有逐年增長，對泰國而言，貿易順差也隨之高漲，不僅讓較貧困的鄰國能有所紓困之道，也帶動了鄰國較

偏遠地區的發展。

在 GMS 次區域經濟合作下的「東西向經濟走廊」與「南北向經濟走廊」規劃，都帶給泰國無限商機，不僅在地理交通發展層面帶來了物流經濟，開啟了泰國為區域交通樞紐地帶地位；另一方面也開啟了泰國與鄰邊國家經濟合作的模式，長期來看則以國際分工之比較優勢，在製造業上可以進行生產，也可與鄰國調度便宜勞工，如果東協內部成為一個小國際經濟圈，彼此成為國際分工對象，則大國對東協地區之發展更是不容小覷。

肆、邊境貿易經濟圈之區域整合發展：邊境經濟整合發展

一、泰國與緬甸之菱形經濟圈發展

緬甸是陸地上聯結東南亞與南亞、中東的必然通道，也是通往印度洋的重要通道，天然的地理位置優勢使其具有了重要的戰略意義。[10]其與緬甸相鄰的國家除了中國、泰國、寮國之外，西北部地區還連接著印度與孟加拉。在天然資源上，緬甸擁有著大量的天然資源，對泰國整體出口以天然氣、柚木、玉石、銅礦、

---

[10] 香港貿發局經貿研究，2016，〈一帶一路投資政治風險研究之緬甸〉，<http://china-trade-research.hktdc.com/business-news/article/%E4%B8%80%E5%B8%B6%E4%B8%80%E8%B7%AF/%E4%B8%80%E5%B8%B6%E4%B8%80%E8%B7%AF%E6%8A%95%E8%B3%87%E6%94%BF%E6%B2%BB%E9%A2%A8%E9%9A%AA%E7%A0%94%E7%A9%B6%E4%B9%8B%E7%B7%AC%E7%94%B8/obor/tc/1/1X000000/1X0A6B6X.htm>，(檢索日期：2017 年 4 月 28 日)。

硬木和農產品，在泰國的「美索」－緬甸「苗瓦迪」邊境地區則出口包括燃油、泰國啤酒、砂糖、手機及其配件、汽水等。[11]

　　泰國早在 2007 年時，就曾經成為緬甸的第一大出口國，[12] 在進出口項目上，泰國與緬甸以各取所需為目標進行貿易，雖然在邊境地區的貿易額比不上其他鄰國與泰國的邊境貿易規模，但在整體兩國之間的貿易發展來看，緬甸在東協地區中是泰國的第六大貿易合作夥伴，在 2010 年至 2014 年，泰－緬兩國平均每年的雙邊貿易額大約近 68 億美元（2,263.65 億泰銖），並且以 14.06% 的幅度逐漸增長。在 2014 年雙邊貿易額為 81 億 5,583 萬美元（2,714.99 億泰銖），其中出口量約 42 億 3,911 萬美元（1,411.15 億泰銖），進口量約 39 億 1,672 萬美元（1,303.83 億泰銖）。雖然在 2015 年前 10 個月雙邊貿易為 65 億 8,654 萬美元（2,192.59 億泰銖），與前一年同期相比減少 1.15%，其中出口量約 34 億 4,271 萬美元（1,146.04 億泰銖），進口量約 31 億 4,437 萬美元（1,046.73 億泰銖），顯示出兩國在經貿發展上的關係非常密切。[13]

　　除了在貿易額方面，展現出泰－緬兩國經濟圈的形成，主要在交通建設上的連結，尤其是邁向第二座友誼大橋的建設，而第

---

[11] 鉅亨網新聞中心，2016，〈泰緬邊境美索口岸　貿易額前 9 個月破 600 億銖〉，鉅亨網：<http://news.cnyes.com/news/id/2115054>，（檢索日期：2017 年 5 月 20 日）。

[12] 泰國世界日報，2007，〈泰國成為緬甸第 1 大出口國〉，《世界日報》，<http://www.udnbkk.com/article/2007/0530/article_17168.html>，（檢索日期：2017 年 5 月 20 日）。

[13] 泰國世界日報，2016，<明年泰緬貿易 4200 億　邊貿重頭戲>，《泰國世界日報》，<http://www.udnbkk.com/article/2016/0107/article_133353.html>，（檢索日期：2018 年 4 月 2 日）。

一座友誼大橋帶出的「邊境市場」(Border Market)更是讓緬甸邊境地區經濟市場活絡起來，雖然在平日邊境市集並沒有許多店家開門，因為觀光人潮並不多，但如果遇到假日則常會有泰國人來此逛市集。邊境市場主要販賣的東西有電器、緬甸傳統服飾、大陸製的零食、玉、金銀飾、木雕傢俱等。因此，泰—緬邊境的居民對第二座友誼大橋的建設相當期待，在規劃中預期將兩座友誼大橋連接在一起，可以舒緩交通堵塞的現象，讓更多人民與觀光客方便前往，同時也是「錢」近泰—緬邊境的好商機。[14]

緬甸除了與泰國邊境往來之外，與前面提到的緬甸與中國、寮國在邊境貿易中的往來同樣不亞於與泰國邊境往來之貿易額。緬甸最大宗的邊境貿易則是與中國的「木姐」(或稱「謬思」)(Muse)口岸相對應，在 2016 年此口岸從中國進口金額就高達 38.095 億美元（相當於 1,267.045 億泰銖），出口額也有 15.68 億美元（相當於 521.636 億泰銖），緬甸在雙方貿易上呈現嚴重的貿易赤字，這也說明緬甸依賴中國商品的規模不小。而泰國在邊境貿易中如不加強與緬甸邊境地區的貿易融合，則有可能在緬—中—泰三方經貿合作中趨於弱勢。

若是觀看另一個與緬甸相鄰之邊境國家：寮國，雖然其為低度開發的國家，但享有各國政府提供無配額、關稅限制或給予優惠之關稅待遇；同時為了能夠促進投資，寮國政府提供關稅及土地優惠，並設置投資單一窗口，以及簡化投資申請流程，企圖帶動寮國整體經濟的成長與發展,寮國與緬甸和泰國同屬於一個「黃

---

[14]　泰國世界日報，2014，〈泰緬第 2 座友誼大橋 明年初動工〉，《世界日報》，
　　<http://www.udnbkk.com/article/2014/1129/article_122817.html>，(檢索日期：2017年 5 月 20 日)。

金三角」地帶，多次提到該地帶曾為毒梟聚集之地，又稱「三不管」地帶，因此緬－寮－泰如果將該地區規劃為三國邊境合作貿易與觀光地帶，則對三國共同發展此地區有其相對經濟利基，在管理分配上「先經後政」來處理，則可達到最高經濟效益，也可將該特殊地理位置極致發揮，以促進三國之友好與觀光經濟，而緬甸與寮國在 2015 年更是跨出了兩國地理位置以陸路相連的跨國大橋，其跨國大橋連接著緬甸撣邦（Shan State）邊境城市－大其力（Thachilek）和寮國北部熱門旅遊省份－琅南塔（Luang Namtha），[15] 更顯現出緬－寮－泰三方在合作上的緊密關係，也增加了泰國「美塞」與緬甸「大其力」口岸吸引觀光人潮，另一方面也讓寮國多一個觀光入口，進而帶動當地第一大賭場增加其經濟效益與觀光人數，讓三個國家更加友好與在經濟融合方面更加的緊密，中國更是透過這條橋與泰國在邊境地區進出口貿易，以達到雙贏。

第三種則是緬－中－寮，此種經濟圈的成形對泰－中合作最有利，但同樣的對緬甸出口天然資源與中國可以大量的吸引便宜勞工近邊境地區設置之工廠或經濟特區，促進中國在湄公河之地區經濟發展；短期來看，對緬甸、寮國是有助於 GDP 成長，但長期來看，對內部的發展與投資建設卻過度依賴中國資助，也對緬、寮的內部發展上卻藏著次級勞工與過度仰賴經濟成長的隱憂。因此對緬甸而言發展出前面兩種經濟模式與經濟合作圈。對緬甸而言有助於強大邊境地帶均衡發展外，也可以與中國保持出

---

[15] 參閱〈北東協互聯互通緬甸寮國大橋通車〉，2015，<http://www.cw.com.tw/article/article.action?id=5067694>，(檢索日期：2017 年 4 月 23 日)。

口天然資源，又可更進一步與寮國增加友好程度，讓東協內部更加緊密，朝向 AEC 發展之共同目標。然而，日本在緬甸－泰國的合作與資助上也扮演很重要的角色，雖然日本與泰－緬兩國在地緣位置上並不相連，但日本也對緬甸－泰國在共同開發土瓦（Dawei）經濟特區也投入不少的投資，以海線絲路來連結東南亞的經濟市場更是不容忽視。

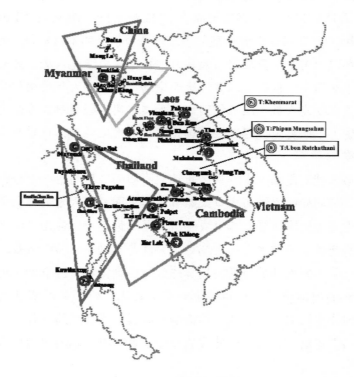

圖二、泰－緬經濟發展圈

資料來源：作者自製

　　簡單來說，以緬甸的地理位置與鄰國發展的關係與程度，可以決定泰國與緬甸邊境所形成的經濟圈擴大發展的方向（如上圖二所示）。從圖二可以看出，泰國與緬甸可以發展出三種區域整合：第一種為「緬－中－泰」之經濟圈；第二種為「緬－寮－泰」之經濟圈；而另一種則是沒有泰國的第三種「緬－中－寮」經濟圈，此種經濟圈的形成都以地理位置相連有關，且有機會發展邊境貿易或是跨境貿易，其規模也逐年增加。

二、泰國與寮國之菱形經濟圈發展

　　泰－寮邊境發展相較於泰－緬邊境發展程度，可說高出許多，然而寮國是一個四面不環海，在海上貿易上較處於弱勢，因此寮國可透過地緣上的優勢與相鄰之國家展開邊境貿易的口岸往來。近年來寮國的邊境經濟貿易額逐年增長，也顯現出寮國這一塊土地正在開發，有望在 2030 年跳脫低度發展低收入，並進入中高收入國家，[16]與寮國為鄰國家除了泰國與緬甸之外，還有柬埔寨、中國與越南。寮國除了與泰國邊境友好之外，也與越南在貿易合作上互動頻繁，雖然在發展程度上越南高於寮國許多，但是從邊境進出的外國人並不多，更別說包團的遊客。

　　在邊境地帶的貿易，寮國主要出口項目有木製品、咖啡、電力、鋅礦、銅礦、金礦、成衣等等，而進口則以機械設備、車輛、燃油、食品、消費性產品。在地理及文化、宗教、語言的影響

---

[16] 自由時報，2016，〈睽違 10 年新領導人上台　寮國或將「疏離中國」〉，<http://news.ltn.com.tw/news/world/breakingnews/1582555>，(檢索日期：2018 年 5 月 20 日)。

下，寮國大多以鄰邊國家之進、出口為主，而其中有大量的生活
用品如成衣、家電、汽車保養品或化妝品，也是直接從泰國進口
，以泰—寮邊境地區規模最大的口岸在「廊開」（Nong Khai）—
「永珍」（Vientiane）的「他沙代」（Tha Sadet）—「他都」（
Tha Deua）口岸來說，這是泰國A級貿易口岸。

　　儘管寮國人口大約只有 600 多萬人，其首都及商業中心的永
珍市也只有約 60 萬人口（約占寮國十分之一人口）。整體來說，
「永珍」市的規模並不大，在基礎建設與發展程度上雖有不足，
但也算是大致完善，可以降低運輸成本。從上述的進、出口品項
來看，寮國因為沒有出海口，在經濟發展上仍以觀光、林木、礦
藏與水力為主，在加工製造業的比重及自動化程度相對仍低，因
此市場上大多以終端消費品為主的展售內容。[17]

　　而寮國第二大的口岸則位於離首都永珍約 450 公里處，為凱
山豐威漢省（原稱沙灣拿吉 Savannakhét），這個省份與泰國相隔
著湄公河，是寮國中部人口聚集的省份約有近 80 萬人口，而位於
寮國中部地段也是與泰國、越南進行邊境貿易的主要省份，該省
份也有寮國第二大的賭場，因此對該區域的經濟發展也有一大貢
獻。[18]

---

[17] 台灣經貿中心—駐胡志明市辦事處，2013，〈寮國貿易實況—考察越寮貿易展
　　（Viet-Laos Trade Fair）〉，<http://hochiminh.taiwantrade.com/news/detail.jsp?id=
　　12385&lang=zh_TW>，(檢索日期：2017 年 5 月 20 日)。
[18] 經貿透視雙週刊—專題報導，2012，〈寮國中部沙旺那吉省（Savannakhet）盛
　　行邊境貿易〉，<http://www.trademag.org.tw/News.asp?id=595661&url=/default.
　　asp>，(檢索日期：2017 年 5 月 20 日)。

　　整體來看，2009 年至 2013 年泰—寮雙邊貿易額平均達 37.6 億美元，年成長約 35.8%。同時泰—寮也在邊境推廣購物、生產、運輸、物流、觀光、健康照護以及教育中心，以扶植民間經濟活動的共識與發展。[19]讓兩國在未來合作與經濟整合上更加緊密，甚至依地區發展需求會建立特有的發展模式。

　　寮國鄰國除了左邊的泰國之外，也與鄰國越南（右）及柬埔寨（下）和中國（上）接壤，擁有不少的邊境貿易的口岸。在越南與寮國邊境，於 2015 年時越南工商部部長武輝煌（Vu Huy Hoang）與寮國工商部部長 Khemmani Phonexena 在 3 月時簽訂了「越寮貿易協定」。而根據上述協定，雙方相互撤除95%貨品項目之關稅，以及享有較東協貨品貿易協定（ATIGA）減半之待遇。可以說是越—寮在經濟貿易合作上建立新的里程碑，此外兩國未來合作也將朝向以促進貿易服務業之自由化，並針對越南與寮國若干的特殊貨品，提供優惠進口稅達成共識，可以讓兩國擴大經濟發展機會。[20]其實，越—寮兩國早在 2014 年就已經聯手成立了能源合作工作小組，目的是討論天然資源的永續發展，這也可以看出兩國經濟整合的可能性。[21]

---

[19] 鉅亨網新聞中心，2015，〈泰國商業部部長：預期未來三年與寮國邊境貿易將達81.6 億美元〉，《鉅亨網》，<http://news.cnyes.com/news/id/336575>，(檢索日期：2017 年 5 月 20 日)。

[20] 經濟部國際貿易局，2015，〈越南及寮國相互撤除95%貨品項目之關稅〉，經濟部國際貿易局經貿資訊網：<http://www.trade.gov.tw/World/Detail.aspx?nodeID=45&pid=514797>，(檢索日期：2017 年 5 月 20 日)。

[21] 經濟部國際貿易局，2014，〈越南與寮國成立能源合作工作小組〉，<http://www.trade.gov.tw/World/Detail.aspx?nodeID=45&pid=491102>，(檢索日期：2017 年 5 月 20 日)。

　　2015 年雙邊貿易金額為 11.23 億美元（約 373.509 億泰銖），較 2014 年減少了 12.6%；在 2015 年的前 5 個月，越－寮的雙邊貿易金額達 3.75 億美元（約 124.724 億泰銖），較 2015 年同期減少 34%。依據越南工商部表示，雙邊貿易金額減少之原因為進出口貨品尚未多樣化，僅依靠少數主要產品，因此這些產品對國際市場價格之變動頗為敏感。因為越南在寮國像是鋼鐵、石油及建材等投資案進度，並無想像中的快，且寮國調漲越南出口比例及金額較大產品之進口稅，特別是越南貨品面對來自中國、泰國之激烈競爭，以及越－寮邊境貿易之基礎設施相當落後，也都增加貿易成本。

　　在 2016 年兩國則選擇加強出口雙方產品，如石油、鋼鐵、交通工具、肥料、礦產、電力、紙類及木製產品。[22]兩國雖然在合作層面上有些許原因導致短期的經濟波動，但兩國在達成共識下對於經濟整合之目標達成仍具信心，因此在未來的合作上，兩國的經濟市場規模持續擴大已不是問題。基於此，泰－寮－越不僅可以透過「東西向經濟走廊」連結和形成一個三角經濟圈，也可以讓泰－寮－越在陸路中成為「物流」的捷徑路線，甚至可以連線到緬甸，做一個完整的東西向經濟線的整合發展。

　　其次，寮國對鄰國的中國（上方）、柬埔寨（下方）的經濟合作市場發展之可能與機會。首先，寮國與中國的邊境貿易連接著寮國永珍至邊境的磨丁小鎮，中國以蓋鐵路的方式帶動了與寮國的邊境市場，中國對寮國在中國文化與教育推廣、基礎建設發

---

[22] 台灣駐越南台北經濟文化辦事處，2016，〈越南與寮國已簽訂「貿易協定」及「邊境貿易協定」〉，<http://www.taiwanembassy.org/vn/post/6650.html>，(檢索日期：2017 年 5 月 20 日)。

展、能源電力發展、觀光產業發展及邊境貿易發展上都不遺餘力，然而繁榮的背後卻隱藏著寮國人民對中國商人跨過邊境的「商機」不以為然，初期中國商人建立了一個不受寮國政府控制的法外之地，蓋起了大量的賭場，把原本純樸的小鎮變成了罪惡之都，犯罪率節節高升，滿街道的飯店、賭場跟妓院。但是相對而言，對寮國邊境的城鎮，也算是開啟了經濟市場的。

　　在鐵路規劃方面則以一條東西向鐵路，經中國河口穿越越南；而第二條則是南北向中線鐵路，經寮國磨丁進入寮國；第三條則是西線鐵路，經中國瑞麗（Ruili）邊境口岸穿越緬甸。至於中—寮鐵路則以南北向鐵路自中國磨憨（Mohan）出境後，先抵達寮國磨丁，後再依向往南依次的經過芒賽（Muang Xai）、郎勃拉邦（Luang Prabang）、萬榮（Vang Vieng）至永珍（Vieng Chan or Vietiane），再接著進入泰國、馬來西亞，最後抵達新加坡。[23] 這一條中寮鐵路，主要以中國為主要投資國，以及共同營運並跟中國鐵路網連通到國外，中寮鐵路全長約414公里，其中橋樑長度高達62公里，而隧道長度近198公里，足見其工程推動的難度極高。

　　然而，在發展後期於邊境地區卻招來許多中國遊客，在這裡豪賭、縱慾狂歡，最後輸光積蓄，再被賭場老闆（中國人）給關押成為人質凌虐，甚至有大量賭客死亡。這消息經媒體報導傳回中國境內後，中國開始嚴格要求進入磨丁者要申請簽證，並且勒令賭場斷水斷電，導致當時許多違法賭場倒閉，而曾經繁榮一時

---

[23] 宋鎮照，2015，〈「中」寮政經發展密切翻轉寮國區域戰略地位：從邊陲陸鎖國到區域新中心的陸聯國地位〉，《台北論壇》：http://140.119.184.164/view/217.php>，(檢索日期：2018年5月20日)。

的磨丁，也瞬間變成人煙稀少的鬼城。過了幾年後，才因為正常
消費的邊境遊客增多，而開始恢復榮景。中國商人給磨丁與磨憨
邊境城鎮帶來凌亂與排擠現象，讓寮國人也所剩無幾，同時在邊
境城鎮也都以人民幣作為買賣貨幣，中國式的邊境貿易合作，以
經濟殖民的方式來影響當地的生活與建設，更顯現得寮國長期以
來依賴中國的程度相對比較高，甚至是付出了被破壞原有的純樸
小鎮，在經濟發展追求下卻賠上了不少的代價。[24]即是如此，近
年來寮國與中國在邊境上的貿易機會對整體寮國而言仍是優大於
劣。中國製造的各種商品、建材、機械設備通過磨丁送到寮國，
甚至在未來更有機會直送到泰國。由於昆曼鐵路尚未完工，因此
還需要一些時間上的琢磨。這對寮國而言，無疑地在開通陸路大
門，也等於打開經濟市場。雖然像是被鄰國經濟殖民，或者是說
被瓜分了原本寮國的文化，但是為求整體經濟的提升與人民的生
活水準，這似乎是必經之犧牲代價。

　　再者，以寮國與柬埔寨的邊境發展來看，寮國與柬埔寨之間
只有一處的邊境出入口，為寮國的 Veun Kham－柬埔寨的 Stung
Treng 口岸，這個口岸主要以觀光為主，尤其是背包客與當地居
民的過境，在經濟效益上並沒有特別突出。但以地理位置上來說
，這個口岸是打開寮國與柬國合作擴大經濟貿易圈的最佳位置，
也是一種潛在優勢。因為寮國與柬國都屬於低度開發國家，兩國
之間的貿易往來比起其與泰國、越南之貿易活動，可說是相當平

---

[24]　關鍵評論（The New Lens），2016，〈這個邊境城鎮逐漸繁華，卻再看不到寮
國人，流通的貨幣都是人民幣〉，《關鍵評論》，<https://www.thenewslens.com/
article/33302>，(檢索日期：2017 年 5 月 20 日)。

淡。對寮國來說，柬埔寨短期間並不是首要的經濟整合對象，但在持續未來的發展中，寮國需要加強與柬埔寨之經濟合作。

　　基本上，寮國在地理位置上可以和中國（上）、柬埔寨（下）、泰國（左）、和越南（右），可以跟鄰國結合成經濟圈（如下圖三所示），進而增加自身的經濟成長，可見寮國經濟成長可以依賴著鄰國經濟而成長，特別是跟鄰國經貿關係與經濟政策之調整，都會影響到寮國的經濟成長。因此，寮國要如何運用他國經貿投資優勢，來對國內建設與投資之項目發展，對自身經濟優勢之提升有幫助。

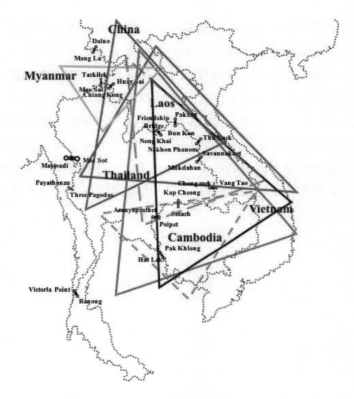

圖三、泰－寮經濟發展圈之規劃

資料來源：作者自製

　　因此，假如泰國能夠借力使力，藉由寮國與越南或是柬埔寨促成「線」（如東西向經濟走廊）或是「面」（國家經濟整合）的經濟整合市場，由「點」（口岸相連）、「線」（東西或南北向經濟走廊）、「面」（國家經濟整合）為目標，逐步串起以泰

國為區域中心點的經濟市場（圈），才能穩定泰國在東南亞市場的重要地位。

三、泰國與柬埔寨之菱形經濟圈發展

柬埔寨地理位置位於泰國的東南方，相鄰的國家除了泰國，便是寮國（上）與越南（右），柬埔寨比起寮國在地理上的發展優勢便是多了海上絲路的優勢，在整體發展上也比寮國來得平均，儘管柬埔寨仍是一個低度發展的國家。

在泰柬兩國的進出口發展上，於 2013 年，泰國是柬埔寨出口的第二位，相對於第一位是美國、第三位是日本。中國大陸是柬埔寨進口國家的第一位，泰國位於第三位，而第二位則是日本。整體來看，柬埔寨對於中國大陸的商品依賴度很高，與第二位的美國相比，貿易額約高出 1.4 倍。柬國進口項目大致以機械、冷氣、電動機等高階 3C 與紡織用之器械與木材、石料等；而出口項目則大多以服飾為主（男、女套裝、衣褲裙等）。[25]

而在產業發展方面，柬埔寨是一個土地與水資源相當豐富的國家，但是在農業上的生產力卻極低。這跟農民技術之培訓與產品交通不便利有關，往往市場運送的時間比較長，成本也比較高。因此，要增加生產力便要加強交通建設方面，即可在價值鏈方面、運輸層面、和貿易商買賣層面，可以降低成本，以提高商品競爭力。要解決內部生產力問題，也必須在各地發展小型經濟市場，進而有助於農業與工業的發展。

---

[25] 貿協全球資訊網，2016，〈柬埔寨 2013-2015 年主要出口國家〉，
　　<http://www.taitraesource.com/total01.asp>，(檢索日期：2017 年 5 月 20 日)。

　　柬埔寨與泰國之邊境口岸主要有「阿蘭」─「波貝」（Aran-Poipet）、「合叻」─「占延」（Hat lek - Cham Yeam）兩個較具規模的口岸，口岸兩側都有小型的經濟市場與經濟特區，為了讓居民可以改善環境品質，一方面也希望能夠增加就業率，進而帶起當地消費能力。柬埔寨除了與泰國邊境發展良好之外，也與越南邊境有一個指標性的邊境口岸，位於柬埔寨東南方的國際口岸「巴域」（Bavet）─ 越南「莫克拜」（Moc Bai），在這個邊境口岸一樣設有賭場（也有人稱賭場邊境），因為在柬埔寨首都「金邊」的 200 公里內，賭場經營權已被金界集團壟斷，柬埔寨其他集團則分別將賭場開在邊境或觀光區以繼續運營，例如東─越邊界的「巴域」及泰─東邊境的「波貝」，儘管賭場生意依然帶起邊境的經濟消費與觀光人潮，在邊境地區的發展也比起寮國繁榮，觀光人數也顯得較多。國際口岸的「巴域」邊境在 2014 年 4 月時統計進出的遊客同比增加了 8,000 多人次，進出邊界最多的遊客大致來自五個國籍，即越南、馬來西亞、新加坡、中國和韓國。

　　在國際口岸的「巴域」邊境進出的遊客增長，主要原因是柬埔寨擁有穩定的政治與治安，加上柬埔寨是以觀光旅遊業為主的國家，因此每年都使用很多的政策，持續吸引更多國際遊客入境遊玩。[26]

　　柬埔寨南境臨海，可以發展海口，對外可以海上絲路的合作方式為主，其發展之機遇多，大於陸路的邊境口岸，因此靠海線

---

[26] 鉅亨網新聞中心，2016，〈東新年期間巴域國際口岸進出遊客同比增加 8,000 多人次〉，鉅亨網：<http://house.cnyes.com/global/news/20160419191501000397 864.do>，(檢索日期：2017 年 5 月 20 日)。

也為柬埔寨帶來未來「海上」經濟商機，柬埔寨開放海口從海南海口美蘭國際機場（Haikou Meilan International Airport）起飛，每周四直飛至柬埔寨的「金邊」；每周二、六海口直飛「暹粒」之觀光路線，[27]也為到柬埔寨觀光之遊客開啟新的旅遊方式，縮短了到「暹粒」的時間，也可以從海口直飛到首都，不僅增加了觀光潮，也讓物流業更加有效率，減少了許多物流業在交通運輸上的風險與成本。

在經濟圈的發展上柬埔寨與寮國很相似，但少了一個地緣上的優勢，就是沒有與中國接壤，但多了海口的優勢能夠發展海上絲路，發展海運事業（如下圖四所示）。基本上，柬埔寨與泰國在邊境的貿易發展可說良好，也為柬國種下好的根基，更可讓泰國進一步與越南經濟成為對口關係，增加物流業從越南口岸或是陸路方式的運送，不僅可以讓泰國穩坐東協核心地位角色，並且可以促成柬埔寨與泰國聯手發展出「泰—寮—柬」、「泰—緬—柬」、「泰—柬—越」、「泰—寮—越」等跨區域經濟合作圈。

---

[27] 中國江蘇網，2016，〈海口今起陸續開通直飛柬埔寨暹粒、金邊國際航線〉，<http://economy2.jschina.com.cn/system/2016/07/19/029211150.shtml>，(檢索日期：2017 年 5 月 20 日)。

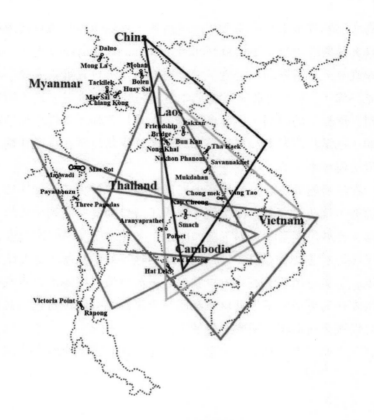

圖四、泰－東經濟圈發展圈

資料來源：作者自製。

四、泰國在區域經濟發展的可能優勢

　　泰國在地理位置中的優勢可以跟印度和中國經濟有結合發展的機會（如表五整理）。對中國而言，在發展「一帶一路倡議」下，將跟中南半島經濟建立更為密切的經貿夥伴關係。而在「一帶

一路倡議」的發展之下，印度如不願直接與中國擴大合作，則泰國與緬甸在其中所扮演的角色將更不可或缺。同時，泰國對中國而言，更是個經濟關鍵。以泰國目前跨境經濟圈的形成與重疊部分得以看出，以泰國為中心的三大跨境經濟圈已然成形，泰國也成為不可或缺的核心。泰國在國際層面除了跟同樣屬於東協內的鄰邊國家合作外，在國際層面更可以跟中國、日本、韓國、歐盟、印度、澳洲、美國等展開合作，足見泰國在中南半島的經濟地位優勢。

表五、泰國與鄰邊國家跨境經濟圈的可能合作發展

國家	泰國經濟圈擴展之可能				
緬甸	緬—泰—寮 *主要以邊境與跨國大橋建設連結。	泰—緬—印度 *緬—印度以海運方式。	緬—泰—馬 *以南北向之鐵路方式連接經濟。	緬—泰—東 *以緬—泰陸路方式或海運方式至東國。	泰—緬—中—印度 *以泰—緬—印度為主佛教經濟圈。
寮國	緬—泰—寮	泰—寮—東	泰—寮—越	寮—東—越	泰—寮—中
東埔寨	緬—泰—東	泰—東—寮	泰—東—越	東—寮—越	東—寮—中

資料來源：作者自製。

伍、結論：泰國發展策略與跨境經濟圈推動

本文依據泰國邊境口岸發展分析未來經濟整合擴張及區域發展策略的可能應用。泰國可以藉此來推展其邊境經濟整合發展，進一步可以利用鄰國的地緣經濟優勢，以擴張泰國經濟市場與貿易市場（如下圖五所示），可以結合「泰－寮－中」、「泰－緬－印」、「泰－柬－越」等三大跨境經濟圈合作，更可延伸影響至經濟圈的周圍地帶發展，在東協經濟共同體和中國－東協自由貿易區之發展，加上中國一帶一路倡議的推動下，以「菱形經濟圈」的方式結合鄰國的優勢，讓泰國享有更佳的區域發展競爭力。

隨著泰國推動跨境經濟發展策略下，逐漸形成三大菱形經濟圈的跨境發展合作模式，使其更可善用經濟走廊與海線優勢的發展，加以將三大跨境經濟圈之融合（如下圖六所示），透過紅色菱形經濟圈的推動，可以讓泰國經濟發展更具有區域發展優勢。另一方面，在中國與印度經濟對立與競爭下，更讓泰國在中印兩大經濟體之間，可以扮演地理連結和跨境經濟整合的發展角色。

印度優勢可以從整體面向來看，在 2015 年，印度的經濟成長率就超過中國約 0.6%，這顯示出印度已經成為全球經濟增長最快的主要經濟體。雖然印度所發展的經濟規模僅有中國經濟體的四分之一弱，且對全球經濟的貢獻度也不如中國。但是在 2014 年的印度 GDP 已經達到了中國 2004 年的經濟水平，將兩國的經濟發展差距縮短到了 10 年。就長期來看，印度佔有人口結構優勢，可以讓印度保持經濟成長的人口紅利。在全球化下各國面臨的老齡化問題，在印度恰與中國相反。印度人口結構發展以 35 歲以下的

年輕人佔有 65%。根據聯合國（UN）推算，在 2025 年的印度將比中國多 1.1 億，或是 47%的年輕人其年齡在 15 至 29 歲之間。[28]因此中國現階段的目標則是努力與印度結合，增加其在亞洲經濟的影響能力。[29]面對中印兩國經濟發展的機會，泰國正可以扮演更為重要的經濟關鍵夥伴，透過緬甸或是馬來西亞以「上陸路」、「下海線」的方式與印度合作，帶起印度南部的發展和結合印度的優勢，讓東南亞市場搶先在中國之前與印度結合，增加兩地區的經濟市場緊密度，也讓中國不得不持續對東協市場提供更多「互賴」發展，而降低東協提高對中國經濟的「依賴」關係。

面對未來發展的商機，除了將過去以產業重點發展的方式將泰國帶入國際市場，並且增加產業的競爭力，從早期以農業再到輕工業、重工業的產業發展推動外，近期泰國工業 4.0 計畫則是將泰國傳統產業轉為智能產業，從相較廉價的勞工與非技術性的發展模式轉向所謂的「創新價值型經濟」。泰國為了達到新型經濟發展，必須積極與鄰邊國家經濟進行跨境整合。而服務業層面則強調以少資源提供更多的服務，而不是以多資源提供較少數的服務。[30]

---

[28] 謝毅哲，2016，〈大家談中國：為什麼中國絕不能忽視印度？〉，BBC 中文網：<http://www.bbc.com/zhongwen/trad/comments_on_china/2016/06/160614_coc_china_india_daniel_xie>，（檢索日期：2017 年 5 月 31 日）。

[29] 中時電子報，2017，〈中國願以換地解決邊界爭議 印度反對〉，中時電子報<http://www.bbc.com/zhongwen/trad/comments_on_china/2016/06/160614_coc_china_india_daniel_xie>，（檢索日期：2017 年 5 月 31 日）。

[30] Thailand Bussiness News. 2016. "Thailand 4.0, what do you need to know ?" https://www.thailand-business-news.com/economics/54286-thailand-4-0-need-know.html. (accessed on July 11, 2017).

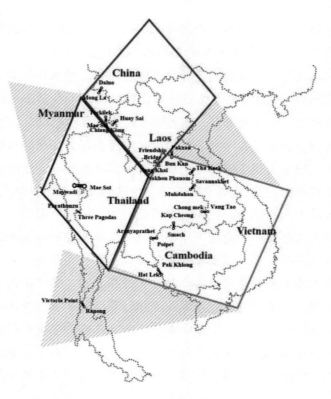

圖五、泰國與鄰邊國家形成之跨境經濟圈

資料來源：作者自製

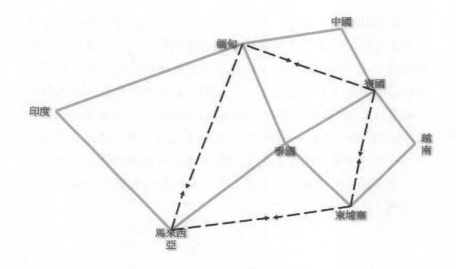

圖六、泰國未來經濟發展圈之建構（菱形經濟圈）

資料來源：作者自製

　　泰國除了掌握著 GMS 內部發展的核心角色，也讓泰國成為東協內部經濟整合的重要開關，成為進入東協經濟必先掌握的首要國家之一。泰國更是利用 1990 年代早期所發起的「泰銖經濟圈」建構，作為鞏固泰國整體發展在緬東寮區域上的貨幣與金融優勢。除此之外，泰國更是擁有著來自緬甸、寮國、柬埔寨等鄰國的大量勞工。泰國也利用其基礎設施與交通建設上的鏈結優勢，讓泰國與鄰國之間加速經濟融合。[31]而泰國在經濟圈的擴張上可

---

[31] Evan Rees, "How Thailand Hopes to Capitalize on Its Neighbors' Success," Stratfor Worldview, December 22, 2015, from https://worldview.stratfor.com/article/how-thailand-hopes-capitalize-its-neighbors-success (accessed on July 18, 2018).

藉由政策結合泰國經濟，提高「南南合作」的機會，也提高泰國的競爭優勢，和發展區域經濟市場的控制權，並透過菱形經濟圈的發展模式，來增加內部、外部經濟整合發展的結合性。以泰國為核心的中南半島經濟區，或是 GMS 區域經濟發展，泰國與緬東寮不僅成為 GMS 區域的「代工廠經濟圈」，更主動建構出「佛教經濟圈」和「泰銖經濟圈」，這是東協經濟市場一體化的重要指標之一。不僅讓中南半島的 GMS 成為東南亞地區發展的重要軸心，更凸顯出泰國在中南半島 GMS 跨境經濟圈整合發展下的核心地位。

參考文獻

一、中文

林若雩，2008，《變遷中的東南亞區域整合》，臺北：五南圖書。

宋鎮照，2015，〈「中」寮政經發展密切翻轉寮國區域戰略地位：從邊陲陸鎖國到區域新中心的陸聯國地位〉，《台北論壇》，<http://140.119.184.164/view/217.php>，(檢索日期：2017 年 5 月 20 日)。

山影進（YAMAKAGE Susumu），2013，〈東協和平繁榮之路與日本〉，《走進日本》：<http://www.nippon.com/hk/in-depth/a01502/>，(檢索日期：2017 年 5 月 31 日)。

天下雜誌，2015，〈北東協互聯互通緬甸寮國大橋通車〉，<http://www.cw.com.tw/article/article.action?id=5067694>，(檢索日期：2017 年 4 月 23 日)。

中國江蘇網，2016，〈海口今起陸續開通直飛柬埔寨暹粒、金邊國際航線〉，<http://economy2.jschina.com.cn/system/2016/07/19/029211150.shtml>，(檢索日期：2017 年 5 月 20 日)。

中時電子報，2017，〈中國願以換地解決邊界爭議 印度反對〉，中時電子報 http://www.bbc.com/zhongwen/trad/comments_on_china/2016/06/160614_coc_china_india_daniel_xie，檢索日期：2017 年 5 月 31 日。

北美智權報，2016，〈東協崛起 越南領頭〉，<http://www.naipo.com/Portals/1/web_tw/Knowledge_Center/In

dustry_Economy/publish-483.htm>，(檢索日期：2017 年 5 月 31 日)。

自由時報，2016，〈睽違 10 年新領導人上台 寮國或將「疏離中國」〉，<http://news.ltn.com.tw/news/world/breakingnews/1582 555>，(檢索日期：2017 年 5 月 20 日)。

星洲日報，2015，〈王毅：中國已停南海填海造陸〉，星洲日報：http://www.sinchew.com.my/node/1462018，檢索日期：2016 年 10 月 25 日。

泰國世界日報，2014，〈終止 **GSP** 後 稅務恐損失 **55** 億〉，泰國世界日報：<http://www.udnbkk.com/article/2014/0715/article_ 118875.html>，(檢索日期：2017 年 3 月 31 日)。

徐遵慈，2015，〈區域全面經濟夥伴協定(RCEP)之最新談判進展與內容對臺商佈局之影響〉，《經濟部全球台商 e 焦點電子報》，第 264 期，<http://twbusiness.nat.gov.tw/epaperArticle. do?id=270172160>，(檢索日期：2016 年 10 月 25 日)。

泰國世界日報，2007，〈泰國成為緬甸第 1 大出口國〉，《世界日報》，<http://www.udnbkk.com/article/2007/053 0/article_ 17168.html>，(檢索日期：2017 年 5 月 20 日)。

泰國世界日報，2016，〈明年泰緬貿易 4,200 億 邊貿重頭戲〉，《泰國世界日報》，<http://www.udnbkk.com/article/2016/0107/article _133353.html>，(檢索日期：2018 年 4 月 2 日)。

泰國世界日報，2014，〈泰緬第 2 座友誼大橋 明年初動工〉，《世界日報》，<http://www.udnbkk.com/article/2014/1129/a rticle_ 122817.html>，(檢索日期：2017 年 5 月 20 日)。

經貿透視雙週刊－專題報導，2012，〈寮國中部沙旺那吉省

（Savannakhet）盛行邊境貿易〉，<http://www.trademag.o rg.tw/ News.asp?id=595661&url=/default.asp>，(檢索日期：2017 年 5 月 20 日)。

鉅亨網新聞中心，2015，〈泰國商業部部長：預期未來三年與寮國 邊境貿易將達 81.6 億美元〉，《鉅亨網》，<http://news.cnyes. com/news/id/336575>，(檢索日期：2017 年 5 月 20 日)。

經濟部國際貿易局，2015，〈越南及寮國相互撤除 95% 貨品項目 之關稅〉，《經濟部國際貿易局經貿資訊網》： http://www.trade.gov.tw/World/Detail.aspx?nodeID=45&pid=51 4797，檢索日期：2017 年 5 月 20 日。

鉅亨網新聞中心，2016，〈泰緬邊境美索口岸 貿易額前 9 個月破 600 億銖〉，鉅亨網：http://news.cnyes.com/news/id/2115054， (檢索日期：2017 年 5 月 20 日)。

謝毅哲，2016，〈大家談中國：為什麼中國絕不能忽視印度？〉， BBC 中文網：http://www.bbc.com/zhongwen/trad/comme nts_on_china/2016/06/160614_coc_china_india_daniel_xie，檢 索日期：2017 年 5 月 31 日。

關鍵評論（The New Lens），2016，〈這個邊境城鎮逐漸繁華，卻 再看不到寮國人，流通的貨幣都是人民幣〉，《關鍵評論》， <https://www.thenewslens.com/article/33302>，(檢索日期：2017 年 5 月 20 日)。

台灣經貿中心—駐胡志明市辦事處，2013，〈寮國貿易實況—考察 越寮貿易展（Viet-Laos Trade Fair）〉， <http://hochiminh.taiwantrade.com/news/detail.jsp?id=12385&la ng=zh_TW>，(檢索日期：2017 年 5 月 20 日)。

台灣駐越南台北經濟文化辦事處，2016，〈越南與寮國已簽訂「貿
　　易協定」及「邊境貿易協定」〉，<http://www.taiwanembassy.org/
　　vn/post/6650.html>，(檢索日期：2017 年 5 月 20 日)。

香港貿發局經貿研究，2016，〈一帶一路投資政治風險研究之緬
　　甸〉，<http://china-trade-research.hktdc.com/business-news/art
　　icle/%E4%B8%80%E5%B8%B6%E4%B8%80%E8%B7%AF
　　/%E4%B8%80%E5%B8%B6%E4%B8%80%E8%B7%AF%E
　　6%8A%95%E8%B3%87%E6%94%BF%E6%B2%BB%E9%
　　A2%A8%E9%9A%AA%E7%A0%94%E7%A9%B6%E4%B
　　9%8B%E7%B7%AC%E7%94%B8/obor/tc/1/1X000000/1X0A
　　6B6X.htm>，(檢索日期：2017 年 4 月 28 日)。

貿協全球資訊網，2016，〈柬埔寨 2013-2015 年主要出口國家〉，
　　<http://www.taitraesource.com/total01.asp>，(檢索日期：2017
　　年 5 月 20 日)。

經濟部國際貿易局，2014，〈越南與寮國成立能源合作工作小組〉，
　　<http://www.trade.gov.tw/World/Detail.aspx?nodeID=45&pid=4
　　91102>，(檢索日期：2017 年 5 月 20 日)。

鉅亨網新聞中心，2016，〈柬新年期間巴域國際口岸進出遊客同比
　　增加 8,000 多人次〉，《鉅亨網》，<http://house.cnyes.com/global/
　　news/20160419191501000397864.do>，(檢索日期：2017 年 5
　　月 20 日)。

二、西文

Evan Rees. 2015. Stratfor Worldview, "How Thailand Hopes to
　　Capitalize on Its Neighbors' Success," https://worldview.stratfor.

com/article/how-thailand-hopes-capitalize-its-neighbors-success. (accessed on July 18, 2017).

NESDB, 2017, สัดส่วนและจำนวนคนจนเมื่อวัดด้านรายจ่ายเพื่อการอุปโภคบริโภค และจำนวนป ระชากร จำแนกตามเพศและจังหวัด ปี พ.ศ. 2549 – 2559 (地區總人口統計出泰 國 貧 窮 率 的 統 計 2006-2016 年), NESDB : http://social.nesdb.go.th/SocialStat/StatReport_Final.aspx?reportid =678&template=2R2C&yeartype=M&subcatid=61. (accessed on March 29, 2018) .

Thailand Bussiness News. 2016. "Thailand 4.0, what do you need to know ?" https://www.thailand-business-news.com/economics/ 54286-thailand-4-0-need-know.html. (accessed on July 11, 2017).

Michael P. Todaro & Stephen C. Smith. 2015. *Economic Development.* United Kingdom: Pearson Education.

Takao Tsuneishi, 2005, "The Regional Development Policy of Thailand and It's Economic Cooperation with Neighboring Countries," *Institution of Development Economics* (IDE) Discussion Paper, No.32, pp.3-7.

中泰軍售合作發展與契機

陸文浩*

中國文化大學國家發展與中國大陸研究所博士候選人

【摘要】

　　就往例，泰國均向美國等西方國家採購武器裝備。不過，隨著 2014 年泰國軍事政變後，泰國與美國等西方關係逐漸變冷，讓中國在近幾年內有機會向泰國推銷軍事裝備，並以技術轉移的方式協助泰國境內的後勤保養及維修，裨益泰方在軍事技術之提昇。

　　由於美方在戰略的佈局上仍延用 20 世紀準軍事同盟與零和對抗的模式，相較之下，中國則與他國則採用「戰略合作夥伴」的模式，將合作的內容擴及到軍事以外，如經貿、科技、文化等等。中國這種方式，已形塑出中美在東南亞外交場域的新遊戲規則，即從原本的『經濟發展靠中國，安全防務靠美國』的「雙層框架」，轉為「經濟與安全」均逐漸地轉向中國。事實上，中國

---

* 作者為「陳守仁孫學研究中心」助理研究員，淡江大學國際事務與戰略研究所碩士，國立空中大學社會科學系學士。

運用「價廉物佳」、「打進拉出」的策略，已在 2016 年至 2017 年先後出售 VT-4 坦克、VN-1 裝甲運兵車、KS-1C 凱山中程防空飛彈及 S26T 潛艦等武器裝備給泰國，這些都是目前中國現役先進的武器裝備。

　　相信泰國在取得上述武器後，定能漸漸提升該國軍事水準與技術水平，穩定自己在區域國家中的海權地位；而中國也能藉此軍售上的合作，取得其在東南亞的地緣戰略優勢，縮減東南亞諸國對中國的掣肘。

關鍵詞：**中泰軍事合作、戰略合作夥伴、地緣戰略、「元級」潛艦、**
　　　　泰國總理巴育

壹、前言

　　泰國位在中南半島的核心，北面與中國相鄰、東面遠眺南海、南面位麻六甲海峽尾端，西面即是通往印度洋的一個重要海口水域。因地緣位置的重要性，中國於 1975 年 7 月 1 日與泰國建交。1999 年與泰國共同簽署《中泰關於二十一世紀合作計畫的聯合聲明》，為兩國在政經軍科技等奠定合作的方向，並開啟中國在東盟國家第一份聯合聲明。從中國的角度來看，選擇與泰國合作可以使東南亞國家在面對南海島礁主權問題的爭議上，減少與中國對抗的壓力。2001 年 8 月中泰發表《聯合公報》達成中泰戰略性合作共識，迄 2012 年 4 月建立「全面戰略合作夥伴」關係、2013 年 10 再發表《中泰關係發展遠景規劃》。2015 年 2 月中國國防部長常萬全訪問泰國，同意未來五年將協助泰國加強國防科技、增加雙方空軍等聯合軍事演習。

　　本論文運用歷史研究法與文獻分析法，從地緣戰略的視角，看「中國對泰軍售」面向，歸納出中泰軍事合作的關係模式。

貳、近年泰國對中國的看法

　　中國透過與個別國家及國家集團建立「戰略夥伴關係」，希望藉由發展這套外交機制擴大其國際影響力。而這種方式不僅僅限於準軍事性質的合作，還擴及到許多經貿合作上。

　　近幾年，「軍事外交」已經在中國涉外行為中扮演非常重要的角色。作為軍事外交的一部分，中國持續出售傳統武器給固定幾

個小國，區域遍及亞洲（如緬甸、柬埔寨、巴基斯坦和泰國等）、非洲的次撒哈拉地區（如蘇丹和辛巴威）和中東（如阿爾及利亞、埃及和伊朗）。過去，中國軍備輸出相當有限，每年大約介於5-10億美元之間，只佔全球市場的3%-5%。但近幾年，因為烏克蘭、俄羅斯、甚至歐洲國家的技術轉移，使中國武器研製的技術愈來愈突出，有些成就與西方國家並列。由於中國製造的武器價格便宜，且品質不輸西方，使得中國生產的武品設施慚慚得到國際市場的青睞。

　　本文檢視到 2017 年 10 月 14 日《中時電子報》轉載日媒評論，「東協各國以往奉行『經濟發展靠中國，安全防務靠美國』的『雙層框架』，此一外交結構正在失衡，其經濟重心和安全防務的重心都已經明顯倒向中國」。[1]舉例來說，泰國總理巴育(Prayuth Chan-ocha)表態，「泰國不是南海問題的聲索國」，顯示泰方並不想和中國對立。緬甸因為羅興亞難民問題遭西方質疑，更不可能再與中國交惡。新加坡智庫則開始重新審視外交政策，強調政府應隨地緣戰略格局的改變調整策略。[2]本文發現，2014 年泰國陸軍總司令巴育推翻民選政府後，與美國的軍事交流和援助互動下降，這讓中國找到拉攏泰國的機會，雙方發展軍事同盟。[3]隨著，2017 年美國川普上任總統後，泰國、菲律賓均減少與美國合作的

---

[1]　潘維庭，〈美在亞太失利 東協骨牌式倒向陸〉，《中時電子報》，
　　<http://www.chinatimes.com/newspapers/20171014000692-260309>，(檢索日期：2017 年 10 月 14 日)。

[2]　潘維庭，前揭書。

[3]　張國威，〈旺報觀點—搶軍火市場 陸與美俄爭影響力〉，《中時電子報》，
　　<http://www.chinatimes.com/newspapers/20170503000674-260301>，(檢索日期：2017 年 05 月 03 日)。

力度。

　　回顧泰國與中國有密切的經濟與安全關係。泰國與中國建立密切安全關係一事，反映出泰國長期以來那種遷就地區主宰強權的傳統。雙方曾於 1979 年共同反制越南對柬埔寨的入侵行動。另外中國也曾以極低廉的價格將軍事裝備賣給泰國，其中含 T-69 主戰車與海軍艦艇。雖然泰美之間以條約為基礎的防衛關係，但 1997 年 7 月泰國遭到金融危機，提供北京拉攏泰國的機會。北京提供泰國 10 億美元的雙邊貸款，相形之下，美國則拒絕提供泰國此種協助。[4]

　　從近年觀察，泰國的軍事準則已經逐漸從強調遂行小規模作戰以對付國內的路上威脅，轉變成比較重視對外的海洋取向與均衡的傳統防衛態勢。[5]所以，在中國對泰國出售之軍事裝備中幾乎以海軍設備居多。就地緣戰略觀之，泰國位於戰略航道麻六甲海峽的出口這也是為何中國在與若干東南亞國家有海權糾紛之際，選擇加大力度透過經貿的合作與軍事交流和泰國合作並銷售中國現役先進柴電潛艦。

[4] 李察‧索柯斯基（Richard Sokolsky）、安琪‧羅巴沙（Angel Rabasa）和 C. R. 鈕（C. R. Neu）合著，高一中譯，《東南亞在美國對中國策略中的角色》（The Role of Southeast Asia in U.S. Strategy Toward China）（台北：史政編譯局譯印，2001 年），頁 51。

[5] 李察‧索柯斯基（Richard Sokolsky）、安琪‧羅巴沙（Angel Rabasa）和 C. R. 鈕（C. R. Neu）合著，高一中譯，前揭書，頁 74。

參、中國對泰軍售陸空軍發展

一、泰國陸軍

　　泰國陸軍總司令差林猜(Chalermchai）於 2017 年 1 月 2 日表示，由於烏克蘭在向泰國交付 49 輛 T-84 主戰坦克的過程中問題不斷，泰國陸軍委員會已經決定削減對烏克蘭坦克的購買數量，並通過增加購買中國武器加以替代。故泰國就於 2016 年初第 1 期採購 28 輛 VT-4 坦克，在 2017 年將開始第 2 期採購 20 輛，預算超過 20 億泰銖(約合 3.8 億人民幣)。[6]

　　目前泰國陸軍仍是以 1957 年以來裝備的美制 M-41 坦克為主力，隨著舊式裝備與儀器的不堪，故急需新一代主戰坦克扛起維護國土安全的重任。因此希望中國能到泰國建設軍工機械廠，並加快陸軍軍械工業方面的專業人才培育。

　　泰國皇家陸軍司令差林猜於 2017 年 6 月 15 日宣布，將從中國採購 34 輛 VN-1 裝甲運兵車，總價值 6,800 萬美元。此次採購是中泰最新達成的防務協議，也是兩國軍事關係良好的最新跡

---

[6] VT-4/MBT-3000 由中國北方工業公司研製。主要武器包括一門 125 毫米滑膛炮，坦克的自動裝彈機備彈 22+18 發（22 發裝載，18 發備彈），能夠保證 VT-4 的發射速率達每分鐘 8 發。VT-4 的總體布局仍是傳統模式，即駕駛員前置，戰鬥人員置於中部，發動機後置。炮塔為全焊接炮塔，複合裝甲的引入使得其防護能力更上一層樓，此外為了增強車體側部的防禦力，還可以為其加裝爆炸式反應裝甲。資料來源：〈外媒：泰國陸軍再敲定購中國 20 輛 VT4 坦克〉，《中國評論新聞網》，<http://www.chinatimes.com/newspapers/20170208000779-260301>，(檢索日期：2017 年 01 月 05 日)。

象，這是該國首次列裝中國製造的裝甲車。[7]

　　差林猜表示，「從西方購買武器現在有難度，從中國採購武器物超所值」。他說，選擇中國裝甲運兵車並非兩國關係良好的直接結果，而是中國武器性價比很高，「最重要的因素是適合泰國軍隊使用，價格合理」。此前，與中國裝甲車競爭這筆訂單的還有俄羅斯和烏克蘭的裝甲運兵車。[8]

　　回顧過往，泰國均向美國等西方國家採購軍備。不過，隨著2014年泰國軍事政變後，與美國等西方國家的關係逐漸變冷。在感受不到美國的支持，又恰逢中國積極爭取與東南亞國家的互動之下，中泰關係升溫，中國向泰國銷售武器，泰國在外交上轉向中國，彼此各取所需。

二、泰國空軍

　　據2016年12月15日中時電子報轉載「英國軍事情報網站SHEPHARD」報導，泰國皇家空軍曾有意向中國採購 FD-2000防空飛彈，但最終因價錢沒談攏而作罷。轉而向引進一個營的KS-1C 凱山中程防空飛彈，包含4輛發射車，[9]於2017年2月4

---

[7] 參閱〈中泰又簽新軍貿合同：泰採購34輛裝甲車〉，《中國評論新聞網》，<http://hk.crntt.com/doc/1047/1/4/6/104714600.html?coluid=4&kindid=16&docid=104714600&mdate=0615172824>，(檢索日期：2017年06月15日)。

[8] 參閱〈中泰軍貿合同達6800萬美元: 泰購34輛裝甲車〉，《UC頭條網》，<https://news.uc.cn/a_11061232870210699220/>，(檢索日期：2017年06月19日)。

[9] 凱山飛彈全長5.6公尺，作戰高度為0.5-24公里、射程則是7到42公里、最大飛行速度四馬赫，接戰最大速度則為2.2馬赫左右。資料來源：許劍虹，〈泰國向中國購買凱山防空飛彈〉，《中時電子報》，<http://www.chinatimes.com/realtimenews/20161215004823-260417>，(檢索日期：2016年12月15日)。

日在泰國空軍第 7 聯隊在素叨府某基地的開放日上首次公開展示。[10]並用於防衛其國土南面的飛行基地，這是繼緬甸與土庫曼後第三個個採用此一防空系統的國家。該凱山防空飛彈在接戰時，一套 KS-1C 系統可指揮六枚飛彈攻擊六到八個目標。[11]中國為泰國量身訂做的改進型凱山防空飛彈的射程將達 70 公里，這是泰國改變以往主要依靠戰鬥機進行國土防空任務，轉為由中遠程防空飛彈系統來擔任的一個契機。因此引進中國凱山防空飛彈對該國防空軍力是一個重大的提升之外，引進原因，就地緣、敵情威脅與周邊國家的空軍戰力，不排除為因應與嚇阻越南蘇愷戰機。

肆、中國對泰軍售海軍發展

一、作戰艦船

1988 年泰國海軍經過與中國談判，決定購買 4 艘 F-18 的改進型/中國稱 053H2 型（北約稱江滬 III 級）飛彈護航驅逐艦，[12]泰國命名「昭披耶」級（CHAO PHRAYA CLASS）飛彈護航驅逐艦。

---

[10] 林永富，〈泰軍秀肌肉 展示陸 KS-1SM 飛彈系統〉，《中時電子報》，<http://www.chinatimes.com/newspapers/20170208000779-260301>，(檢索日期：2017 年 02 月 08 日)。

[11] 同註 11。

[12] 世界新聞報，〈符合歐洲最高造艦標準的中國制泰國旗艦〉，《中華網軍事》，http://big5.hongkong.com/gate/big5/military.china.com/zh_cn/critical/25/20050314/12165773.html ，(檢索日期：2015 年 03 月 14 日)。北約稱江滬-I 型（中國稱 053H 型）、江滬-II 型（053 H1 型）、江滬-IV 型（053H1Q 型）、江滬-III 型（053H2 型）、江滬-V 型（053 H1G 型）。

[13]這 4 艘軍艦當時是擊敗歐洲艦艇軍火商的競爭之後獲得訂單。[14]

1991 年泰國海軍再次向中國上海中華造船廠訂購 2 艘全新設計的 F-25T「納來頌恩」（F-25T NARESUAN CLASS）級[15]（中國稱 053 H2G 型）飛彈護航驅逐艦。中華造船廠在接獲訂單後動員最精幹的造船力量負責該工程。「納來頌恩」級首製艦「納來頌恩」號於 1994 年 10 月交貨，第 2 艘「塔信」號（HTMS TAKSIN）則提前於 1995 年 9 月交貨。[16]與「昭披耶」級不同的是，「納來頌恩」級艦上主要裝備西方的探測設備和武器，[17]二艘艦的總造價只有 20 億泰銖，與之相當的西方產品則需要 80 億泰銖。[18]

泰國海軍於 2002 年 12 月再斥資 9,800 萬美元向中國訂購 2

---

[13] 參閱〈最新出口軍艦圖集〉，《鐵血網》，http://bbs.tiexue.net/post_12696941_1.html ，(檢索日期：2017 年 8 月 23 日)。

[14] 參閱〈網友評論：泰國海軍中服役的中國制軍艦(組圖)〉，《新浪軍事》，<http://china.sina.com.tw/jczs/2005-03-05/1426270950.html>，(檢索日期：2005 年 03 月 05 日)；排水量：1676 噸(標準)，排水量：1924 噸(滿載) ，尺寸：長 103.2 公尺，寬 11.3 公尺，吃水深：3.1 公尺主動力：4 台 MTU 20V1163TB83 柴油機，功率 29,440 馬力；雙軸；2 具可變距螺槳；航速：30 節(最高) 續航力：3,500 海里/18 節，共建造 4 艘。455 昭披耶號、456 邦巴功號、457 克拉巴厘號、458 塞巴里號，資料來源：同註 14。

[15] 艦長 120 公尺，寬 13 公尺，吃水 3.8 公尺，標準排水量 2,500 噸，滿載排水量 2,980 噸，航速 32 節，續航力 4,000 海里/18 節，共建 2 艘是泰國現役護衛艦中能力最強的。421 納萊頌恩號、422 塔信號，資料來源：同註 14。

[16] 世界新聞報，〈符合歐洲最高造艦標準的中國制泰國旗艦〉，《中華網軍事》，http://big5.hongkong.com/gate/big5/military.china.com/zh_cn/critical/25/20050314/12165773.html ，檢索日期：2005 年 03 月 14 日。

[17] 趙新洲，〈中國軍艦享譽泰國泰海軍再購進中國產巡邏艇〉，《中華網軍事》，<http://big5.china.com/gate/big5/military.china.com/zh_cn/news/568/20021025/11351978.html>，(檢索日期：2012 年 10 月 25 日)。

[18] 同註 17。

艘輕型飛彈護航驅逐艦，主要用於泰國灣的海上護航、巡邏。由上海滬東中華造船廠建造，採用隱身設計，[19]總體佈局接近於2000年前後中國對外展出的 F-16U 出口型飛彈護航驅逐艦，泰方命為北大年級（Pattani Class）近海巡邏艦。[20] 從該船艦外型，已近似中國新型054型（北約稱江凱級）飛彈護航驅逐艦。

　　據瞭解，當時泰方為何此時刻，選擇外國認為中國軍艦在造船技術遠落後西方的原因有：1.攻船飛彈有實戰經驗：2003 年 8月 7 日在曼谷鄰近的春武裏省海軍「昭披耶」號飛彈護航驅逐艦上發射。以 1,000 萬泰銖（當時約 40 萬美元）價格向中國購買的一枚攻船飛彈 C-801，準確命中相距 14 海里與巡邏艦相同體積的目標。[21]作戰效能比法國同類型的「飛魚」攻船飛彈還高。[22] 2.整體作戰效能不差：如「昭披耶」級作戰效能是德國 MEKO200型艦的 85%–90%。3.價格便宜：每艘以「友誼價格」20 億泰銖（約為 4.3 億人民幣），相當於德艦價格的四分之一。4.「納來頌恩」級，及後續「北大年」級作戰艦的製造，中國是通過數個模

---

[19] 艦長：95.5 公尺 艦寬：11.6 公尺 吃水：3.1 公尺 排水量：標準噸 滿載 1,440 噸 動力裝置：2 台 Rushton 16RK270 柴油機，雙軸航速：25 節 續航力：3,500 海里/15 節，主要用於泰國灣的海上護航、巡邏。共建2艘。511北大年號、512 那拉提瓦號，資料來源：同註 14。

[20] 參閱〈泰國"北大年"級近海巡邏艦〉，《共用資料網》，http://racktom.com/read/ab1a3368fe47fc4f2d15ed7f.html，(檢索日期：2017 年 10 月 18 日)。

[21] 香港商報，〈泰國海軍試射中國導彈 成功擊中 14 海里外目標〉，《中華網軍事》，<http://big5.china.com/gate/big5/military.china.com/zh_cn/news/568/20030811/11521375.html> ，(檢索日期：2003 年 08 月 11 日)。

[22] 世界新聞報，〈符合歐洲最高造艦標準的中國制泰國旗艦〉，《中華網軍事》，<http://big5.hongkong.com/gate/big5/military.china.com/zh_cn/critical/25/20050314/12165773.html>，(檢索日期：2005 年 03 月 14 日)。

組化的結構單元組裝而成，造艦過程如同搭建「樂高」玩具，個人經比對外型後發現，如同法國現役「拉法葉」艦的造型，具有匿蹤效果。

　　另據 2007 年 12 月份加拿大《漢和防務評論》月刊創辦人平可夫表示，泰國海軍決定進口中國生產、射程 180 公里的 C-802A 型攻船飛彈。當時與 C-802A 的競爭對手是美國的魚叉 Harpoon 攻船飛彈，泰國海軍看重 C-802A 的主因是價格便宜，同時射程達到 180 公里。泰國海軍決定以 16 億泰銖（4,800 萬美元）購買，主要用於替換在四艘「昭披耶」級飛彈護驅逐艦上裝備的 C-801。[23] C-802A 為中國自製「鷹擊-82」攻船飛彈的外銷型號，該飛彈仍為中國海軍目前主力攻船飛彈。具國外軍事專家稱，C-802A 可媲美美海軍魚叉攻船飛彈，從艦上發射後，貼於海平面，避對手艦船射控與搜索雷達，並在近目標艦船時，立即躍升攻擊目標，破壞性極大。

　　「錫米蘭」號屬於 R22T 型「錫米蘭」級補給艦，是中國為泰國建造的綜合補給艦，1996 年 8 月 12 日交付使用。[24] 舷號 871，

---

[23] C802A 艦對艦導彈最小射程 15 公里，飛行速度 0.8 至 0.9 馬赫，巡航高度 20 公尺，末段飛行高度 5 至 7 公尺。雷達有效距離 25 公里。採用一個單脈衝主動雷達，擁有頻率捷變的功能。可在風速小於每秒 15 公尺、溫度在攝氏零下 25 至 50 度之間條件下發射。資料來源：〈中國 C802A 導彈物美價廉 泰國或有意購買〉，《星島環球網》，<http://www.stnn.cc:82/glb_military/200712 /t20071220_697082.html>，(檢索日期：2007 年 12 月 20 日)。

[24] 該艦長 171.4 公尺，寬 24.6 公尺，型深 15 公尺，吃水 9 公尺，滿載排水量 22,000 噸。全艦共 157 人(其中軍官 19 人)，最大航速 20 節，續航力:10,000 海里/15 節，裝備有 37 毫米雙管火炮 4 座，直升機 1 架。能夠裝載柴油 7970 噸、航空煤油 2,500 噸、淡水 1,095 噸、潤滑油 70 噸、其他貨物 680 噸，總裝載量：12,315 噸。資料來源：〈泰國海軍「錫米蘭」號補給艦〉，《壹讀

現在是泰國海軍最大的後勤艦船。[25]上海滬東造船廠為泰國海軍設計建造的「錫米蘭」號補給艦，[26]是一艘能夠伴隨泰國「查克裡‧納呂貝特號」航空母艦編隊參加遠洋作戰的大型軍用輔助船，[27]除能完成編隊補給各種乾貨、液貨、裝備彈藥外，還能夠承擔傷病員的緊急救護和編隊的臨時指揮等各項任務。[28]並具有橫向，縱向，垂直等多種補給形式。在船的中部設有4組乾、液貨兩用補給站，在5級海情下，當補給速度在12~18節時，可同時向兩舷的接受艦補給柴油，航空煤油，滑油，淡水以及包括飛彈，魚雷在內的各類乾貨。橫向補給裝置選用了荷蘭一家公司的產品，在於接受艦之間架起的鋼索上可以傳送彈藥貨櫃和魚雷，飛

網》，<https://read01.com/zh-tw/JL8QmQ.html#.WeZPk1uCyL0>，(檢索日期：2016 年 02 月 12 日)。

[25] 參閱〈最新出口軍艦圖集〉，《鐵血網》，2017 年 8 月 23 日，<http://bbs.tiexue.net/post_12696941_1.html >。

[26] 國際先驅導報，〈馬六甲沿岸三國認同中國參與安保〉，《中華網軍事》，<http://big5.china.com/gate/big5/military.china.com/zh_cn/important/64/20050817/12578068.html>，(檢索日期：2005 年 08 月 17 日)。

[27] 查克裡‧納呂貝特號航空母艦（泰語：เรือหลวงจักรีนฤเบศร），是泰國皇家海軍所屬的航空母艦，代號 HTMS Chakri Naruebet R-911，由西班牙的巴贊造船廠製造，為阿斯圖裡亞斯親王號航空母艦之同級航艦，是世界上最小的航空母艦之一，也是目前唯一一艘專為出口而建造的航母，有泰國海軍鎮山之寶之稱。查克裡‧納呂貝特號服役後，泰國因而成為東南亞地區中唯一擁有航空母艦的國家。資料來源：〈查克裡‧納呂貝特號航空母艦〉，《維基百科》，<https://zh.wikipedia.org/wiki/%E6%9F%A5%E5%85%8B%E9%87%8C%C2%B7%E7%B4%8D%E5%91%82%E8%B2%9D%E7%89%B9%E8%99%9F%E8%88%AA%E7%A9%BA%E6%AF%8D%E8%89%A6>，(檢索日期：2017 年 05 月 13 日)。

[28] 參閱〈泰國海軍「錫米蘭」號補給艦〉，《壹讀網》，<https://read01.com/zh-tw/JL8QmQ.html#.WeZPk1uCyL0>，(檢索日期：2016 年 02 月 12 日)。

彈，也可以輸送一般貨籃或人員，在 2 座補給門架中間部位，設
有補給指揮控制中心，其補給軍官可在此部位全方位指揮控制 4
組補給站的作業。[29]經查發現，該艦與中國現役 903 型綜合補給
艦（北約稱「福池級補給艦」）千島湖／886 艦及微山湖／887 艦，
從外貌上比較，可見設計上如出一轍。

二、柴電潛艦

據日本《每日新聞》2017 年 5 月 14 日報導稱，泰國政府正
加快從中國購買潛艦等武器。泰國是美國的軍事盟國，但 3 年前
發生軍事政變後，美國指責泰國的人權問題，泰國為在美國和中
國之間取得平衡，加強了與中國的關係。這一特徵再次凸顯出來。
[30]

中國船舶重工集團於 2017 年 5 月 8 日透過官網新聞稿公佈，
中泰 S26T（中國稱 039A/北約稱元級）潛艦採購協議簽署儀式於
5 月 5 日在北京舉行，由雙邊軍方人士出席。這是繼出口巴基斯
坦後，陸製傳統動力潛艦外銷的「又一重大突破」。中船重工雖未
公佈合約細則和金額，但泰方曾說，將斥資 360 億泰銖（約新台
幣約 328 億元）採購 3 艘 S26T 潛艦。首艘將在 6 年內交付泰國
皇家海軍，剩餘 2 艘在之後 5 年內交付。S26T 潛艦配備外銷型潛
射攻船飛彈 CM-708，可在隱蔽情況下攻擊海上中大型艦艇和陸

---

[29] 同上註。

[30] 參閱〈日稱泰國將追加購買 2 艘中國元級潛艇 中方無償送導彈〉，《新浪軍
事》，<http://mil.news.sina.com.cn/china/2017-05-15/doc-ifyfecvz1365770.shtml>，
（檢索日期：2017 年 05 月 15 日）。

上近岸目標。[31]

　　中國潛艦戰勝法國、德國、韓國等國，獲得這個東南亞海軍強國的訂單，除了中國潛艦性能出色外，中國還願意為出口項目提供為期 10 年的分期付款優惠，最終獲得泰國訂單。[32]

　　中國潛艦近年來在國際市場斬獲頗豐，據報導，除泰國海軍採購 3 艘外，巴基斯坦海軍還以 40 億美元的價格訂購 8 艘 S20 型潛艦（據情為元級潛艦的縮小版）；孟加拉海軍也斥資 2 億美元購買 2 艘中國退役的 035G 型（北約稱明改級）傳統動力潛艦。然中國造潛技術為何如此快速，最主要的原因是，先後經過前蘇聯及烏克蘭的協助，從「購買、技術轉移、仿製、到自製」，反覆、不斷地、循環這四步驟，一甲子 60 年的時間，使其潛艦造艦技術快速的進步。並擠入世界級的行列，展現其在柴電（傳統動力）潛艦性能的自信心，銷售於國外。個人相信，對購買國前述三個國家最大吸引力，應該是中國願意協助買方發展潛艦造艦能力，為最大主因。另外，也受到東南亞一些國家，如越南、新加坡、馬來西亞、印尼等國，於近 10 年內，向國外採購先進柴電潛艦的壓力。再者泰國的考量是，中國潛艦價廉物不輸俄羅斯、德國、瑞典、法國等國柴電潛艦。且就地緣上關係，就近維護與提供資源，也是泰國一項的考量。

---

[31] 參閱〈中泰潛艇軍售案簽約　傳搭售潛射飛彈〉，《聯合新聞網》，< https://udn.com/ news/story/7331/2451348?from=udn-catelistnews_ch2>，(檢索日期：2017 年 05 月 08 日)。

[32] 參閱〈中國新型潛艇出口泰國，出口的 S26T 潛艇性能如何？〉，《壹讀網》，<https://read01.com/zh-tw/G7G4od.html#.WeZVcVuCyL0>，(檢索日期：2017 年 01 月 18 日)。

近年來，東南亞各國持續加大對海上力量的投入，建海軍新重點是先進潛艦及各種反潛裝備。預計今後 10、20 年間將持續增加的潛艦、水面艦隻和航空器，勢必令西南太平洋變得愈發擁擠。有分析指，目前東南亞各國間的「潛艦競賽」與「反潛競賽」呈愈演愈烈之勢。[33]

越南在 2009 年向俄羅斯定購的 6 艘「基洛」級 636 型潛艦，最後一艘「HQ-187 巴地頭頓號（Ba Ria Vung Tau）」2017 年 1 月 20 日運抵越南金蘭灣軍港，潛艦軍購合同全部完成交貨。這項軍購合約總額 20 億美元，除出售 6 艘潛艦外，俄羅斯還協訓越南官兵操作潛艦及提供必要設備等。早前，有越南媒體報導稱北韓、印度等都分別為越南海軍軍種培訓過潛艦官兵。[34]基洛級潛艦俗稱有「大洋黑洞」之稱，乃因其水下噪音值極小，易造成對手反潛困難之力度，且具有遠程水下攻船飛彈之配備，可在隱匿行蹤的情況下，偷偷地攻擊附近遠處之作戰艦，亦可對他國進行航道區域的封鎖，故嚇阻性強。

---

[33] 參閱〈東南亞潛艇採購大競賽，各國激烈爭奪水下優勢〉，《新浪軍事》，<https://kknews.cc/military/rebo85n.html>，(檢索日期：2016 年 12 月 15 日)。

[34] 越南向俄羅斯訂購的潛艦屬於「基洛級」（Varshavyanka）級 636 M 型柴電潛艦，是俄羅斯基洛級的改良型，具噪音小、可遠距攻擊目標、難被偵測等特性。這些潛艦排水量 3100 噸，下潛平均深度 240 公尺，最深可達 300 公尺，艦載 52 人，裝備魚雷發射管等武器，可執行淺水區反艦和反潛任務。此前，越南海軍已編列分別接受了俄羅斯建造的五艘潛艦，分別被命名為「HQ-182河內號」、「HQ-183 胡志明市號」、「HQ-184 海防號」、「HQ-185 峴港號」和「HQ-186 慶和號」，五艘潛艦全部在越南海軍服役。資料來源：黃勝友，〈越南向俄羅斯訂購基洛級 6 艘潛艦 全部交貨〉，《壹讀網》，<https://read01.com/DE0og3.html#.WeeFm1uCyL0>，(檢索日期：2017 年 01 月 22 日)。

　　新加坡是東協第二個裝備潛艦的國家，擁有從瑞典引進的二手「海蛇」級潛艦 4 艘，現已具備初始戰鬥力。[35]上世紀 90 年代，並將其更名為「征服者」級。2004 年「征服者」級潛艦剛剛全部到貨，新加坡就於 2005 年就和瑞典簽署購買「西約特蘭」級潛艦的合同。前 2 艘「西約特蘭」號和「哈爾辛蘭」號，新加坡分別將其更名為「射手」號和「劍手」號。因此現在外界稱這 2 艘潛艦為「射手」級潛艦；另新加坡海軍並不是簡單地購買二手貨，而是提出對潛艦進行改造，加裝「斯特林」AIP 發動機、聲納和作戰系統也得到升級；魚雷發射管特別經過改造，以適應熱帶海域高溫高鹽度的水文環境。2012 年 12 月 31 日，「劍手」號駛入新加坡樟宜海軍基地，新加坡購買的西約特蘭潛艦全部到貨。2013 年 12 月 2 日，新加坡國防部宣佈已和德國蒂森-克虜伯公司簽訂合同，將從該公司購買 2 艘最新式 218SG 型潛艦，並從 2020 年起開始交付。[36]當然，這些潛艦會裝備 AIP 系統。[37]

---

[35] 參閱〈東南亞潛艇採購大競賽，各國激烈爭奪水下優勢〉，《新浪軍事》，<https://kknews.cc/military/rebo85n.html>，(檢索日期：2016 年 12 月 15 日)。

[36] 改造後的「西約特蘭」級潛艦艦長加長到 60.5 公尺，水面排水量 1,400 噸，水下排水量 1,500 噸，艇員增至 28 人。資料來源：〈新加坡的野心有多大？這款瑞典潛艇告訴你〉，《美日頭條》，<https://kknews.cc/zh-tw/military/e93ebqq.html>，(檢索日期：2016 年 12 月 01 日)。

[37] 絕氣推進（英文：Air-Independent Propulsion；AIP、亦稱：不倚賴空氣推進），是指無需獲取外間空氣中氧氣的情況下，能夠長時間地驅動潛艦的技術。使用該技術潛艦的自持力比一般柴電潛艦的大一倍以上，也即連續的潛航時間及潛航距離較長，但仍比核潛艦短很多。其造價介乎一般柴電潛艦與核潛艦之間。目前明確擁有該項技術的只有俄羅斯、德國、中華人民共和國、瑞典、法國、西班牙。動力：閉式循環柴油機（CCD）AIP、斯特林發動機（SE）AIP 以及燃料電池（FC）AIP。這三種 AIP 方案都已被各海軍強國分別採用；如英國、荷蘭等已採用 CCDAIP 方案，瑞典等已採用 SEAIP 方

　　馬來西亞過去相繼部署 2 艘法國製造的「鮋魚」級潛艦——「拉赫曼」號和「敦拉紮克」號，據信還有後續採購計劃。[38]另中國海軍一艘 039A 型（北約稱元級）潛艦和「長興島號」遠洋打撈救生船於 2017 年 1 月 3 日抵達馬來西亞亞庇港，主要是以休息和娛樂為目的，停靠時間到 1 月 7 日為止。[39]再者中國又於 9 月 8 日到 11 日，派遣 039A 或 039（北約稱宋級）潛艦再次停靠在東馬來西亞塞邦加灣的馬來西亞皇家海軍潛艦基地。中國潛艦一年內訪問馬來西亞 2 次，象徵北京和馬來西亞之間的防務和戰略關係日益加強外。[40]該報導進一步表示，中國一艘攻擊潛艦首次停靠馬來西亞碼頭，「這是中國罕見的展示其水下實力的擴張，同時進一步顯示東南亞的實力重組」。[41]《環球時報》則指出，潛艦靠港進行補給和休整是各國海軍的通行做法，如今中國潛艦的停靠，顯示中馬兩國之間友好關係。「潛艦這樣敏感的水下目標也能

　　案，德國已採用 FCAIP 方案。資料來源：〈絕氣推進〉，《維基百科》，<https://zh.wikipedia.org/wiki/%E4%B8%8D%E4%BE%9D%E8%B5%96%E7%A9%BA%E6%B0%94%E6%8E%A8%E8%BF%9B>，(檢索日期：2017 年 9 月 7 日)。

[38] 參閱〈東南亞潛艇採購大競賽，各國激烈爭奪水下優勢〉，《新浪軍事》，<https://kknews.cc/military/rebo85n.html>，(檢索日期：2016 年 12 月 15 日)。

[39] 參閱〈南海形勢緩解？中國潛艇首度停靠馬來西亞軍港〉，《東森新聞雲》，<https://www.ettoday.net/news/20170108/844794.htm?t=%E5%8D%97%E6%B5%B7%E5%BD%A2%E5%8B%A2%E7%B7%A9%E8%A7%A3%EF%BC%9F%E3%80%80%E4%B8%AD%E5%9C%8B%E6%BD%9B%E8%89%87%E9%A6%96%E5%BA%A6%E5%81%9C%E9%9D%A0%E9%A6%AC%E4%BE%86%E8%A5%BF%E4%BA%9E%E8%BB%8D%E6%B8%AF>，(檢索日期：2017 年 01 月 08 日)。

[40] 參閱〈傳共軍潛艇再次停靠馬來西亞〉，《聯合新聞網》，<https://udn.com/news/story/7331/2701196>，(檢索日期：2017 年 09 月 14 日)。

[41] 同註 40。

停靠、補給，這表明中國和東盟關係，尤其是馬來西亞的關係大
為改善。這同時也說明南海形勢正在緩解」。[42]

最近幾年來，伴隨著大陸航運及商務的急速發展，以及中國
海軍走向遠洋，其艦船在南海頻現。而掌握南海和印度洋咽喉的
馬六甲海峽，在地理位置上顯得特別重要。有分析指出，由於馬
來西亞對馬六甲海峽的掌控極為重要，因此，北京方面非常注重
與馬國的軍事交往。[43]個人認為，還有一個潛在因素，為中國向
馬來西亞展示，其039A 型或039 型柴電潛艦其性能。

印度尼西亞海軍於1981 年從德國進口的209A 型2 艘「卡克
賴」級潛艦。[44]迄2011 年12 月，印尼政府與韓國大宇造船海洋
工程公司（DSME）於簽署的1.3 萬億韓元（11 億美元）209/1400
型柴電潛艦的造艦合同。2017 年8 月2 日，韓國大宇造船海洋工
程公司（DSME）在廣尚南道巨濟市玉浦船廠向印尼海軍正式交
付首艘 209/1400 型柴電潛艦「娜迦帕薩」號（KRI Nagapasa
S-403），印尼國防部長和海軍參謀長出席了當天的交付命名入列
儀式，返回印尼後將進駐東部艦隊位於中蘇拉威西省的帕魯海軍
基地。[45] 8 月28 日抵達印尼泗水港。[46]而印尼向韓國購買德國設

---

[42]　同上註。

[43]　同註41。

[44]　同註39。

[45]　德國209/1400 型柴電潛艦，水面排水量約1280 噸，水下排水量1,400 噸；艦
　　　長61.2 公尺，艦寬6.25 公尺，吃水5.5 公尺。裝備了8 管533mm 魚雷管，目
　　　前尚無所搭載魚雷資訊，但是印尼海軍以前曾購買過德國SUT Mod 0 魚雷給
　　　209/1300 型潛艦使用。該型艇導航設備套件包括Sero 400＋OMS 100 潛望鏡
　　　和非船體穿透式電子桅杆系統的組合。艇上編制32 人，其中5 名軍官。資料
　　　來源：〈印尼海軍首艘由韓國建造的新型柴電潛艇交付入列〉，《搜狐網》，
　　　<http://www.sohu.com/a/162048980_630241>，(檢索日期：2017 年08 月03 日

計的潛艦,最主要是還包括潛艦相關技術的轉讓。並且第三艘改由韓國協助印尼國營船廠(Penataran Angkatan Laut)建造,預計到 2021 年,3 艦將全部服役。並依印尼海軍戰略規劃,持續朝「打造 12 艘潛艦組成的艦隊」,來提升海上軍事力量。

伍、代結語─中國「打進拉出」策略奏效

從歷史的檢視中發現,近年中泰軍事合作的模式因為美泰關係的冷化,而讓中國能夠趁機「打進」泰國的軍商市場。把泰國從與美國早期熱絡的同盟關係中逐漸「拉出」,並利用自己在東南亞的地緣戰略優勢,使泰國在政治立場上傾向於支持中國。

中國運用的軍售策略具有「價廉物佳」的特色,對於拉攏區域的戰略夥伴,尤其是在東南亞的中小型國家,十分有效,本文的泰國就是一個例子。中泰雙方的合作說明了,中國在東南亞的地緣戰略上,少了一個反對或挑戰它的敵人;而泰國則是在美國之外尋覓到新的有力合作對象,從中美競逐中,獲得中國在武器裝備和軍事工業技術上的轉移。相信未來中泰的軍事合作將會更形頻密,並將此模式擴及到東南亞的其它國家,若果真如此,中國將增強其在東南亞的地緣戰略地位。

---

[46] 參閱〈印尼海軍從韓國採購新一代潛艇 已抵達印尼泗水港〉,《網易新聞》,<http://news.163.com/17/0831/09/CT5J1A2B000187VE.html>,(檢索日期:2017 年 08 月 31 日)。

參考文獻

一、中文

李察‧索柯斯基（Richard Sokolsky）、安琪‧羅巴沙（Angel Rabasa）
　　/ C.R.鈕（C.R. Neu）合著，高一中譯，2001。《東南亞在美
　　國對中國策略中的角色》（The Role of Southeast Asia in U.S.
　　Strategy Toward China）。台北：史政編譯局。

麥艾文（Evan S.Medeiros）著，李柏彥譯，2011。《中國的國際行
　　為—積極參與、善用機會、手段多樣》（China's International
　　Behavior: Activism, Opportunism, and Diversification）。台北：
　　國防部史政編譯室。

趙新洲，〈中國軍艦享譽泰國泰海軍再購進中國產巡邏艇〉，《中華
　　網軍事》，<http://big5.china.com/gate/big5/military.china.com/
　　zh_cn/news/568/20021025/11351978.html>，檢索日期：2002
　　年 10 月 25 日。

香港商報，〈泰國海軍試射中國導彈 成功擊中 14 海哩外目標〉，
　　《中華網軍事》，<http://big5.china.com/gate/big5/military.
　　china.com/zh_cn/news/568/20030811/11521375.html >，檢索日
　　期：2003 年 8 月 11 日。

〈網友評論：泰國海軍中服役的中國制軍艦(組圖) 〉，《新浪軍
　　事》，<http://china.sina.com.tw/jczs/2005-03-05/1426270950.
　　html>，檢索日期：2005 年 3 月 5 日。

世界新聞報，〈符合歐洲最高造艦標準的中國制泰國旗艦〉，《中華
　　網軍事》，<http://big5.hongkong.com/gate/big5/military.

china.com/zh_cn/critical/25/20050314/12165773.html＞，檢索日期：2005 年 3 月 14 日。

國際先驅導報，〈馬六甲沿岸三國認同中國參與安保〉，《中華網軍事》，＜http://big5.china.com/gate/big5/military.china.com/zh_cn/important/64/20050817/12578068.html＞，檢索日期：2005 年 8 月 17 日。

星島環球網，〈中國 C802A 導彈物美價廉 泰國或有意購買〉，《星島環球網》，＜http://www.stnn.cc:82/glb_military/200712/t20071220_697082.html＞，(檢索日期：2007 年 12 月 20 日)。

〈泰國海軍「錫米蘭」號補給艦〉，《壹讀網》，＜https://read01.com/zh-tw/JL8QmQ.html#.WeZPk1uCyL0＞，檢索日期：2016 年 2 月 12 日。

〈新加坡的野心有多大？這款瑞典潛艇告訴你〉，《美日頭條》，＜https://kknews.cc/zh-tw/military/e93ebqq.html＞，檢索日期：2016 年 12 月 1 日。

〈東南亞潛艇採購大競賽，各國激烈爭奪水下優勢〉，《新浪軍事》，＜https://kknews.cc/military/rebo85n.html＞，檢索日期：2016 年 12 月 15 日。

許劍虹，〈泰國向中國購買凱山防空飛彈〉，《中時電子報》，＜http://www.chinatimes.com/realtimenews/20161215004823-260417＞，檢索日期：2016 年 12 月 15 日。

〈外媒：泰國陸軍再敲定購中國 20 輛 VT4 坦克〉，《中國評論新聞網》，＜http://www.chinatimes.com/newspapers/20170208000779-260301＞，(檢索日期：2017 年 1 月 5 日)。

〈南海形勢緩解？中國潛艇首度停靠馬來西亞軍港〉，《東森新聞

雲》，<https://www.ettoday.net/news/20170108/84479
4.htm?t=%E5%8D%97%E6%B5%B7%E5%BD%A2%E5%8
B%A2%E7%B7%A9%E8%A7%A3%EF%BC%9F%E3%80
%80%E4%B8%AD%E5%9C%8B%E6%BD%9B%E8%89%8
7%E9%A6%96%E5%BA%A6%E5%81%9C%E9%9D%A0%
E9%A6%AC%E4%BE%86%E8%A5%BF%E4%BA%9E%E
8%BB%8D%E6%B8%AF>，(檢索日期：2017 年 1 月 8 日)。

〈中國新型潛艇出口泰國，出口的 S26T 潛艇性能如何？〉，《壹
讀網》，<https://read01.com/zh-tw/G7G4od.html#.W
eZVcVuCyL0＞，檢索日期：2017 年 1 月 18 日。

黃勝友，〈越南向俄羅斯訂購基洛級 6 艘潛艦 全部交貨〉，《壹讀
網》，<https://read01.com/DE0og3.html#.WeeFm1uCyL0>，(檢
索日期：2017 年 1 月 22 日)。

林永富，〈泰軍秀肌肉 展示陸 KS-1SM 飛彈系統〉，《中時電子
報》，<http://www.chinatimes.com/newspapers/2017020
8000779-260301>，(檢索日期：2017 年 2 月 8 日)。

張國威，〈旺報觀點－搶軍火市場 陸與美俄爭影響力〉，《中時電
子報》，<http://www.chinatimes.com/newspapers/201705030
00674-260301>，(檢索日期：2017 年 5 月 3 日)。

〈中泰潛艇軍售案簽約 傳搭售潛射飛彈〉，《聯合新聞網》，
<https://udn.com/news/story/7331/2451348?from=udn-catelistne
ws_ch2>，(檢索日期：2017 年 5 月 8 日)。

〈查克裡•納呂貝特號航空母艦〉，《維基百科》，
<https://zh.wikipedia.org/wiki/%E6%9F%A5%E5%85%8B%E9
%87%8C%C2%B7%E7%B4%8D%E5%91%82%E8%B2%9

D%E7%89%B9%E8%99%9F%E8%88%AA%E7%A9%BA%
E6%AF%8D%E8%89%A6〉,(檢索日期:2017 年 5 月 13 日)。

新華網,〈日稱泰國將追加購買 2 艘中國元級潛艇 中方無償送導
彈〉,《新浪軍事》,<http://mil.news.sina.com.cn/china/2017-05-
15/doc-ifyfecvz1365770.shtml>,(檢索日期:2017 年 5 月 15
日)。

〈中泰軍貿合同達 6800 萬美元: 泰購 34 輛裝甲車〉,《UC 頭條
網》,<https://news.uc.cn/a_11061232870210699220/>,檢索日
期:2017 年 6 月 19 日。

〈印尼海軍首艘由韓國建造的新型柴電潛艇交付入列〉,《搜狐
網》,<http://www.sohu.com/a/162048980_630241>,檢索日
期:2017 年 8 月 3 日。

〈最新出口軍艦圖集〉,《鐵血網》,<http://bbs.tiexue.net/post_
12696941_1.html>,(檢索日期:2017 年 8 月 23 日)。

〈印尼海軍從韓國採購新一代潛艇 已抵達印尼泗水港〉,《網易新
聞》,<http://news.163.com/17/0831/09/CT5J1A2B000187VE.
html>,(檢索日期:2017 年 8 月 31 日)。

〈絕氣推進〉,《維基百科》,<https://zh.wikipedia.org/wiki/%E4
%B8%8D%E4%BE%9D%E8%B5%96%E7%A9%BA%E6%
B0%94%E6%8E%A8%E8%BF%9B>,(檢索日期:2017 年 9
月 7 日)。

聯合新聞網,〈傳共軍潛艇再次停靠馬來西亞〉,《聯合新聞網》,
<https://udn.com/news/story/7331/2701196>,(檢索日期:2017
年 9 月 14 日)。

維基百科,〈泰國皇家陸軍〉,《維基百科》,<https://zh.wikipe

dia.org/wiki/%E6%B3%B0%E5%9C%8B%E7%9A%87%E5
%AE%B6%E9%99%B8%E8%BB%8D>，(檢索日期：2017
年10月8日)。

潘維庭，〈美在亞太失利　東協骨牌式倒向陸〉，《中時電子報》，
　　　<http://www.chinatimes.com/newspapers/20171014000692-2603
　　　09>，(檢索日期：2017年10月14日)。

〈泰國皇家海軍〉，《百度百科》，<https://baike.baidu.com/item/
　　　%E6%B3%B0%E5%9B%BD%E7%9A%87%E5%AE%B6%
　　　E6%B5%B7%E5%86%9B>，(檢索日期：2017年10月17日)。

〈泰國「北大年」級近海巡邏艦〉，《共用資料網》，<http://racktom.
　　　com/read/ab1a3368fe47fc4f2d15ed7f.html>，(檢索日期：2017
　　　年10月18日)。

2019 年泰國大選的預評估：

選舉暴力與民主鞏固

孫國祥

南華大學國際事務與企業學系副教授

【摘要】

本文分析泰國在姍姍來遲舉行的選舉中可能面臨的選舉暴力風險，利用美國國務院衝突和穩定行動局的「選舉暴力評估架構」作為方法探討。泰國臨時軍政府從 2016 年初推遲原計劃的選舉到 2017 年年底，然而，因蒲美蓬國王(Bhumibol Adulyadej)的逝世而延後，且不斷推延。事實上，選舉旨在為各團體提供和平的方法以爭取政治權力，甚至有時作為直接取代暴力的替代產物。然而，在政黨尚未接受遊戲規則的情況下，暴力在理論上就被認為是影響選舉結果的有效工具。此外，政黨採取的楚河漢界劃分，尤其是當已經有爭議的團體形成時，可能使暴力出現的條件成熟。泰國選舉暴力的避免將是泰國民主持續的重要關鍵，本文認為外部力量適度的介入可能是不得已之途徑。

關鍵詞：泰國、選舉暴力、為泰黨、民主

壹、前言

在 1997 年至 2006 年期間，泰國《1997 年憲法》（Constitution of the Kingdom of Thailand, Buddhist Era 2540; 1997）及其最新選舉制度的制定，塔信（Taksin Shinawatra）領導的民粹主義政黨快速崛起，2006 年軍方發動政變，地方層級的政治模式與權力平衡從而發生變化。塔信雄心勃勃，志在壟斷政治市場，為選舉競爭構成了前所未有的威脅，迫使省府勢力紛紛採取暴力策略以打敗競爭對手。其後果是，對選舉暴力的供求程度同步攀升，正如在 2001 年與 2005 年兩次大選中所現。2006 年政變之後，國家和地方的政治生態再次經歷重大變遷。由於皇室與軍隊聯合干預選舉過程，加之意識形態政治（ideological politics）不斷崛起，地方政治人物受到壓制並被邊緣化，對暴力的需求降低。因此，2007 年和 2011 年兩次大選中暴力事件減少。

2014 年 5 月，盈拉（Yingluck Shinawatra）總理在泰國軍方不流血的政變中遭到推翻，因為越來越多的指控表示，盈拉政府濫用權力，並受到她的兄長，即流放前總理塔信之控制。國家和平與秩序委員會（National Council for Peace and Order, NCPO）自此取得權力，委員會是軍人的執政組織，由陸軍司令官兼首相巴育（Prayuth Chan-ocha）領導。國家和平與秩序委員會對人民實行了事實上（de facto）的戒嚴法，嚴厲限制了公民自由。在重新舉行選舉前，國家和平與秩序委員會必須先起草新憲法，且需要來自軍方指定的國家改革委員會（National Reform Council, NRC）的批准。國家和平與秩序委員會試圖起草一份賦予新政府盡可能多的

權力之憲法。

其他複雜的因素尚包括蒲美蓬（Bhumibhol Adulyadej）國王病重到過世，對皇室尊崇的人口是否因此會有所流失，而無法轉移敬重之情到繼承的人選。此外，政變也加劇了兩黨之間的分歧。被稱為黃衫軍（Yellow Shirts）的民主黨（Democratic Party），主要是以曼谷等主要城市為中心的都市中產階級和菁英。這是一個少數黨，而且在泰國政府一般沒有很大的影響力。然而，現在因為與軍政府的聯盟而支配了政府，而回到正式的選舉而處於不利的地位。被稱為紅衫軍（Red Shirts）的為泰黨（Pheu Thai Party）是與塔信有聯繫的民粹主義和民族主義政黨。它主要由北方的農村窮人和在曼谷的城市貧民組成。它擁有大多數的人口，但在軍事政權下沒有代表。

選舉旨在為各團體提供一種和平的方法以爭取政治權力，有時作為直接取代暴力的替代品。然而，在政黨尚未接受遊戲規則的情況下，暴力理論化被認為是影響選舉結果的有效工具。[1]此外，政黨所採取楚河漢界的明確劃分，尤其是當已經有爭議的團體形成時，可能使暴力出現的條件成熟，其本身是值得探討的議題。[2]與

---

[1] 諸如 Fabiana Machado, Carlos Scartascini, and Mariano Tommasi, "Political Institutions and Street Protests in Latin America," *Journal of Conflict Resolution*, Vol.55, No.3 (June 2011), pp.340-365; Paul Collier and Pedro C Vicente, "Violence, Bribery, and Fraud: The Political Economy of Elections in Sub-Saharan Africa," *Public Choice*, Vol.153, No. 1-2 (2012), pp.117-147；以及 James A Robinson and Ragnar Torvik, "The Real Swing Voter's Curse," *The American Economic Review*, Vol.99, No.2 (March 2009), pp.310-315 等代表了一些這樣的理論。

[2] Kanchan Chandra, "Cumulative Findings in the Study of Ethnic Politics," *APSA-CP Newsletter*, Vol.12, No.1(2001), pp.7-25; Ben Reilly, "Electoral Systems for Divided Societies," *Journal of Democracy*, Vol.13, No.2 (2002), pp.156-170.

本文研究的理論有類似的脈絡，本文認為，可見的群體標記可以使暴力在操縱選舉結果方面更有效力，此意味著沿著這樣的路徑形成的群體，像是種族，更容易出現選舉暴力的傾向。雖然存在選舉暴力的許多理論，但它們和選舉暴力的有效性大致上仍未經測試。[3]

本文試圖以哥德史密斯（Arthur A. Goldsmith）和豪格倫德（Kristine Hoglund）等人的觀點，聚焦於選舉暴力，並與其他類型的政治暴力分開，[4]同時引用費希爾（Jeff Fischer）對選舉暴力的廣義界定：「任何隨機或有組織的行為或威脅以恐嚇、身體傷害、勒索或濫用政治利害關係者以尋求確定、延遲或以其他方式以影響選舉的進程。」[5]

由於選舉暴力具有如此廣泛的定義以及其發生的許多可能的原因，有必要為本文精煉選舉暴力的重點。本文選擇聚焦暴力作為一種選民操縱的策略，並且探討選舉暴力的模式是否符合暴力的策略性利用，透過有目的的針對性以及排除選民的特定群體，以影響選舉的結果。這種選舉暴力的類型探討，一直是重要且多樣學術工作的主題，諸如案例研究，實證著作的希克曼（John Hickman），[6]以及本文關注夏特維迪（Ashish Chaturvedi）[7]和科利

---

[3]　John Hickman, "Is Electoral Violence Effective? Evidence from Sri Lanka's 2005 Presidential Election," *Contemporary South Asia*, Vol.17, No.4 (2009), pp.429-435.

[4]　Arthur A Goldsmith, "Electoral Violence in Africa Revisited," *Terrorism and Political Violence*, Vol.27, No.5 (October 2014), pp.1-20, 29; Kristine Höglund, "Electoral Violence in Conflict-ridden Societies: Concepts, Causes, and Consequences," *Terrorism and Political Violence*, Vol.21, No.3 (June 2009), pp.412-427.

[5]　Jeff Fischer. Electoral Conflict and Violence, IFES White Paper, 1, 2002.

[6]　John Hickman, "Is Electoral Violence Effective? Evidence from Sri Lanka's 2005 Presidential Election," *Contemporary South Asia*, Vol.17, No.4 (2009), pp.429-435.

爾（Paul Collier）與維森特（Pedro C Vicente）的兩篇理論論文。[8]
本文比較了該等理論中的假設和預測，以及使用美國國務院的「選
舉暴力評估架構」來觀察泰國的社會衝突模式。

　　在探討觀察到的選舉暴力模式是否符合理論之前，本文先分
析關於個人如何應對選舉暴力的關鍵假設。本文的分析延伸了像
是布拉頓（Michael Bratton）、[9]希克曼、科利爾與維森特以前特定
的國家著作，透過使用更廣泛的國家樣本，並對暴力的反應和恐
懼進行異質性探討。了解選舉暴力如何影響選舉行為是構建選舉
暴力準確模式的重要組成部分。

　　因此，本文利用美國國務院衝突與穩定行動局（Bureau of
Conflict and Stabilization Operations, CSO）選舉暴力評估架構
（Electoral Violence Assessment Framework）作為研究途徑，對二
手資料來源進行廣泛的回顧以歸納。本文的目的是分析目前預計
在 2019 年泰國即將舉行的大選暴力行為的風險，以確定可能永久
化暴力或促進和平的主要行為者，並認為國際社會提供適度的干
預有利於泰國民主，以防止選舉暴力。本文首先概述了泰國即將
舉行選舉的扼要背景，然後是關於選舉暴力架構組成部分的討
論：制度的做法和社會模式，暴力的窗口和觸發因素，關鍵行為
者及其利益，牢騷不平與相關的社會團體，以及社會和制度的韌

[7] Ashish Chaturvedi, "Rigging Elections with Violence," *Public Choice*, Vol.125, No.1-2 (2005), pp.189-202.
[8] Paul Collier and Pedro C Vicente, "Violence, Bribery, and Fraud: The Political Economy of Elections in Sub-Saharan Africa," *Public Choice*, Vol.153, No.1-2 (2012), pp.117-147.
[9] Michael Bratton, "Vote Buying and Violence in Nigerian Election Campaigns," *Electoral Studies*, Vol.27, No.4 (2008), pp.621-632.

性。之後，就是對國際因素的調查結果和建議的討論。

　　無論如何，預計 2019 年的選舉如何避免選舉暴力成為泰國重新民主的重要指標。本文即在探討泰國下次大選的選舉暴力問題，以及其對未來泰國民主的影響，並且提出一些可能的解決途徑。本文的結構如下：除前言之外，第貳節探討與選舉暴力有關的現有學術文獻。第參節詳細分析泰國，並提出了潛在的假設。第肆節介紹數據，第伍節討論實證結果。第陸節總結並提出避免泰國重蹈選舉暴力的建議。

貳、文獻探討

　　選舉在民主治理中扮演根本的角色，「它們『選舉』透過直接的民眾參與來提供合法性，而且反過來，合法性創造了有效治理的能力」。[10]這個過程中的暴力事件就不僅具有破壞選舉的能力，也有破壞政府自身合法性的能量。大量研究探討了在衝突後社會中選舉的利用情況；然而，絕大多數的研究顯示，諸如林德柏格（Staffan I Lindberg），[11]史特勞斯（Scott Straus）和泰勒（Charlie Taylor），[12]以及哥德史密斯[13]皆以非洲選舉為探討對象，一些暴力

---

[10] Mark Malloch Brown, "Democratic Governance: Toward a Framework for Sustainable Peace," *Global Governance*, Vol.9, No.2 (Apr.-June 2003), pp.141-146.

[11] Staffan I Lindberg, *Democracy and Elections in Africa* (Baltimore: JHU Press, 2006).

[12] Scott Straus and Charlie Taylor. Democratization and Electoral Violence in Sub-Saharan Africa, 1990-2007. In APSA 2009 Toronto Meeting Paper, 2009.

[13] Arthur A Goldsmith, "Electoral Violence in Africa Revisited," *Terrorism and Political Violence*, Vol.27, No.5 (October 2014), pp.1-20, 29.

行為相當普遍。鑑於選舉的重要性，以及可能遭受暴力的高度痛苦，激勵了解選舉暴力的必然性並不困難。

一、選舉的角色

在後衝突的社會中，選舉往往是為了「子彈交換選票」；然而，正如拉普伯特（David C Rapoport）和溫伯格（Leonard Weinberg）所指出的，繼承是任何類型政府最動盪的時刻。[14]大量的研究考慮了「選舉工程」（Electoral Engineering）的後果，或者一項選舉制度如何能夠減輕或不鼓勵使用暴力行為，基於社會中各個團體如何最終被代表。正如羅禮士（Pippa Norris）所指出的，暴力並不是由選舉制度選擇的唯一面向的影響，引發另一個重要的問題是：「選舉規則並非中立」。[15]在她的論文中，羅禮士比較了不同類型的選舉制度的優缺點。她強調了一些現在眾所周知的事實，多數決民主制度可能在立法機構中製造多數派，只有在由各黨所獲得選票數的百分比上的小幅波動。[16]

瓦爾特（Barbara F Walter）討論的經常性內部衝突的一個關鍵條件是缺乏一種非暴力的方法以影響治理。[17]當選舉被後衝突的社會所利用時，不了解選舉規則如何分配代表權的意涵可能成為災

---

[14] David C Rapoport and Leonard Weinberg, Elections and Violence. Taylor & Francis, 2000.

[15] Pippa Norris, "Choosing Electoral Systems: Proportional, Majoritarian and Mixed Systems," *International Political Science Review*, Vol.18, No.3 (July 1997), pp.297-312.

[16] Ben Reilly, Electoral Systems for Divided Societies," *Journal of Democracy*, Vol.13, No.2 (April 2002), pp.156-170.

[17] Barbara F Walter, "Does Conflict Beget Conflict? Explaining Recurring Civil War," *Journal of Peace Research*, Vol.41, No.3 (May 2004), pp.371-388.

後社會中的真正解方。關於如何最好地解決社會中的社會緊張局勢的問題，有兩大考慮的脈絡，其可能會因選舉而加劇。這兩種理論都由萊里進行了詳細的討論。[18]首先，協商民主（consociationalism）認為，所有團體在治理中都應該有公平的聲音，因此選舉制度該是一種比例代表制，使得各團體的代表權接近他們在社會代表的百分比。但有論者認為，如此為之鼓勵沿著現有的民族—宗教區分劃分，並沒有解決根本問題。另一種觀點則提出一種互惠途徑，即政黨必須從他們的核心選區以外的團體獲得選票，如此能導致更溫和的候選人。不過，在一些案例中這些途徑已被顯示失敗。[19]

　　由於林德伯格對影響選舉制度的所有討論，包括選舉參與、立法多數，以及甚至一個國家競爭政黨的數量，似乎有理由假設選舉制度在選舉中使用暴力的時間、地點和方式也可能產生重大的影響。[20]雖然我們強調了此可能扮演潛在的角色，但我們對未來工作的關聯性進行了徹底的調查。然而，了解選舉制度對使用暴力的影響首先需要了解暴力如何影響選舉，我們現在轉而探討現有的文獻對暴力影響的研究。

二、暴力的影響

　　選舉在民主國家扮演了數個基本角色，而其中之一是賦予政

---

[18] Ben Reilly, "Electoral Systems for Divided Societies," *Journal of Democracy*, Vol.13, No.2 (April 2002), pp.156-170.

[19] Staffan I Lindberg, "Consequences of Electoral Systems in Africa: A Preliminary Inquiry," *Electoral Studies*, Vol.24, No.1 (March 2005), pp.41-64.

[20] Ibid.

府合法性的角色。一份非洲民調組織「非洲晴雨表」（*Afrobarometer*）工作論文，克爾（Nicholas N Kerr）認為，最重要的是選舉被視為是自由和公平的。[21]當此為真，他發現選民對民主更加滿意，更支持執政的政府，選敗黨的成員更有可能接受敗選。最後一點，在選舉和暴力方面尤其突出，當一方拒絕接受選舉的結果之後，暴力經常被煽動，而且更高程度的暴力與自由和公平選舉的更低的期待密切相關。

現有探討有關選舉結果、選舉參與和暴力之間更直接聯繫的研究，僅限於對特定國家進行一些詳細分析的研究。首先，希克曼探究了斯里蘭卡暴力對選民投票率和選舉結果的影響。他發現與一個政黨有關的個人暴力行為，導致該地區反對派的投票率下降。他認為影響為小，沒有改變選舉結果，而且由任何一方使用暴力本質會被抵消。[22]另一篇文章使用來自奈及利亞的「非洲晴雨表」數據顯示，買票比暴力更有效。[23]他還表示，對任何形式的「非法運動」（Illegitimate Campaigning）的最普遍的反應是棄權。這些論文未能顯示因果關係，這種關係在廣泛的非洲國家、時間段和各種替代解釋之間是一致的。

實證上，布拉特曼（Christopher Blattman）和科利爾與維森特提供了最有說服力的因果證據，證明了暴力對政治參與的影響。

[21] Nicholas N Kerr. Electoral governance in sub-saharan africa: Assessing the impact of electoral management bodies autonomy and capacity on citizens perceptions of election quality. Charles and Kathleen Manatt Democracy Studies Fellowship Paper, East Lansing. MI: Michigan State University, 2009.

[22] John Hickman, "Is Electoral Violence Effective? Evidence from Sri Lanka's 2005 Presidential Election," *Contemporary South Asia*, Vol.17, No.4 (2009), pp.429-435.

[23] Michael Bratton, "Vote Buying and Violence in Nigerian Election Campaigns," Electoral Studies, Vol.27, No.4 (2008), pp.621-632.

首先，布拉特曼使用他認為是外生性的烏干達暴力的變化來估計這種暴力對政治參與的影響。他發現，近二十年前，暴力使個人更有可能參與社區，更有可能投票。[24]另一篇論文，科利爾和維森特在 2007 年奈及利亞大選期間，反暴力運動的隨機安排使用以創造外生變化。這個運動成功地降低了執行地區的選舉暴力，而且他們發現暴力行為重大和負面地降低了選民投票率。[25]

每個團體被暴露的暴力類型可能與兩項研究（似乎是外生的變化）可以得出完全相反的結論有很大的關係。在布拉特曼的著作中，作者利用了年輕的烏干達人被綁架的隨機性質，而且被迫加入了反叛集團。他們發現過去暴露於暴力增加了政治參與。在科利爾與維森特的著作中，暴力是在競選期間，而且他們發現暴力會降低投票率。差異可以透過不同的長短期效應來解釋。就長期而言，觀察暴力可能使個體希望由於過去的經驗而更多地參與政治活動。然而，就短期而言，這可能使投票的行為太危險或昂貴，而值得參與。[26]

資料限制可能是如此一個重要主題具有如此有限的實證文獻的主要原因，此外，誠如哥德史密斯[27]和柴巴布（Jose Antonio Cheibub）等人[28]所討論的，由於在許多國家選舉的不規則性質，

---

[24] Christopher Blattman, "From Violence to Voting: War and Political Participation in Uganda," American Political Science Review, Vol.103, No.2 (2009), pp.231-247.

[25] Paul Collier and Pedro C Vicente, Votes and Violence: Evidence from a Field Experiment in Nigeria," The Economic Journal, Vol.124, No.574 (2014), pp. 327-355.

[26] Ibid.

[27] Arthur A. Goldsmith, "Electoral Violence in Africa Revisited," Terrorism and Political Violence, Vol.27, No.5 (October 2014), pp.1-20, 29.

[28] Jos´e Antonio Cheibub, Jude Hays, and Burcu Savun, "Elections and Civil War in

致使選舉暴力是常見的問題。然而，廣泛的理論和案例研究文獻
已經探討了選舉暴力的類型和原因。

三、選舉暴力的原因和類型

　　瞭解選舉暴力的原因需要我們對選舉暴力的含義有很好的了
解。廣義而言，本文使用費希爾的定義。[29]另一篇文章是凱赫利亞
（Gregory Kehailia）的著作，作為主編的塞勒（Almani Cyllah）是
國際選舉制度基金會（International Foundation for Electoral Systems,
IFES）一系列關於來自實務者經驗選舉暴力案例研究的一部分所
出版，提出了一個有用的選舉暴力的類形學。[30]這種類型學根據涉
入事件的人物，將選舉暴力分為八種類型。他為每種類型提供的
例子說明了不同類型的選舉暴力可能有根本不同的原因，並被用
於不同的目的。

　　這種類型學在研究選舉暴力時十分有用，尤其是在考慮選舉
暴力的根本原因或意圖時。然而，即使在單一類型中，原因、目
標和目的可能會有所不同。本文著重於選舉暴力，其意圖是投票
嚇阻，以意圖影響選舉具體策略性地操縱誰投票。即使在像投票
嚇阻這樣狹窄的範圍內，如此為之的目的或許並不總是在投票日
以操縱結果；一些團體可能只是意圖破壞整個選舉進程。凱赫利
亞以剛果民主共和國（Democratic Republic of the Congo, DRC）身
份不明的槍手在投票站開槍為例，雙方都有支持者在場。正如我
們將要表明的那樣，這可能與以下假設模式是一致的，他們可能

　　Africa," University of Illinois. Unpublished Manuscript, 2012.
[29] Jeff Fischer. Electoral conflict and violence. IFES White Paper, 1, 2002.
[30] Ibid.

推斷出席的選民相對另一方更有可能支持一方，但如此的行動也可能更容易破壞選舉進程。儘管如此，專注於執行選舉暴力行為的人及其目標是一個有啟發性的思考過程，也是當前可用資料中關鍵的缺失部分。

　　目前，還沒有對選舉暴力事件的原因進行全面調查，儘管哥德史密斯可以發現一個很好的總結。[31]然而，討論超出本文範圍選舉暴力的幾個潛在原因。由選舉實務者撰寫的文獻中，整體一個常見的訊息是在貝柯（Dorina Bekoe）提到的所謂的有罪不罰（impunity）的文化。[32]基本上，非洲一些國家不時經歷一定程度的選舉暴力，組織各種委會會調查事件，而且少量起訴或無法成立獨立機構，有權在調查後強制執行懲罰，為再次發生的暴力設置舞台。

　　選舉的批判性觀點並不意味選舉不能緩和衝突；然而，有時意想不到的結果可能重新點燃災難性的影響。以肯亞2007年的暴力選舉為例，數以百計的人在每次選舉之後死亡。[33]這種暴力的可能原因在瓦爾特文章中有非常好的概述，她討論了反覆衝突的原因，並以某種方式論證了它是有雙重的條件，不僅需要傳統的結構條件來存在衝突的再度發生，但是一個團體必須感覺到他們在政府中沒有任何替代的歪曲行為。[34]

---

[31]　Arthur A Goldsmith, "Electoral Violence in Africa Revisited," *Terrorism and Political Violence*, Vol.27, No.5 (October 2014), pp.1-20, 29.

[32]　Dorina. *Bekoe, Nigeria*'s *2011 Elections*: *Peace Brief* (Washington, DC: United States Institute of Peace, 2011*)*.

[33]　Jacqueline Klopp and Prisca Kamungi, "Violence and Elections: Will Kenya Collapse?" *World Policy Journal*, Vol. 24, No. 4 (Winter, 2007/2008), pp.11–18.

[34]　Barbara F Walter, "Does Conflict Beget Conflict? Explaining Recurring Civil War," *Journal of Peace Research*, Vol.41, No.3 (May 2004), pp.371-388.

本文將扼要討論選舉暴力的最終用途，本文認為結果是合理的原因是政府壓制潛在的競爭。此關連到理性衝突的典型案例，即先發優勢。這可以歸納認為，即使現在使用暴力是高額的成本，如果它永久消除競爭，那麼在戰略上可行。有無數的候選人毆打和不公正的起訴案例。[35]

即使選舉暴力與政治暴力一般而言並不相同，很明顯，它可以採取各式各樣的形式，並由於各式各樣的原因而產生。本文著重於兩個模型，具有明確的競爭假設和預測是因為這些模型中預測的清晰度。由於有如此多的競爭理論，重要的是開始應用突顯每個模型的不同預測的假設，更重要的是將這些理論基於可以被證明是準確的假設。在對這些論文進行詳細討論之前，本文討論了涉及暴力的政治競爭相關理論論文。

四、政治競爭與暴力的理論

一篇特別有趣的論文是埃爾曼（Matthew Ellman）和沃徹肯（Leonard Wantchekon）將來自第三方的暴力威脅引入了具有反對偏好的政治人物之間平台選擇的傳統霍特林模型（Hoteling model）。[36]本文經由選舉勝選的政黨或其實施的政策，因為暴力不必然發生以影響選舉。另一篇文章重點是一個相關的問題，那一組選民應是一個政黨恐嚇，未決定的選民或反對派的支持者。他

---

[35] Rotimi T Suberu, "Nigeria's Muddled Elections," *Journal of Democracy*, Vol.18, No.4 (October 2007), pp.95-110.

[36] Matthew Ellman and Leonard Wantchekon, "Electoral Competition under the Threat of Political Unrest," *Quarterly Journal of Economics*, Vol.115, No.2, (May 2000), pp.499-531.

們得出了一系列的命題，分析選舉如何的競爭是有和沒有選民的特定團體參與選舉，而基本上得出結論認為，游離選民（swing voters）通常是暴力的最佳目標，只要他們對核心政黨支持者相對較多關注問題。[37]

　　將暴力融入政治競爭的傳統模式中，可以描繪出暴力對選舉進程的影響截然不同的模式。將選舉暴力視為與其他形式的社會政治衝突的不同現象也十分的困難，因為它經常是相互的關聯。當我們轉向分析時，必須考慮到這些同樣的警告，因為選舉往往是對過去暴力的反應，而且暴力是對選舉進程的反應。一種廣泛的文獻正在出現，其探討選舉暴力；然而，實證文獻的範圍往往過於狹窄，而且側重於單一國家，而理論文獻的範圍太廣泛，將案例研究的範圍擴大到廣泛的範例。這兩種類型的論文都是重要的貢獻，本文試圖採取重要特定的個別國家細節來探討，勢必會犧牲廣泛的實證方法。

參、2019 年泰國大選的脈絡：選舉暴力的結構

　　眾所周知，泰國目前的政治衝突係以前總理塔信為中心。他在 2006 年的政變中被放逐，但對來自解散的人民力量黨（People's Power Party），其前身係由塔信自己的泰愛泰黨（Thai Rak Thai Party）所轉型，泰愛泰黨與他的政府在 2006 年遭禁，組成的民粹主義和民族主義政黨的為泰黨保持了重大的控制和影響力。[38]2011

---

[37] James A Robinson and Ragnar Torvik, "The Real Swing Voter's Curse," *The American Economic Review*, Vol.99, No.2 (March 2009), pp.310-315.

[38] Suchit Bunbongkarn, "What Went Wrong with the Thai Democracy?" 2015.

年，塔信的妹妹盈拉與為泰黨在選舉取得壓倒性的勝利，但人們普遍認為，她被流亡的兄長所控制。腐敗和濫權的指控在她任期間增加，而且其餘的反塔信團體則受到更加歡迎的呼聲。[39]盈拉反對者的主要部分是中上階級的都市泰國人，他們領導了對 2014 年大選的抵制，甚至威脅一場人民的革命。2014 年 5 月 22 日，軍方領導了政變，驅逐了盈拉，解散了議會，而且宣布了戒嚴。[40]

　　儘管導致政變的抗議活動定期發生暴力事件，但事件本身是非暴力的。陸軍總司令巴育宣布自己是總理，而且軍方自組國家和平與秩序委員會，承諾一旦時機成熟與滿足，便就會盡快恢復民主。國家和平與秩序委員會任命了新政府成員，並撰寫了一部臨時憲法。它一開始承諾在起草新憲法後，將於 2016 年 2 月舉行選舉。然而，國家和平與秩序委員會將選舉日期延長至 2017 年底，並在截止日期之前再次利用延宕的方式。[41]解嚴法在 2015 年 4 月 1 日解除了，但對公民自由的嚴格限制依然存在，這在臨時憲法中有明確含糊的條款是合理的，允許國家和平與秩序委員會採取任何必要行動來維護國家利益。在臨時憲法中，國家和平與秩序委員會也先讓自己受到大赦，免於受到日後參與政變的追訴。[42]

　　國家和平與秩序委員起草的新憲法，必須經過國家改革委員會的批准，本身就是一個軍方任命的機構。2015 年 9 月，國家和

Southeast Asian Affairs, ISEAS-Yusof Ishak Institute, pp.359-368.

[39] Ibid.

[40] Ibid.

[41] "Country Forecast Thailand March 2016 Updater." March 24 2016. The Economist Intelligence Unit, N. A., Incorporated.

[42] Tyrell Haberkorn, "Repression, Resistance, and the Law in Post-Coup Thailand," *Current History*, Vol.114, No.773 (September 2015), pp.241-243.

平與秩序委員會的第一稿遭到否決，而且他們之後寫另一個。軍方和憲法起草委員會（Constitution Drafting Committee）不太可能在 2017 年選舉截止日期之前，會有公開過渡方式的道路妥協。這導致國家和平與秩序委員會進一步延長選舉的日期，就是將 2017 年的最後期限作為修正其臨時憲法的藉口，以消除公民投票要求，並允許他們自己通過憲法，而不得反對。國家和平與秩序委員會的理想憲法是允許他們透過限制泰國的民主來維護對未來當選政府的影響力。[43]無論如何，2016 年 8 月 7 日舉行的全民公投中，泰國新憲法草案及附加問題分別以 61.35%和 58.07%的支持率獲得通過。

　　促使議題變得更加複雜，蒲美蓬國王自 2009 年以來一直進出醫院，在位長達 70 年的泰皇在 2016 年 10 月 13 日去世。泰國人不鼓勵討論國王的死亡和繼承的可能性，因為泰國難以置信的嚴格大不敬（lèse-majesté）的法規，對於批評、侮辱或威脅任何一位皇室成員，人們可以遭判處高達 15 年徒刑。[44]他的繼任者曾經出現不明朗的狀況，因為王子瓦吉拉隆功（Maha Vajiralongkorn）王儲頻繁的醜聞和他與塔信聯繫的傳聞，並不是很受歡迎；而詩琳通（Sirindhorn）公主雖然並不直接掌握王位，但更受到民眾歡迎，尤其是傳統的菁英們，他們就會害怕如果瓦吉拉隆功成為國王，

---

[43] "Country Forecast Thailand March 2016 Updater." March 24 2016. The Economist Intelligence Unit, N. A., Incorporated.

[44] Emma Chanlett-Avery and Ben Dolven. Thailand: Background and U.S. Relations (Emma Chanlett-Avery and Ben Dolve, Thailand: Background and U.S. Relations 2014. CRS Report No. RL32593) Washington, DC: Congressional Research Service, 2012. <https://www.fas.org/sgp/crs/row/RL32593.pdf>.

塔信的返回和民粹主義政府的復興將可能出現。[45]最後，由於蒲美蓬是在政權舉行選舉之前死亡，他們可能會以有爭議的繼承為藉口來推遲選舉，以保持過渡期間的穩定。[46]無論如何，隨著國葬的結束，不僅象徵了蒲美蓬時代的結束，也是瓦吉拉隆功加冕儀式的前奏曲。泰皇瓦吉拉隆功終於在 2017 年 12 月進行正式加冕，但瓦吉拉隆功一直沒有從人民身上獲得如父親一樣的崇敬。

一、制度實踐與社會模式

從 1997 年到現在，泰國政治和社會發生了深刻的轉變和動盪。這一時期政治制度和公民社會的巨大變化，對 1997 年以來每次選舉中的選舉暴力激增有高度的影響。

選舉暴力的歷史：具體而言，在過去 4 次大選（2001 年、2005 年、2007 年，以及 2011 年）中，大約圍繞投票日前後數天發生了涉及暗殺、衝突、身體恐嚇、爆炸，以及焚燒等暴力犯罪。2001 年的選舉中，26 人遇難身亡，而 84 人受傷。2005 年選舉中死亡人數增加到 30 人。2007 年的選舉又有 10 多人死亡。在 2011 年的大選中，有 14 人遇害，暴力事件達到 56 件。[47]最近一次，2014 年候選人的登記受到致命的衝突而中斷。不同政治陣營之間的槍戰發生在投票日前一天。[48]

---

[45] Prajak Kongkirati, *The Rise and Fall of Electoral Violence in Thailand: Changing Rules, Structures, and Power Landscape*. 2014. City University of Hong Kong.

[46] "Country Forecast Thailand March 2016 Updater." March 24 2016. The Economist Intelligence Unit, N.A., Incorporated.

[47] Prajak Kongkirati, *The Rise and Fall of Electoral Violence in Thailand: Changing Rules, Structures, and Power Landscape*. 2014. City University of Hong Kong.

[48] Norman Hermant, "Thai Votes: Polls Open after Violent Clashes in Bangkok's Laksi

　　選舉制度的改革：1997 年的選舉制度改革直接導致選舉暴力的加劇。在泰國引進了「單一選區中，選民只需投票一次，並採領先者當選」（First-Past-the-Post, FPTP）制度，取而代之是長期使用的連記投票（Block-Vote）制。[49]最初，連記投票系統透過允許強有力的候選人避免彼此面對面的對抗，從而有助於減少選舉競爭的強度，因為沒有必要贏得最多的選票。舉例而言，在一個擁有競爭對手的兩席選區，他們兩人都可以爭取足夠的選票來贏得第一和第二名，以獲得當選。在新的制度中，競爭成為零和遊戲，因為每個選區只有一位贏家。越來越激烈的競爭與強度，鼓勵了選舉制度中的暴力。

　　泰國選舉委員會的歷史表現：為了緩解的努力，選舉管理機構（Electoral Management Body, EMB）被視為防止暴力的最直接和最有效的制度。在泰國的選舉管理機構，即泰國選舉委員會（Election Commission of Thailand, ECT）負責管理和監督該國的選舉進程。然而，實際上，泰國選舉委員會面臨著履行職責的挑戰。在 2001 年的選舉中，泰國選舉委員會缺乏經驗和能力，加上不明確的規則和管理不善，成為暴力的根源，[50]當數個投票中心的計票遭到暴力抗議破壞時，泰國選舉委員會無法應付這些情況。[51]

　　軍事政變的社會影響：2006 年的軍事政變破壞了國家議會民

District." Feb 1, 2014. ABC. <http://www.abc.net.au/news/2014-02-02/thailand-vote-cancelled-in-scene-ofviolent-clashes/5232934>.

[49] Prajak Kongkirati, *The Rise and Fall of Electoral Violence in Thailand: Changing Rules, Structures, and Power Landscape*. 2014. City University of Hong Kong.

[50] Prajak Kongkirati, *The Rise and Fall of Electoral Violence in Thailand: Changing Rules, Structures, and Power Landscape*. 2014. City University of Hong Kong.

[51] "Thailand: Parliamentary Chamber: Saphaphuthan Ratsadon: Elections Held in 2001," 2001.

主的合法性和發展。它深遠地分化了國家、加劇了政治分裂，以及激化了政治參與。[52]政變導致出現了許多不同形式的暴力：好戰的社會運動（黃衫軍和紅衫軍）的增長；政治對抗中團夥和幫派的利用；準軍事力量（不是與行動有關就是獨立行事）在抗議活動中的存在和參與；與不同運動有關的抗議者之間暴力衝突的發生；政治化軍隊的重現及其對公民的暴力鎮壓；安全團體在與抗議者打交道時有選擇武力的使用；軍隊利用狙擊手殺死示威者；根據緊急法令，在光天化日下暗殺群眾運動領導人；流氓士兵的暗殺；樞密院成員、總理、法官和選舉委員會委員的暗殺企圖和恐嚇；在首都針對政府大樓和抗議地點的爆炸事件；以及在衝突各方廣泛使用戰爭武器。

　　排除的政治學；由於 2014 年的軍事政變，政府的立法部門眾議院所有成員遭到解散了，並且由軍事幹部任命的成員組成臨時的機構。為泰黨及其支持者對這種政治排斥感到沮喪，因為他們已經做為被廢除的眾議院的主導力量，但在目前的政治環境中沒有聲音。這種無力使得他們可能是暴力的肇事者，針對軍方企圖進一步鞏固他們的權力。舉例而言，2010 年 5 月 19 日，抗議地點的活動周邊軍方與紅衫軍之間的對抗結果導致了 94 人死亡，數千人受傷。

二、暴力之窗與觸發因素

　　在泰國選舉的每個階段，都有不同的暴力觸發因素，所有這

---

[52] Prajak Kongkirati, *The Rise and Fall of Electoral Violence in Thailand: Changing Rules, Structures, and Power Landscape*. 2014. City University of Hong Kong.

些都與泰國政治的環境密切相關。以下每一個都進行探討而且必須加以處理，以防止選舉暴力。

（一）選前階段

有爭議的新憲法：2015 年 9 月，軍方任命的國家改革委員會拒絕了一項極為有爭議的憲法草案。在面對政治鴻溝兩造的難堪批評，該新憲草案遭到推翻了。2016 年 1 月 29 日發布的新草案仍然包含反民主的失效安全（fail-safes；從軍方的角度而言），而且仍將允許國家和平與秩序委員會對一個臨時政府和選舉程序行使不受制衡的控制，一個新內閣組成的所有程序。至於新文件，包括為泰黨及其主要競爭對手艾比希（Abhisit Vejjajiva）的民主黨都譴責了限制和不民主的條款，似乎是為了阻止任何一方制定穩定或有效的文人治理。[53]

選舉延期：軍政府已經多次推遲下一次選舉。為泰黨的支持者，由於在現在政治上沒有發言權，而其他民主行動主義者，可能會越來越不耐煩。舉例而言，為泰黨的領導人查如朋（Charupong Ruangsuwan）組建了「人權與民主自由之國組織」（Organization of Free Thais for Human Rights and Democracy），這個組織是對抗軍事統治，而且恢復黨在泰國政府以前的影響力。[54]如果軍方未能在2017 年底遵守其預計的選舉時間表，那麼這些組織可能會將這種挫折轉移到普遍的暴力行為中。

---

[53] Rob Edens, "The Trouble with Thailand's New Constitution," *The Diplomat*, Feb 26, 2016. <http://thediplomat.com/2016/02/the-trouble-with-thailands-new-constitution>.

[54] "Free Thai." 2016. The Organization of Free Thais for Human Rights and Democracy. <http://freethais.org/>.

　　如果選舉在計劃進行之前很快被推遲，暴力的可能性就會比在預定日期之前推遲這個選舉的情況要大得多。這是因為各黨、各候選人和選民將開始制定選舉計劃，而且如果在 2017 年中期或晚期取消選舉，將會更加沮喪和絕望。

　　選舉活動：如果擬議在 2017 年底按計劃進行選舉，由於高度極化的政治環境，競選活動很有可能很容易會陷入暴力。2013 年 12 月，盈拉政府拒絕將選舉日期延後到 2014 年 2 月的要求，其導致了反選舉運動和警察之間首先爆發暴力，然後是反政府活動人士和政府支持者之間爆發暴力，造成 1 人死亡和數百人受傷。

（二）選舉期間

　　投票日：根據記錄，在投票日，在包括農村北部和城市曼谷都有可能發生暴力事件。在 2014 年的選舉中，來自民主黨的示威者阻止了投票站的進入，並阻止了在南部省份及曼谷部分地區的提前投票。此外，在一些投票站中示威者和希望投票的人之間也有暴力的爭吵。一名抗議者領袖，素汀（Suthin Tharatin）在曼谷一個投票站中與選民對抗中遭到射擊而死亡。[55]另外，在農村地區地方拉票的調查或買票者恐嚇已經收到賄選金錢的選民。在 2011 年選舉投票日，亞洲基金會（Asia Foundation）的選舉觀察員目睹了當地拉票人如何監視和恐嚇選民，以完成其買票工作。[56]

---

[55] Thomas Fuller, "Thai Protesters Disrupt Early Voting in South." Jan 26, 2014. *New York Times*. <http://www.nytimes.com/2014/01/27/world/asia/thailand.html?_r=1>.

[56] "Dark Reality to Vote Buying in Thailand." Jul 13, 2011. Asia Foundation. <http://asiafoundation.org/in-asia/2011/07/13/dark-reality-to-vote-buying-in-thailand/>.

（三）選後階段

結果：選舉後的結果也可能引發軍方不情願放棄權力的暴力。如果泰國黨仍然贏得下一次選舉，並且可以組建政府，儘管有許多制約因素，軍方容易傾向否認結果，或預留一些特權飛地（authoritarian enclaves），跟隨緬甸軍方的案例。如果發生這種情況，泰國黨和紅衫軍的支持者可能會像是在 2010 年再次舉行血腥抗議活動。

三、主要行為者及其利益

泰國選舉中的主要角色受到泰國政治而兩極分化。隸屬於塔信的為泰黨和反民粹主義者聯盟分別位於政治光譜對立的兩端。每次選舉都是對這兩群之間產生暴力的潛在機會。

軍方：泰國軍方與效忠者和高層官僚人員聯盟，宣稱自己是保守價值的捍衛者，而且在泰國政治中扮演著至關重要的角色。與泰國的政黨相較，軍方制度化程度更高，而且更有強大的權力。目前，其主要目標是鞏固權力，以及制約受塔信影響的為泰黨。然而，這兩個目標與政治現實相衝突，因為泰國黨是大多數選民所喜愛的。另外，這兩個目標與軍方的基本價值和義務相矛盾。不涉入國內政治，被視為現代軍隊的原則。雖然軍隊在 2010 年暴力地鎮壓了紅衫軍運動，而且進行了兩次軍事政變，但就長遠而言，軍方仍然無法合法化它們直接的統治。只要培育了反民粹聯盟和憲法，軍方將面臨退出國內政治的壓力。如果這種壓力增長到足以引發反軍事的集會，那麼軍方就容易遭致猛烈地而粉碎。

司法機關：司法當局對泰國政治也有重大影響。根據憲法，

憲法法院的判決是具有最終性質而且無法上訴。該判決約束了每個國家的組織，包括國民議會（National Assembly），部長理事會（Council of Ministers）和其他法庭。[57]在親保守派的背景下，憲法法院有強烈的動機來對付支持塔信的民粹主義政黨。旨在打擊民粹主義政黨的若干重大和有爭議的判決，不僅使許多人質疑憲法法院的公正性，而且也引發了暴力對抗。值得注意的是，憲法法院廢除了 2006 年的選舉，其中塔信的政黨泰愛泰黨獲得了巨大的收穫。這一舉動被視為軍方為推翻民選政府鋪平了道路。不久之後，憲法法院於 2007 年解散了泰愛泰黨。這個禁令加劇了紅衫軍對軍政府的憤怒。2014 年，憲法法院將盈拉從總理辦公室拉下馬。作為 2006 年的判決，這一判決為軍事政變開了一道綠燈，以直接干涉政治。如果為泰黨再次在 2017 年底贏得選舉，反民粹主義勢力可能會利用憲法法院再次取消選舉結果。如果是如此為之，為泰黨支持者將像 2007 年那樣再次訴諸暴力抗議。

　　民主黨：主要的政黨直接有助於選舉暴力。民主黨代表了城市中產階級的利益，而且關心如何與菁英作為盟友統治泰國。然而，這個政黨不能在一個相對自由和公正的選舉中與民粹主義的政黨競爭，因為它的選區僅限於城市和商業化的泰國南部和曼谷，大約是總人口的 40%。所以在過去，它訴諸了制度外的方法來與民粹政黨競爭。舉例而言，該黨抵制了在民粹政黨統治下的 2006 年和 2014 年的選舉，鼓勵支持者（黃衫軍）中斷由民粹主義

---

[57] Government Gazette (in Thai). Bangkok: Cabinet Secretariat. Volume 124, Part 96A. ข ้อก ำหนดศาลรัฐธรรมนูญว่าด ้วยวิธีพิจารณาและการท ำ คำวินิจฉัย พ.ศ. 2550 - ข ้อ 55 วรรค 1 [Constitutional Court Regulations on Procedure and Decision Making, BE 2550 (2007) - regulation 55, paragraph 1]

政府舉行的選舉，並且舉行大規模集會，將政治推向僵局。在 2008
年的政治危機中，數位民主黨領導人個人與黃衫軍結盟，佔領政
府大樓，而且與安全部隊和紅衫軍進行對抗，導致至少 3 人死亡，
數百人受傷。如果在 2017 年底進行選舉，民主黨在選舉後階段就
容易採取暴力抗議，部分原因是因為不能贏得選舉，部分原因是
不能容忍民粹黨的班師回朝。

　　民粹黨派：與政治光譜另一端的民主黨相反，為泰黨（另兩
個被禁止的民粹政黨—「泰愛泰黨」（Thai Rak Thai Party）和人民
力量黨（People's Power Party）的轉世）代表了鄉村的農民和城市
的窮人。他們的利益集中在實施塔信的民粹主義政策，而且得到
窮人在選舉中的廣泛支持。至關重要的是，雖然塔信從總理之位
被掃地出門，而且自願流放，但他仍然是泰國政治戲劇中的核心。
紅衫軍—激烈地忠實於塔信—定期舉行暴力集會，要求政治變
革，而且塔信經常在一個巨大的視頻屏幕上出現，讓他們受到鼓
勵。[58] 由於塔信受到窮人的普遍歡迎，為泰黨對在 2017 年的選舉
中預計將獲勝。如果其勝利再次被軍方或司法機構「偷走」，為泰
黨及其支持者可能像 2008-2010 年的政治危機一樣訴諸暴力。

　　媒體：在泰國的媒體是高度的政治化和極化。媒體大亨林明
達（Sondhi Limthongkul）創立了一份《經理報》（Manager Daily）
新報紙以及亞洲衛星電視（*Asia Satellite TV,* ASTV）。他本來是塔
信的支持者，後來成為反塔信運動的領導者。在他的領導和媒體
的煽動下，黃衫軍在 2005-2006 年泰國政治危機中扮演了重要的角

---

[58] "Profile: Thaksin Shinawatra," *BBC News*, June 24, 2011. <http://www.bbc.
com/new s/world-asiapacific-13891650>.(accessed on 2018-10-01).

色，導致了 2006 年推翻塔信政府的軍事政變。當塔信附屬的人民黨（People's Power Party）贏得了 2007 年大選時，林明達在 2008 - 2010 年泰國政治危機中再次帶領黃衫軍與安全部隊和紅衫軍發生暴力衝突。在城市中產階級受歡迎的情況下，林明達的媒體可以在選舉前迅速動員其閱聽大眾投票反對為泰黨，而且如果民粹主義者在選舉後贏得多數，也可以號召閱聽大眾上街遊行。

少數民族分裂主義者：泰國南部有種族和宗教分裂主義運動。它的最初目標是與泰國分離，而且建立一個由伊斯蘭法律統治的穆斯林國家。分裂主義者隨機暗殺了官員和學校老師。在 2004 年至 2013 年期間，157 名教師被分離主義團體謀殺。[59]然而，在中東伊斯蘭國家（Islamic State, ISIS）崛起後，當地情況變得複雜。目前的叛亂團體宣稱武裝聖戰（militant jihadism），而且不再是分離主義者。他們主要由薩拉斐派（Salafist）強硬派領導，他們擁有極端的跨國宗教目標，包括伊斯蘭教的哈里發（Islamic Caliphate）。[60]為了吸引公眾的目光，他們很有可能利用預期 2017 年年底的大選進行襲擊，以引起人們對他們訴求的關注。舉例而言，為了抗議國家的少數民族政策，在斯里蘭卡少數民族分裂主義團體泰米爾猛虎組織（Tamil Tigers）試圖在 1994 年和 1999 年連續大選中暗殺兩名總統候選人。

四、不平和相關社會團體

---

[59] "Thailand: Separatists Targeting Teachers in South." March 30, 2014. Human Rights Watch.

[60] Rohan Gunaratna and Arabinda Acharya. 2013. *The Terrorist Threat from Thailand: Jihad or Quest for Justice?* Potomac Books.

　　泰國的收入分配自 1990 年代初以來有所改善，但城鄉之間的經濟差距依然存在。[61]沿著社會差距和社會暴力加劇的巨大落差線。

　　窮人和紅衫軍：泰國的貧困主要是一種農村的現象。截至 2013 年，全國有 80% 以上 730 萬的貧困人口居住在農村。泰國跨地區和地區內的家庭收入和消費中存在顯著和日益嚴重的差距，在北部和東北部仍存在貧困人口。[62]這些地區完全符合與塔信有關的民粹主義政黨的據點。只要民粹政黨在曼谷遭受政治鎮壓，來自北方、東北方的貧困農民就會高度融合以形成紅衫軍，而且激烈地強化他們的政治代表。窮人在當前的政治遊戲中被剝奪權利，他們渴望回到民粹主義政府。在 2017 年底的大選中，紅衫軍將會像過去十年一樣，在選舉前後與鎮壓為泰黨任何可能的對抗作鬥爭。

　　中產階級和黃衫軍：由於該國在 1980 年代至 1990 年代初出現了顯著的經濟增長，泰國在曼谷和南方都有強大的中產階級。2001 年至 2006 年，在塔信政府的統治時期，城市中產階級對塔信的民粹主義政策感到憤怒，他認為受到國家的剝削，為了過度補貼窮人。作為選舉中少數一方的沮喪，中產階級被標籤為黃衫軍，在街頭直接示威和對抗。面對民粹主義政府的可能回歸，黃衫軍傾向於在 2017 年大選之後再次上街。不尊重政治規則和程序正義，這種對抗將不可否認地引發暴力。

---

[61] "Poverty in Thailand," 2016. Asian Development Bank (ADB), from <http://www.adb.org/countries/thailand/poverty>, (accessed on 2018-07-12).

[62] See "Thailand: Overview." April 2016, The World Bank, from <http://www.worldbank.org/en/country/thailand/overview>, (accessed on 2018-05-31).

五、社會和制度的優勢（緩解因素）

君主制：傳統上，在泰國維護政治穩定的最重要制度是君主制，其中國王作為一個受到廣泛尊重的道德權威。1992 年，在血腥的軍事政變之後，國王蒲美蓬譴責這一行動，並將泰國帶回民主。然而，隨著蒲美蓬健康狀況的惡化，從而無能在衝突的政治力量之間作出平衡。在 2007 年的大選中，人民力量黨贏得了多數，而且組建了政府。黃衫軍拒絕接受新政府的政策，並且抗議，最終在 2008 年對政府大樓和國際機場進行圍堵。儘管黃衫軍聲稱他們正在捍衛君主制，但蒲美蓬保持沉默。然而，一名黃衫軍支持者在與警方的衝突中喪生後，詩麗吉皇后主持了火葬儀式。這一舉動被解釋為皇室支持制度外的訴求。因此，來自皇室家族的矛盾信號對穩定性的貢獻微乎其微，但對衝突的貢獻更大。

安全力量：目前軍政府的一個優點就是在選舉之前和期間可以保持大致的穩定。在以前的選舉中，選舉委員會、警方和軍方合作以減輕選舉暴力。在 2007 年的大選中，軍政府部署了 20 萬名士兵和警察人員來維護安全，以及 1,500 名官員對選舉進行了監督。儘管選舉前有零星的事件，但整個選舉也是和平的進程。如果 2017 年底進行選舉，目前的軍政府就可以行使其控制的能力，以進行和平的選舉。

選舉管理機構：雖然泰國選舉委員會（Election Commission of Thailand, ECT）在較早期的選舉中面臨批評，但泰國選舉委員會已經發展了多年。作為一個獨立的機構，泰國選舉委員會負責管理和監督選舉的進程。它還被授權調查違反選舉法和不當行為，

它有權力在投票日之前或之後取消候選人資格的指控選舉舞弊。[63]
這些徹底的權力使泰國選舉委員會成為形塑選舉暴力的關鍵行為
者之一。

　　選民教育：泰國選舉委員會和各種非政府組織
（non-government organizations, NGOs）已經進行了大量的改善選
民教育的運動。泰國選舉委員會集中於解釋選舉的重要性，提供
有關候選人的資訊，解釋乾淨選舉的優點，而且向公眾澄清為什
麼在選舉違規發生時，可能需要重新選舉。進一步呼籲選民正確
地標記選票，並確保他們在選舉前至少 90 天登記。但這種選民教
育面臨著許多障礙，諸如文盲和對地方保護人（patrons）的堅固
忠誠。[64]

肆、研究發現

　　雖然有一些行為者有能力在即將舉行的選舉中減輕暴力，但
更多的可能會持續下去。諸如軍隊、泰國選舉委員會和憲法法院
等組織有可能藉由促進安全、作出無爭議的裁決以及按期進行公
正，公正的選舉來鼓勵和平。然而，這些努力被大多數參與本案
例的行為者永久化暴力的可能性所掩蓋。下面介紹了五項調查結
果，詳細介紹了即將舉行的選舉中暴力的可能性，以及對關鍵行
為者促進和平的不多機會。

---

[63] Prajak Kongkirati, *The Rise and Fall of Electoral Violence in Thailand: Changing Rules, Structures, and Power Landscape*. 2014. City University of Hong Kong.

[64] Kokpol, Orathai. "Electoral Politics in Thailand." 2002. Friedrich Ebert Foundation.

一、不民主的新憲法

如果國家和平與秩序委員會透過憲法保留不當的政府權力，民主的支持者和為泰黨的成員可能會抗議並轉為暴力。國家和平與秩序委員會正在努力起草一項新憲法，這是在舉行選舉之前必須為之。憲法必須得到國家改革委員會的核准，國家改革委員會是一個軍事任命的機構，已經在 2015 年 9 月駁回了一項草案。國家和平與秩序委員會將試圖利用這個機會來通過憲法，其中保留盡可能更多對政府的控制權。雖然一定程度的影響力可能有利於穩定民主，但太多可能會造成為泰黨支持者的憤慨，他們在軍事主導的政府中處於不利地位而且代表性不足，而且來自諸如解放泰國人人權和民主組織（Organization of Free Thais for Human Rights and Democracy）等支持民主的團體，其可能導致北部農村或曼谷的暴力抗議，以企圖獲得政府影響力，減少在新政府中軍方的干預。

二、不斷的推遲選舉

如果國家和平與秩序委員會推遲選舉，為泰黨支持者可能會採取抗議和暴力來企圖強制選舉。隨著選舉日期的臨近，如果選舉遭到推遲，暴力的風險就會增加。政權由於各種原因已經推遲了選舉，並可能再次出現。包括政權不能起草理想憲法，並得到國家改革委員會的批准，或者如果蒲美蓬國王在選舉之前逝世，當然前兩者並未發生。如果選舉遭到推遲，為泰黨的成員可能會因為在目前的政權下缺乏他們的代表，以及在自由和公正的選舉中獲勝多數的可能性而可能抗議和變得暴力。

三、投票站的暴力示威

如果民主黨相信選舉的結果會維持下去，他們很可能像過去一樣將在投票站舉行暴力示威。如果軍隊讓渡權力轉移回民主，民主黨就不能在公平的選舉中贏得勝利，而且在政府失去優勢。民主黨的支持者以往曾經被動員之前在投票站暴力行為，並且也可能在這次選舉中如此為之。

四、針對為泰黨的選舉偏見

如果國家和平與秩序委員會不尊重選舉的結果，或者憲法法院不公平地偏袒民主黨，為泰黨支持者將抗議並變得暴力以取得對政府的控制。在過去，憲法法院對民粹政黨有偏見，可能會在即將舉行的選舉中歧視為泰黨。法院有能力盡可能透明和公正地減輕暴力，但此不太可能發生。為泰黨將在公平的選舉中贏得多數票，所以國家和平與秩序委員會和軍方聯盟的憲法法院可能會拒絕將政府控制交給他們。作為回應，過去特別是農村地區動員暴力事件的為泰黨的支持者，或許採取行動推動選舉結果得到維持，或是也可能使對這些選舉結果產生的偏見較少。

五、對民主黨的不利選舉

如果民主黨沒有贏得選舉，而且國家和平與秩序委員會堅持這個選舉的結果，那麼支持者可能會暴力地抗議他們對政府控制的喪失。民主黨不能在公平的選舉中獲勝，而且如果軍方結束他們的政權，民主黨將發現自身擁有很少的政府權力，也可能因為

絕望而訴諸暴力。這與民主黨在上述選舉期間的暴力能力有關，但如果在政府確實失去權力，支持者們或許更有可能在選舉之後採取行動。

針對上述的情形提出相應的政策建議是研究發現的第二部分。在泰國即將舉行的選舉中，減輕暴力行為是確保選舉在 2019 年按期進行的最重要因素，並且選舉結果得到維護。大多數暴力的風險來自可能延遲的選舉或軍事政權拒絕維持選舉的結果。考慮到這一點，以下描述了對各國政府的八項政策建議，以減輕泰國的選舉暴力。

（一）國際壓力

包括美國在內的國際社會必須與國家和平與秩序委員會在外交上接觸，並建議他們在其機構中制定一個沒有過分軍事影響的憲法；按計畫進行自由、公正的選舉；並堅持選舉的結果。外部壓力是國家和平與秩序委員會舉行選舉和轉移權力的主要動機因素之一。美國已經明確表達反對這場政變，而且鼓勵泰國早日舉行選舉。[65]作為泰國最大的盟國之一，美國對泰國的行為有重大的影響。政權已經渴望加強與美國的關係。[66]為了利用這一點，美國的修辭應在這些選舉中看起來應該更加具體，以及後來應該怎麼樣。軍事政權有能力透過制定一個穩定且無爭議的憲法，按期進

---

[65] "Thai-U.S. launch Cobra Gold Military Exercise amid Tensions over Coup," *Military Times*. Feb 9, 2015.<http://www.militarytimes.com/story/milita ry/2015/02/0 9/thai-us-launch-coldmilitary-exercise-amid-tensions-over-coup/23144971/>.

[66] Prashanth Parameswaran, "US Nominates New Envoy to Thailand Amid Strained Ties," *The Diplomat*, Apr 14, 2015. <http://thediplomat.com/ 2015/04/us-nominates-new-envoy-to-thailand-amidstrained-ties>.

行公正選舉，以及維護這次選舉的結果，以降低暴力的風險，所以美國應該鼓勵如此為之。

（二）選舉監督

國際社會必須要求國家和平與秩序委員會允許選舉監督機構進入泰國，此將使這一進程有偏見的選民認為選舉合法化。泰國過去一直沒有接受過國際選舉的監督，但現在如此為之將為其新政府的啟動帶來合法性和公正性。很多選民都擔心選舉會有偏見，或是結果將不會得到維持。透過為選舉提供合法性得來源來緩解這種不滿，將緩和選民免於使用暴力作為表達的手段。此外，國際的關注也將迫使軍方、選舉委員會和憲法法院進行沒有偏見的選舉，而且維護結果。

（三）皇室繼承

在蒲美蓬國王死後，國際社會應該發表一個聲明，建議快速無爭議地過渡王位，這將避免激勵國家和平與秩序委員會推遲選舉。國際社會不應該對蒲美蓬死亡之前的繼承作任何評論，因為圍繞這個話題的禁忌和圍繞國王個人的崇拜。[67]泰國人對皇室的態度是如此強烈和民族主義，任何對瓦吉拉隆功皇太子或是對詩琳通公主的特別推薦將不會受到接受。[68]但是強調快速轉型是關鍵；

---

[67] Prajak Kongkirati, *The Rise and Fall of Electoral Violence in Thailand: Changing Rules, Structures, and Power Landscape*. 2014. City University of Hong Kong.

[68] Joshua Kurlantzick, "Thailand's Royal Succession Battle Comes into (Slightly) More Open View." *The Diplomat*, December 6, 2014. <http://thediplo mat.com/2014/1 2/thailands-royal-successionbattle-comes-into-slightly-more-open-view/>.

沒有對皇室長時間的激烈辯論將增加緊張局勢，而且國家和平與
秩序委員會可能會以蒲美蓬的死亡為藉口繼續執政，並且以穩定
的名義推遲選舉。

（四）農村援助協助

　　美國應該支持泰國公民社會組織向農村窮人提供援助，他們
面臨著長期暴力的高風險。如此為之會減輕他們的憤怒，作為暴
力的原因。以往，構成為泰黨的很大一部分的農村窮人很容易被
動員起來產生暴力。為了減輕這種風險，美國應以援助捐助或開
發方案的形式協助現有的公民社會組織，提高現有公民社會組織
的能力和範圍。緩解農村貧困人士的不滿意味著他們不會絕望以
及為了聽到自己的聲音而願意訴諸暴力。

　　泰國內部有很多現有的援助組織。許多組織專注於曼谷的貧
民窟，諸如啟蒙之光基金會（Duang Prateep Foundation, DPF）和
人類發展基金會（Human Development Foundation, HDF）。其他一
些組織，包括人口和社區發展協會（Population and Community
Development Association, PDA），協助整個泰國的窮人。此外，泰
國選舉委員會最近採取了的措施來增加選民教育，其可以減輕農
村地區的暴力，因為選民將對選舉結果的理解。美國也可以協助
泰國選舉委員會進行這項工作。

（五）美日合作

　　美國在之前的努力中必須與日本政府合作，增加對政權的施
壓。作為泰國最大的兩個盟友之一，美國和日本可以非常大的影

響其政策。日本像美國一樣已經譴責驅除民主選舉產生的政府，但美國應該要求日本在對泰國的訴求方面更加具體，要求該國根據自己的時間表舉行自由、公平和透明的選舉，而且政府遵循選舉結果，並且制定恢復民主的無爭議法律。日本可以協助美國在蒲美蓬國王去世後對泰國的建議。日本也可以與美國合作以支持公民社會組織。事實上，日本已經在泰國開始基礎設施的開發工作了。[69]

（六）美國的軍事援助與金色眼鏡蛇的壓力

　　美國應該私下向國家和平與秩序委員會建議，如果他制定了一部憲法，其中國家和平與秩序委員會保留不當政府影響，或者如果不及時朝向選舉的軌道，則美國將撤銷軍事援助並取消金色眼鏡蛇。這一規定的隱私確保美國在沒有國際社會干涉或吸引消極新聞的情況下發揮其影響力，而且美國應該願意減少軍事援助，或者在必要時取消金色眼鏡蛇演習。美國已經減少了 2015 年和 2016 年金色眼鏡蛇的規模，以回應政變，[70]但有論者以為應該利用取消演習的可能性，作為保持泰國在其憲法編寫軌道上的一個措施，並準備舉行選舉。這將為選舉委員會和國家和平與秩序委員會帶來壓力，以維持時間安排，並建立民主政府。

---

[69] Rudolph, Hana. "US, Japan Cautiously Rebuild Ties With Thailand." Feb 26, 2015. *The Diplomat.* http://thediplomat.com/2015/02/us-and-japan-cautiously-rebuild- ties-with-thailand/ (Accessed on 2018-10-11).

[70] Prashanth Parameswaran, "US Nominates New Envoy to Thailand Amid Strained Ties," *The Diplomat*, Apr 14, 2015. <http://thediplomat.com/2015 /04/us-nominates-new-envoy-to-thailand-amidstrained-ties> (accessed on 2018-10-11).

（七）政黨委員會

美國應該考慮向國際社會建議設立一個政黨理事會（political party council），以協助選舉進程的強化，並處理與這一進程是欺詐行為想法有關的不滿。國際社會透過聯合國開發計劃署或類似的組織，可以協助泰國衝突中的政黨組建一個政黨理事會，並定期舉行會議，其中各政黨取得選舉進程的最新情況，並有一個平台提出申訴。這可以有助於減少政黨間的緊張局勢，從而防止民主黨和為泰黨的支持者轉向暴力，有助感受到他們被聽到的心情。

（八）中國大陸的影響

美國必須謹慎，避免泰國加強與中國的關係，或犧牲自己與泰國長期已建立和維繫的關係。雖然泰國與中國和美國的關係不是相互排斥的，而中國企圖與美國競爭外交關係並不新鮮，但美國不希望相對於中國而言失去對東南亞的影響力。中國在泰國選舉期間並不會勸阻暴力或促進和平，而是消極的不作為。因此美國應該避免對泰國的軍事統治採取強硬的態度，才是最符合自己利益的策略，避免將泰國過度推向中國。[71]

伍、結語

泰國在即將舉行的選舉中面臨選舉暴力，尤其是在選舉之後

---

[71] "Country Forecast Thailand March 2016 Updater." Mar 24 2016. The Economist Intelligence Unit, N.A., Incorporated.

若緊張局勢更高時，以及若由軍方來組建新的政府。為泰黨中支持塔信的派系將會動員以採取行動，因為在新政府的選舉制度下，他們將不再享有過去對泰國政府享有相同的優勢和控制的程度。民主黨中的各種反塔信團體也可能因軍政權結束時失去政府的支持而感到憤怒。推遲或取消選舉的可能性和國王死亡的必然性使事情變得複雜，而且升高了這些同質群體選舉前暴力的可能性，尤其是如果這些事件非常接近 2019 年末的預計選舉日。

雖然有一些行為者有能力在即將舉行的選舉中減輕暴力，但更多的可能會持續下去。政府組織有可能透過促進安全，作出沒有爭議的決定，以及按計畫進行公正、公平的選舉來鼓勵和平。然而，這些努力被大多數涉及本案的行為者永久化暴力的可能性所掩蓋。

包括美國在內的國際社會有鼓勵泰國避免更有可能導致暴力局面的一些選項。在泰國即將舉行的選舉中，減輕暴力行為的最重要因素是確保在 2017 年底按期進行選舉，並且選舉結果得到維護。大多數暴力的風險來自可能延遲的選舉或軍事政權拒絕支持選舉的結果。雖然美國的行動不能保證泰國和平過渡到新的民主政府，但它可以幫助該國盡可能少的暴力機會來解決複雜的未來。

雖然有一些行為者有能力在即將舉行的選舉中減緩暴力，但更多的可能會持續下去。政府組織有可能透過避免挑釁，作出不具爭議的決策，按照計畫進行自由和公正的選舉來鼓勵和平。然而，這些因素被大多數參與本案的行為者持續存在暴力的可能性所掩蓋。本文概述了泰國選舉期間關於暴力可能性的五個主要調查結果，總結如下。

如果國家和平與秩序委員會通過憲法，其中他們保留不當政

府權力，民主的支持者和為泰黨的成員可能會抗議並變得暴力。雖然一定程度的軍事影響可能有利於穩定新政府，但太多可能會導致這些群體的憤慨，他們將在軍隊占主導地位的政府面前處於不利和代表性不足的情形。

如果國家和平與秩序委員會推遲選舉，為泰黨支持者可能會採取抗議和暴力來企圖強制選舉。隨著選舉日期的臨近，如果選舉遭到推遲，暴力的風險就會增加。政權可能由於各種原因推遲選舉，激發了目前政權下處於不利地位的為泰黨，並將從自由和公正的選舉中受益匪淺。

如果民主黨認為選舉結果會維持下去，他們很可能像過去一樣在投票站舉行暴力示威。如果軍方將權力轉讓回民主，民主黨就不能在公平的選舉中贏得勝利，而且在政府將失去其優勢。

如果國家和平與秩序委員會不兌現選舉結果，或者憲法法院不公平地偏袒民主黨，為泰黨支持者就會抗議和暴力，以獲得對政府的控制。憲法法院以往對民粹主義政黨具有偏見，而且可能會在即將舉行的選舉中歧視為泰黨，引發它們以暴力來倡導公平選舉。

如果民主黨沒有贏得選舉，國家和平與秩序委員會堅持這個選舉的結果，那麼支持者可能會強烈地抗議政府的控制。他們與投票期間的暴力能力相似，如果支持者開始在政府中喪失權力，可能更有可能在選舉之後採取行動。

國際社會應該要求國家和平與秩序委員會允許選舉監督機構進入泰國，此將使選民眼中的選舉合法化，他們認為這一進程是有偏見的。國際社會應該支持泰國公民社會組織向農村窮人提供援助，他們面臨著長期暴力的高風險。這樣做會減輕他們的暴力

來源。同時，應該考慮向國際社會建議設立一個政黨委員會，以幫助加強選舉進程，並處理與這一進程是欺詐行為觀念有關的不滿。

參考文獻

一、西文

"Country Forecast Thailand March 2016 Updater." March 24 2016. The Economist Intelligence Unit, N.A., Incorporated.

"Dark Reality to Vote Buying in Thailand." July 13, 2011. Asia Foundation. <http://asiafoundation.org/in-asia/2011/07/13/dark-reality-to-vote-buying-in-thailand/>.

"Free Thai." 2016. The Organization of Free Thais for Human Rights and Democracy. <http://freethais.org/>.

"Poverty in Thailand." 2016. Asian Development Bank. <http://www.adb.org/countries/thailand/poverty>.

"Profile: Thaksin Shinawatra." June 24, 2011. BBC News. <http://www.bbc.com/news/world-asiapacific-13891650>.

"Thailand: Overview." April 2016. The World Bank. <http://www.worldbank.org/en/country/thailand/overview>.

"Thailand: Parliamentary Chamber: Saphaphuthan Ratsadon: Elections Held in 2001." 2001. Inter-Parliamentary Union. http://www.ipu.org/parline-e/reports/arc/2311_01.htm

"Thailand: Separatists Targeting Teachers in South." March 30, 2014. Human Rights Watch.

"Thai-U.S. launch Cobra Gold military exercise amid tensions over coup." Feb. 9, 2015. Military Times. http://www.militarytimes.com/story/military/2015/02/09/thai-us-launch-cobra-goldmilitary-e xercise-amid-tensions-over-coup/23144971/

Bekoe, Dorina, Nigeria's 2011 Elections: *Peace Brief* (Washington, DC: United States Institute of Peace, 2011).

Reilly, Ben, "Electoral Systems for Divided Societies," *Journal of Democracy*, Vol.13, No.2 (2002), pp.156-170.

Blattman, Christopher, "From Violence to Voting: War and Political Participation in Uganda." *American Political Science Review*, Vol.103, No.2 (2009), pp. 231–247.

Bratton, Michael, "Vote Buying and Violence in Nigerian Election Campaigns," *Electoral Studies*, Vol.27, No.4 (2008), pp.621-632.

Brown, Mark Malloch, "Democratic Governance: Toward a Framework for Sustainable Peace," *Global Governance*, Vol.9, No.2 (Apr.-June 2003), pp.141-146.

Bunbongkarn, Suchit, "What Went Wrong with the Thai Democracy?" 2015. *Southeast Asian Affairs*, ISEAS–Yusof Ishak Institute pp.359-368.

Chandra, Kanchan, "Cumulative Findings in the Study of Ethnic Politics," *APSA-CP Newsletter*, Vol.12, No.1(2001), pp.7-25.

Chanlett-Avery, Emma and Ben Dolve. "Thailand: Background and U.S. Relations," *Current Politics and Economics of South, Southeastern, and Central Asia*, Vol.23, No.3/4 (2014), pp.299-324.

Chaturvedi, Ashish, "Rigging Elections with Violence," *Public Choice*, Vol.125, No.1-2 (2005), pp.189-202.

Cheibub, Jos´e Antonio, Jude Hays, and Burcu Savun. Elections and civil war in africa. University of Illinois. Unpublished Manuscript, 2012.

Collier Paul, and Pedro C Vicente, "Violence, Bribery, and Fraud: The Political Economy of Elections in Sub-Saharan Africa," *Public Choice*, Vol.153, No. 1-2 (2012), pp.117-147.

Collier, Paul and Pedro C Vicente. Votes and Violence: Evidence from a Field Experiment in Nigeria. *The Economic Journal*, 124 (574): F327-F355, 2014.

Edens, Rob. "The Trouble with Thailand's New Constitution." Feb 26, 2016. *The Diplomat*. <http://thediplomat.com/2016/02/the-trouble-with-thailands-new-constitution/>.

Ellman, Matthew, and Leonard Wantchekon, "Electoral Competition under the Threat of Political Unrest," *Quarterly Journal of Economics*, Vol.115, No.2, (May 2000), pp.499-531.

Fischer, Jeff, Electoral Conflict and Violence, IFES White Paper, 1, 2002.

Fuller, Thomas. "Thai Protesters Disrupt Early Voting in South." Jan 26, 2014. *New York Times*. <http://www.nytimes.com/2014/01/27/world/asia/thailand.html?_r=1>.

Goldsmith, Arthur A., "Electoral Violence in Africa Revisited," *Terrorism and Political Violence*, Vol.27, No.5 (October 2014), pp.1-29.

Government Gazette (in Thai). Bangkok: Cabinet Secretariat. Volume 124, Part 96A. ข ้อก ำหนดศาลรัฐธรรมนูญว่าด ้วยวิธีพิจารฉำและการท ำค ำวินิจฉัย พ.ศ. 2550 - ข ้อ 55 วรรค 1 [Constitutional Court Regulations on

Procedure and Decision Making, BE 2550 (2007) - regulation 55, paragraph 1]

Gunaratna, Rohan and Arabinda Acharya. 2013. The Terrorist Threat from Thailand: Jihad Or Quest for Justice? Potomac Books.

H˙oglund, Kristine, Electoral Violence in Conflict-ridden Societies: Concepts, Causes, and Consequences. Terrorism and Political Violence, Vol.21, No.3 (2009), pp. 412–428.

Haberkorn, Tyrell. "Repression, Resistance, and the Law in Post-Coup Thailand." Sept 2015. Current History: 114:773, 241-243.

Hermant, Norman. "Thai Votes: Polls Open after Violent Clashes in Bangkok's Laksi District." Feb. 1, 2014. ABC. <http://www.abc. net.au/news/2014-02-02/thailand-vote-cancelled-in-scene-ofviolent -clashes/5232934>.

Hickman, John, "Is Electoral Violence Effective? Evidence from Sri Lanka's 2005 Presidential Election," Contemporary South Asia, Vol.17, No.4 (2009), pp.429-435.

Höglund, Kristine, "Electoral Violence in Conflict-ridden Societies: Concepts, Causes, and Consequences," Terrorism and Political Violence, Vol.21, No.3(June 2009), pp.412-427.

Kerr, Nicholas N., Electoral governance in sub-saharan africa: Assessing the impact of electoral management bodies autonomy and capacity on citizens perceptions of election quality. Charles and Kathleen Manatt Democracy Studies Fellowship Paper, East Lansing. MI: Michigan State University, 2009.

Klopp, Jacqueline and Prisca Kamungi, "Violence and Elections: Will

Kenya Collapse?" *World Policy Journal*, Vol.24, No.4 (December 2007), pp.11-18.

Kokpol, Orathai. "Electoral Politics in Thailand." 2002. Friedrich Ebert Foundation.

Kongkirati, Prajak, The Rise and Fall of Electoral Violence in Thailand: Changing Rules, Structures, and Power Landscape. 2014. City University of Hong Kong.

Kurlantzick, Joshua. "Thailand's Royal Succession Battle Comes into (Slightly) More Open View," *The Diplomat*, Dec 6, 2014. <http://thediplomat.com/2014/12/thailands-royal-successionbattle-comes-into-slightly-more-open-view/>.

Lindberg, Staffan I., "Consequences of Electoral Systems in Africa: A Preliminary Inquiry," *Electoral Studies*, Vol.24, No.1 (March 2005), pp.41-64.

Lindberg, Staffan I., *Democracy and Elections in Africa* (Baltimore: JHU Press, 2006).

Machado, Fabiana, Carlos Scartascini, and Mariano Tommasi, "Political Institutions and Street Protests in Latin America," *Journal of Conflict Resolution*, Vol.55, No.3 (June 2011), pp.340-365.

Norris, Pippa, "Choosing Electoral Systems: Proportional, Majoritarian and Mixed Systems," *International Political Science Review*, Vol.18, No.3(July 1997), pp.297-312.

Parameswaran, Prashanth. "US Nominates New Envoy to Thailand Amid Strained Ties." Apr 14, 2015. The Diplomat. <http://thediplomat.com/2015/04/us-nominates-new-envoy-to-thai

land-amidstrained-ties>.

Rapoport, David C and Leonard Weinberg. *Elections and Violence.* Tayor & Francis, 2000.

Reilly, Ben, Electoral Systems for Divided Societies," *Journal of Democracy*, Vol.13, No.2 (April 2002), pp.156-170.

Robinson, James A., and Ragnar Torvik, "The Real Swing Voter's Curse," *The American Economic Review*, Vol.99, No.2 (March 2009), pp.310-315.

Rudolph, Hana. "US, Japan Cautiously Rebuild Ties With Thailand." Feb 26, 2015. *The Diplomat.* <http://thediplomat.com/2015/02/us-and-japan-cautiously-rebuild-ties-with-thailand/>.

Scott Straus and Charlie Taylor. Democratization and Electoral Violence in Sub-Saharan Africa, 1990-2007. In APSA 2009 Toronto Meeting Paper, 2009.

Suberu, Rotimi T., "Nigeria's Muddled Elections," *Journal of Democracy*, Vol.18, No.4 (October 2007), pp.95-110.

Walter, Barbara F., "Does Conflict Beget Conflict? Explaining Recurring Civil War," *Journal of Peace Research*, Vol.41, No.3 (May 2004), pp.371-388.

第二部分

華人政治與經濟

泰國華人參政的政治經濟分析

陳尚懋

佛光大學公共事務學系教授兼南向辦公室主任

【摘要】

　　東南亞的華人族群一直對於當地國的經濟有舉足輕重的影響力，這幾年隨著華人參與政治的頻率越來越高，東南亞華人族群的政治參與也受到學者的重視。泰國作為東南亞華人人口比例第二高的國家，其華人同化的比例又遠高於印尼、馬來西亞、菲律賓等國，因此泰國華人的發展歷程、與當地同化的情況、對當地經濟的影響，以及參與政治的形式與歷程更是值得研究。本文主要關注泰國華人參與政治的部分，探討的內容包括：泰國華人參與政治的歷史背景、方式、影響力與未來走向等，希望可以清楚瞭解泰國華人在參與政治上的獨特性，以及與其他東南亞國家相異之處。本文認為泰國華人由於已經高度同化，幾乎皆已取得泰籍，在語言、宗教、文化各方面皆認同泰國，基本上應該稱呼其為華裔泰籍，其參政模式與一般泰國人並無差異，因此在與其他東南亞國家進行比較研究時，必須注重泰國的獨特性。

關鍵詞：泰國、華人、華人認同、華人參政

壹、何謂泰國華人？

何謂泰國華人？相信是從事泰國華人族群研究者最常被問到的問題。[1] 由於相關名詞相當多，因此本文首先必須將所涉及的概念界定清楚。

首先，華僑（Chinese overseas）或海外華人（Overseas Chinese）：從台灣的觀點而言，主要指的是定居在國外的中華民國公民。根據 1929 年頒佈的「中華民國國籍法」規定，凡具有中華民族血統者，均具有中華民國國籍，都是華僑。然 1949 年中華人民共和國成立之後，仍沿襲先前的政策，認為所有海外的華僑皆為中國國民。隨後 1955 年中國與印尼簽訂「關於雙重國籍問題的條約」，中國政府正式放棄雙重國籍政策，凡已取得僑居地國籍者，即自動喪失中國國籍。因此，目前從兩岸的觀點來看，華僑僅只那些保有中華人民共和國（包括大陸、香港與澳門）或中華民國國籍者。至於本文研究的泰國華僑則是指在泰國僑居的兩岸四地公民。[2]

其次，華人(Ethnic Chinese)：1950 年代中期之後，華人逐漸取代華僑這一概念，泛指海外中國移民及其後裔。根據學者莊國土、李瑞晴定義，華人為「一定程度上保持中華文化(或華人文化)

---

[1] Chan, K. B., & Tong, C. K. (2001). Positionality and Alternation: Identity of the Chinese of Contemporary Thailand. In C. K. Tong & K. B. Chan (Eds.), *Alternate Identities: The Chinese of Contemporary Thailand* . Singapore: Times Media, pp.1-8.

[2] Suryadinata, L. (1989). Introduction. In L. Suryadinata (Ed.), *The Ethnic Chinese in the ASEAN States: Bibliographical Essays*. Singapore: Institute of Southeast Asian Studies.

和中國血緣的非兩岸四地(台灣、大陸、香港、澳門)公民」。狹義的泰國(籍)華人是指華僑在泰國出生的兒女與其後具有泰國國籍的原華僑,至於廣義的泰國華人則是本研究最主要的關注對象,後面的篇章對此將有更清楚的定義。

第三,華裔(Chinese descent):通常指具有中國血緣者(包括華人和有中國血緣的非華人),其涵蓋面比華人更廣。泰國(籍)華裔則是華人在泰國出生的子女與其子女在泰國繁衍的後代子孫。嚴格來說,華裔應該只限於曾受華人教育或略具中國人氣質的人。[3]

從上述的定義可以發現,華僑的特徵包含:國籍、血緣和文化;華人的特徵則有血緣與文化,已經不具有國籍;華裔的主要特徵只剩下血緣,並不包含國籍與文化。至於目前學界常用的「華僑華人」,主要指定居在國外一定時間以上的兩岸四地公民,以及在一定程度上保持中華文化(或華人文化)、中國人血緣的非兩岸四地公民(華僑)。[4]

至於目前居住在泰國的華人,大致上可以分為四代:第一代可稱為華僑或海外華人,唯數量不斷在減少當中;第二代則是泰國出生但其父母具有兩岸四地的國籍;第三代與第四代皆是泰國

---

[3] 陳烈甫,1997,《東南亞洲的華僑華人與華裔》,臺北:正中書局。

[4] 楊靜,2010,《從泰國政府政策看當地華人社會發展》,河北師範大學碩士學位論文;顧長永、蕭文軒,2016,《邊緣化或是整合:泰國的少數族群政治》,高雄市:中山大學出版社;蕭文軒、顧長永,2014,〈當代泰國華人政治認同與角色變遷之研究〉,《逢甲人文社會學報》,第28期,頁115-156;譚國安,2014,〈泰國華人之公民地位與人權〉,見陳鴻瑜編,《海外華人之公民地位與人權》,台北市:華僑協會總會;陳曉宏,2013,《戰後中泰關係視域下的泰國華人認同研究》,廣西民族大學碩士學位論文;陳鴻瑜審訂,1998,《華裔東南亞人》,南投埔里:國立暨南國際大學東南亞研究中心。

出生且其父母也是泰國出生[5](有關於泰國華僑與華人人口變化請參見表一)。由於在泰國的華人經過長時間的同化，尤其是 20 世紀中之後的華人幾乎都擁有泰國籍，因此或許稱呼其為華裔泰國人(Thais of Chinese descent) 或泰籍華裔(Chinese-Thais 或 Sino-Thais)可能更加適當。[6]本研究所使用「泰國華人」一詞，主要是採廣義的定義，除了包括上述的泰國華僑、狹義的泰國華人外，以及已經加入泰國國籍的第一代或第二代華人，還包括經歷若干世代、在很大程度上已經被同化的只有部分華人血統之泰國國民。至於本研究關注的許多泰國政治人物均宣稱具有華人血統，但根據學者定義，他們並不適合稱為華人，因為其文化與族群意識的主體仍是泰國，而非華人。這些人在過去的「泰化政策」下，華文程度甚淺，只讀泰文報，不讀華文報，稱為華裔都有點勉強。[7]

---

[5] Burusratanaphand, W. (1995). "Chinese Identity in Thailand," *Southeast Asian Journal of Social Science*, Vol.23, No.1, pp.43-56. ; Burusratanaphand, W. (2001). Chinese Identity in Thailand. In T. C. Kiong & C. K. Bun (Eds.), *Alternate Identities: The Chinese of Contemporary Thailand*. Singapore: Times Media, pp.67-83.

[6] Chantavanich, S. (1997). *From Siamese-Chinese to Chinese-Thai: Political Conditions & Identity Shifts among the Chinese in Thailand*. In L. Suryadinata (Ed.), Ethnic Chinese as Southeast Asians. Singapore: Institute of Southeast Asian Studies, pp.232-266.

[7] 同註3

表一、泰國華僑與華人人口變化[8]

年份	華僑人口（萬）	佔泰國人口比例（%）	50 歲以上華僑的比例（%）	華人人口[9]（萬）
1937	52.4	3.7	n.a.	n.a.
1947	47.6	2.7	21.1	n.a.
1960	40.9	1.6	n.a.	263
1970	31.1	0.9	61.1	344
1980	29.4	0.6	80.0	448
1988	25	0.5	86.0	n.a.
1990	n.a.	n.a.	n.a.	545
2000	n.a.	n.a.	n.a.	606
2010	n.a.	n.a.	n.a.	660

資料來源：江白潮，1991；康曉雨，2014: 52-56。

貳、泰國華人的發展歷史

有關於泰國華人的發展歷史，最早可以追溯至素可泰王朝時期(Sukhothai, 1238~1438)，大約為中國的南宋時期(1127~1279)，其後歷經大城王朝時期(Ayutthaya, 1351~1767)、吞武里王朝時期(Thonburi, 1767~1782)與卻克里王朝(Chakri, 1782~)。泰國華人的

---

[8] 有關於泰國華僑與華人人口數量的統計，各方說法差異頗大，請參閱 李恩涵，1997，頁 1-10；377-380。

[9] 依據施堅雅 (G. William Skinner)的分析，泰國華人人口約佔總人口數的 10%(Skinner, 1957b)。

發展歷史主要分為三階段來談，第一階段是從素可泰王朝一直到
20 世紀初(1910)；第二階段則從 20 世紀初到 1975 年中泰建交；
第三階段則從中泰建交至今。其中，1782 年鄭信大帝(Taksin)執政
時期以及 1918 到 1955 年泰國進入西化的進步時期，是華人移民
泰國的兩大高峰期。[10]

一、第一階段 (1238~1910)

　　其實早在素可泰王朝建立之前，中泰兩國人民就有小規模的
交流，而一直到大城王朝之後，由於中泰兩國的朝貢貿易關係，
來自中國的移民開始增加。而大城王朝對於華人採取寬容態度，
可以在泰國各地自由通商與住居。1767 年大城王朝受到緬甸入侵
而淪陷，此時有華人血統的鄭信帶領泰國人驅逐緬甸軍，統一泰
國，建立吞武里王朝，並任命許多華人擔任重要官職。同時鼓勵
華人移民泰國，重用來自潮州的商人。1781 年鄭信前往中國朝貢
返回泰國途中，被部下殺害後，另立卻克里王朝。卻克里王朝初
期，仍維持與中國的朝貢貿易。直至 1855 年鮑林條約(Bowring
Treaty)簽訂後，打開泰國自由貿易的大門，加上中國面臨鴉片戰
爭、太平天國之亂等，使得來自中國的移民大幅增加。1868 年拉
瑪五世朱拉隆功(1868~1910)即位，由於其採取許多現代化政策，
大力推行改革。在對於華人的態度方面，除延續過寬容的政策外，
也開始採取弱化華人的身分，希望能逐步引導華人效忠泰國。1855
年時泰國有超過 150 萬華人定居，其中光是曼谷就有 20 萬，這段

---

[10] 同註 5

時期因而被稱為「遷移的時代」(1855~1900)。[11]

二、第二階段 (1910~1975)

然 19 世紀末 20 世紀初，中國的民族主義開始影響泰國對於華人的態度。1909 年清朝制訂屬人主義為主的國籍法，確立海外華人歸屬大清帝國的態度，孫中山也來到泰國宣傳透過革命推翻滿清的重要，創辦華文學校與報刊。來自中國的民族主義，也導致拉瑪六世(1910~1925)的擔憂，改變以往對於華人寬容的態度[12]。其也在 1913 年公布強調屬地主義的泰國第一部國籍法，明訂「無論種族背景或父母身份，只要出生在泰國的都是泰國人；同時只要父母之一為泰國人，不論是在泰國國內或國外出生，也都是泰國人」，希望透過立法對華人進行同化。之後拉瑪七世(1925~1933)在位時對於來自中國的影響不得不採取隔離政策。1932 年廢除君主專制，改採君主立憲，受到當時經濟民族主義的影響，企圖排除華人在經濟領域上的影響力。同時也因為極端民族主義的影響，將國號由暹羅(Siam)改為泰國(Thailand)。[13]

在第二階段大致有三段時間，泰國的政策對華人較為不利，包括：1938~1944 披汶 (Phibul Songkhram) 第一次執政時；1948~1957 披汶第二次執政時；1958~1963 沙立(Sarit Dhanarajata)

---

[11] Sng, J., & Bisalputra, P. (2015). *A History of the Thai-Chinese*. Singapore: Didier Millet.

[12] 拉瑪六世曾出版兩本反對華人為主題的小冊子：1914 年「東方的猶太人」(The Jews of the Orient)，以及 1915 年「我們前進的障礙」(The Clogs on Our Wheels)(陳鴻瑜審訂，1998：247-248)。

[13] Tong, C. K. (2010). *Identity and Ethnic Relations in Southeast Asia: Racializing Chineseness*. New York: Springer.

執政時。[14] 1939 年披汶政府修改國籍法，並提高申請入籍的條件阻止更多華人移民泰國，包括：要服兵役或其他官方職務、財產限制、泰語能力限制。披汶要求歸化泰籍的華人必須接受兩個條件：(1) 歸化泰籍的華人必須放棄效忠中國；(2) 歸化泰籍的華人必須保證要做一個真正的泰國人[15]。同時為了進一步壓抑泰國華人的政治空間，更修改選舉法，嚴格限制華人的參政條件，規定選舉與被選舉人必須是法定的泰國國民，同時學過泰文並取得初三的證明，或服完兵役，或在政府部門任職。如果是歸化的話，則必須在泰國長期居留連續滿十年以上。[16]

　　披汶兩次執政中間，中泰關係一度好轉，1946 年泰國與當時的國民黨政府簽訂「中泰友好條約」，規定華人有設立學校、教育子女的自由，有出版和信仰的自由。泰國華文教育因此進入發展黃金時期，也是戰後華人同化比例最低的時期。此時期的華校一年級每週華文課時數為 10.5 小時；二年級為 11.5 小時；三、四年級則為 12.5 小時。此時期華文學校數目高達 400 多所，學生六萬多人。[17]但 1948 年披汶第二次掌權後，受到 1949 年中國建政的影響，泰國菁英懷疑泰國華人的忠誠度，決定採取更為全面控制

---

[14] Thomson, C. N. (1993). "Political Identity among Chinese in Thailand." *American Geographical Society*, Vol.83, No.4, pp. 397-409.

[15] 申請歸化的條件包括：(1)申請人必須年滿 20 歲；(2)申請人必須支持政府或對政府有所貢獻；(3)申請人必須申報財產，尤其是不動產；(4)申請人不能是工人；(5)申請人的配偶與子女必須一起歸化；(6)申請人必須將子女送進泰國學校受教育；(7)申請人必須具備泰文讀寫能力 (Chantavanich, 1997, p. 244)。

[16] 范錦榮，2011，《泰國華人政治參與研究》，暨南大學碩士學位論文。

[17] 陳曉宏，2013，《戰後中泰關係視域下的泰國華人認同研究》，廣西民族大學碩士學位論文。

的華人政策，[18]包括：將華僑居留費用從每年 20 泰銖增加到 400 泰銖，且將申請入籍的規費從原本的 500 泰銖，增加至 4,000 泰銖；修改國籍法，限制土生華人取得泰國國籍，規定「出生於泰國而其母親為泰籍者，得為泰籍」；修改兵役法，禁止土生華人服兵役；嚴格限制華人參與政治活動與擔任政府公職等。另外，披汶還關閉華文學校、華文報社、華人秘密社團，[19]以及沒收華人匯款。[20]

　　如此的情況一直到了 1955 年萬隆會議後才出現了些許變化。中國在會議中決定取消雙重國籍，讓中泰之間出現短暫緩和。泰國政府也修改部分法令釋出善意，包括：1956 年修改國籍法放寬華人入籍的條件與優待，規定「任何在泰國出生的人，自動取得泰籍，不論其父親是否為泰籍」，減少外僑居留費用，將連續居留泰國期間由原先的 10 年降為 5 年，同時修改選舉法放寬華人參政的限制，規定只要父親為泰籍華裔就具有選舉權與被選舉權。[21]

　　1958 年沙立將軍發動政變上台，採取親美的外交政策，導致中泰關係再度惡化。其後的他儂將軍(Thanom Kittikachorn)仍堅持

[18] Callahan, W. A. (2003). "Beyond Cosmopolitanism and Nationalism: Diasporic Chinese and Neo-Nationalism in China and Thailand," *International Organization*, Vol.57, No.3, pp. 481-517.

[19] 潘少紅，2007，〈二戰後初期泰國華人政治性社團簡析〉，《八桂僑刊》，2007 年第 2 期，頁 36-39。

[20] Chantavanich, S. (1997). "From Siamese-Chinese to Chinese-Thai: Political Conditions & Identity Shifts among the Chinese in Thailand," In L. Suryadinata (Ed.), *Ethnic Chinese as Southeast Asians*. Singapore: Institute of Southeast Asian Studies, pp.232-266.

[21] 潘少紅，2003，〈延續與提升：泰國華人社會地位的演變〉，《東南學術》，2003 年第 2 期，頁 103-111。

反共政策，嚴格限制華校的管理與運作，包括：禁止新的華校成立、禁止外國人介入華校的管理、教授中文的老師必須懂泰文、教科書必須在泰國印製等。華校的數目也因而從 1948 年的 276 所降至 1965 年的 168 所。除對於華語教育的嚴格管控之外，泰國政府並於 1969 年立法禁止泰籍華人在該年的選舉中參與競選與投票。[22]

三、第三階段 (1975 至今)

隨後於 1970 年代，國際情勢出現變化，加上泰國國內政治轉向半民主發展，以及泰國共產黨的威脅減弱等因素，中泰之間的關係趨於和緩，並反應在泰國政府對華人政策上。首先，1973 年政府決議放寬華人參政權，規定只要在泰國出生，父母均為華僑的華裔，即可享有與泰國人同等的政治權利，不再受到教育程度與服兵役等限制；其次，1975 年 7 月 1 日中泰建交後，根據中泰建交聯合公報指出，「中華人民共和國宣佈不承認雙重國籍，雙方政府認為任何中國及或中國血統的人在取得泰國籍後都自動失去中國國籍」，因此泰國政府進一步放寬華人的入籍條件，只要每個月收入在 100 美元以上、能說泰語、非政治犯即可申請入籍，而華人入籍後，即可享有公民權：選舉權與被選舉權；第三，泰國政府在 1973 年解除進口商品的禁令；第四，泰國教育部 1978 年發佈新的規定，對華校採取較為寬鬆的政策，允許華校增設至六年級；1992 年時泰國政府解除了對於華文教育的所有限制(然而政治上，華人真正享有與泰籍同等的政治權利，是依據 1983 年修

---

[22] 同註 21

訂的選舉法:「只要是合法的泰籍公民,包括歸化入泰籍的華僑,皆可享有與泰籍公民一般的公民權」。[23]

從泰國華人同化的政策歷程來看,泰國政府認為對泰國最有利的華人政策,不是排斥華人而是透過政策來同化華人,主要體現在兩方面:鼓勵華人入籍、給予入籍華人與泰籍同等的權利。整體說來,泰國華人同化是一個超過一世紀的歷程,[24]造成泰國華人同化程度之所以如此高的原因,包括:(1)泰國政府同化政策(自然同化或強迫同化)的引導[25];(2)泰國民眾對於華人身份的認同,隨著民主化的進程越來越高;(3)泰國華人的經濟實力也是影響其同化程度的重要因素;(4)兩國在宗教、種族、文化上的相似處,都有利於泰國華人同化[26];(5)移民與通婚:由於早先較少華人的女性移民,華人因而取泰國女子為妻,過去數十年來泰華通婚強化了泰國華人同化;(6)泰國國籍法與華文教育中較為不利的規定反而造成華人的同化,[27]以及(7)平等的政治機會。[28]而這也是

---

[23] 楊靜,2010,《從泰國政府政策看當地華人社會發展》,河北師範大學碩士學位論文。

[24] Chantavanich, S. (1997). "From Siamese-Chinese to Chinese-Thai: Political Conditions & Identity Shifts among the Chinese in Thailand," In L. Suryadinata (Ed.), *Ethnic Chinese as Southeast Asians*. Singapore: Institute of Southeast Asian Studies, pp.232-266.

[25] 1910 年(拉瑪五世時期)以前,泰國的華人政策側重在鼓勵華人自然同化;但1910 年之後泰國政府的政策則是強制華人同化 (許梅,2002)。

[26] 楊麗,2008,〈華人的政治認同及其影響因素分析:以泰國華人為例〉,《蘭州學刊》,2008 年第 11 期,頁 82-84;王虎,2007,〈東南亞華人的政治社會化:泰國和馬來西亞的對比分析〉,《八桂僑刊》,2007 年第 2 期,頁 29-35。

[27] Cushman, J. W. (1989). "The Chinese in Thailand," In L. Surtadinata (Ed.), The *Ethnic Chinese in the ASEAN States: Bibliographical Essays*. Singapore: Institute of Southeast Asian Studies; Thomson, C. N. (1993). "Political Identity among Chinese in Thailand," American Geographical Society, Vol. 83, No.4, pp. 397-409.

造成目前泰國華人族群出現華僑老齡化、華僑華人子孫泰化、華文危機嚴重化、落地生根普遍化等「四化」特徵的重要因素。[29]

參、泰國華人認同

　　根據蕭文軒、顧長永(2014)的研究指出，泰國華人族群關係的研究可以大致上分為：完全同化、雙重認同與多重認同等三方面。首先在完全認同部分，主要是由施堅雅所提出，其認為東南亞的華人對於中華文化有強烈的持續性，而在泰國菁英的態度、通婚與同化政策(缺乏正式的華文教育)的影響之下，加上具有遷徙的自由，泰國華人基本上已經完全同化至泰國社會之中。由於中泰兩國的文化有其相似性，因此更加快了同化的速度。[30]泰國華人很難到第四代，大多到第二代、第三代就已經完全被同化。事實上，施堅雅當時處理的議題包括：(1)從 13 世紀到 19 世紀中國移民的歷史、(2)1950 年代當時移民的模式、(3)華人職業選擇與泰國經濟發展下的演變、(4)華人同化與泰華族群的出現、(5)民族主義的出現與衝突、(6)泰國政府的華人政策。[31]基本上施堅

[28] 李恩涵，2003，《東南亞華人史》，臺北：五南。

[29] 江白潮，1991，〈對泰國華僑華人現狀的探討〉，《東南亞》，1991 年第 2 號。

[30] Skinner, G. W. (1957a). "Chinese Assimilation and Thai Politics." *The Journal of Asian Studies*, Vol.16, No.2, pp. 237-250.；Skinner, G. W. (1957b). *Chinese Society in Thailand: An Analytical History*. Cornell: Cornell University Press.

[31] Cushman, J. W. (1989). "The Chinese in Thailand," In L. Surtadinata (Ed.), *The Ethnic Chinese in the ASEAN States: Bibliographical Essays*. Singapore: Institute of Southeast Asian Studies.

雅認為，泰國華人社群最終會消失，因為被整合入泰國的文化與社會之中。[32]後來有部分的學者都延續並支持施堅雅的同化論，但由於施堅雅的研究有時間上的侷限性，也因此到了現代時陸續遭受到其他學者的質疑。

其次在雙重認同方面，主要是由學者 Coughlin (1960)所提出，其透過針對華人社會、經濟、教育、文化與習俗等進行研究分析，認為華人保持著對中國文化與泰國文化的雙重認同。泰國華人並非堅持自己華人的文化類型，而是在兩種文化的交流中找到中庸之道，既能保有自身華人文化，又能成功融入泰國文化。因此他們既是泰人也是華人，具有雙重身份。[33]但謝劍 (2006) 卻著文反對，認為「Coughlin 所謂的雙重認同是窒礙難行和令人困惑的，因為就政治層面說，東南亞華人不可能既認同居留國又認同中國」。

最後在多重認同方面，學者認為泰國華人的同化過程不能視為是必然、單向與線性發展的。[34]也因此從 1980 年代開始，陸續有學者質疑施堅雅所提出的同化論，傾向從多元文化的觀點來分析泰華社會。學者 Tejapira (2001) 就表示施堅雅的同化論有其存在的時代背景，其認為泰國華人留髮辮並非像施堅雅所稱是華人特性的一種象徵，事實上有許多留有髮辮的人並不認為是華人。

---

[32] Burusratanaphand, W. (2001). "Chinese Identity in Thailand," In T. C. Kiong & C. K. Bun (Eds.), *Alternate Identities: The Chinese of Contemporary Thailand*. Singapore: Times Media, pp.67-83.

[33] 黃素芳，2007，〈泰國華僑華人研究的歷史與現狀〉，《八桂僑刊》，2007年第3期，頁22-29；潘少紅，2003，〈延續與提升：泰國華人社會地位的演變〉，《東南學術》，2003年第2期，頁103-111。

[34] 同註1。

而且若按照施堅雅的說法，泰國華人的數量將會越來越少，經歷兩三代後就會完全消失，但是 Tejapira (2001)卻認為泰國華人不僅存在，而且數量還越來越多。然而兩位學者之所以有如此的爭論，最主要是因為彼此對於華人的定義不同所導致。

另外，Burusratanaphand (2001) 也認為施堅雅的華人文化或中國文化需要被清楚的界定，以及來自不同地方的華人有不同的生活經驗，恐怕不能將其視為一體。學者 Chan and Tong (1995)也認為在泰國的華人會因為其原鄉、世代、階級、宗教、語言、性別而有不同的華人認同，而第三、四代的泰國華人本質上已經是泰人了。

學者王賡武 (2013) 則提出所謂的多重認同的觀點，認為華人認同歸於兩大類共七種認同，包括「政治類認同」：中華民族國家認同、當地民族國家認同、華人社區認同、強調法律政治權利的種族認同；「文化類認同」：中華歷史認同、中華文化認同、文化族群認同。而學者莊國土則將華人認同分為政治 (國家) 認同與族群認同兩大類，至於其他的認同，包括文化、歷史、階級、法律、社區、種族等，其實都可以歸在這兩類認同之中。[35]

另外，唐志強(Tong Chee Kiong)與陳國賁(Chan Kwok Bun)兩位在所編著的書中，透過各個角度與層面去質疑施堅雅的同化論。他們認為，同化乃是一種雙向且充滿矛盾、複雜，且相互影響的動態過程，泰人與華人的文化彼此相互影響。華人在適應性變化中堅持傳統文化的基本特性，同時又是泰國人與泰國社會中

---

[35] 莊國土，2003，〈東南亞華人參政的特點和前景〉，《當代亞太》，2003 年第 9 期，頁 29-34。

不可分割的重要組成。[36]

肆、泰國華人參政

　　如上所述，泰國華人發展的歷程與執政者及當時的國內外政治情勢密切相關，泰國華人的政治權力也隨著政治情勢改變而不斷變化。1951 年時，規定華人的父親必須為泰籍，方可取得參政權；1957 年時，規定在泰國出生的華裔，同時享有選舉權與被選舉權；1973 年時，由於泰國開始轉向半民主道路發展，泰國出生的華裔不再受到服兵役的限制，享有與泰籍一樣的公民權利；1975 年後，只要具有泰國籍的華人，一律享有選舉權與被選舉權。因此，本研究在探討華人參政時，也將以 1973 年做為分析的重點轉折。

一、1973 年以前泰華參政

(一) 政商關係的間接參與

　　1973 年以前，華人資本在泰國經濟發展中佔有重要的一席之地，政府採取的經濟民族主義，控制經濟活動的行為反而強化了政商關係的聯盟。[37]雖然期間歷經披汶將軍執政對華人不友善政

---

[36] Tong, C. K., & Chan, K. B. (Eds.). (2001b). *Alternate Identities: The Chinese of Contemporary Thailand.* Singapore: Times Media.

[37] Pongsapich, A. (2001). "Chinese Settlers and their Role in Modern Thailand," In T. C. Kiong & C. K. Bun (Eds.), *Alternate Identities: The Chinese of Contemporary Thailand.* Singapore: Times Media, pp.85-106.

策，但也促使泰華合資的出現。其後隨著政治情勢的改變，政府放棄壟斷經濟政策，國內民間力量的興起，華人資本力量再度興起。根據統計，1972 年時，華人投資工業的資金約為 3 億美元，佔泰國工業投資總額的 90%。[38] 儘管泰國華人經濟具有影響力，但在政治領域上一直受到限制，泰國政府基本上不允許華人參與政治，尤其在 1973 年以前，華人只能透過其經濟影響力間接參與政治，努力經營政商關係。

泰國華人政商關係的模式大致有以下兩種：一為提供國營企業資金、管理技術與人才等；二為華人企業邀請政界或軍警界人士進入董事會，透過上述方式間接與非正式的參與政治，希望藉此增加其政治影響力。[39] 1972 年時，泰國 16 家商業銀行中有 12 家的董事會有軍政領導人參與其中。[40]

華人在行政部門的參政權受到限制，除了透過間接與非正式的政商關係之外，也開始透過其經濟影響力轉向立法部門，透過直接參選或間接支持的方式參與國會議員的選舉。從表二中可以看出，國會議員有企業的背景不斷增加，其中有為數不少具有華人身份。

---

[38] 陳曉宏，2013，《戰後中泰關係視域下的泰國華人認同研究》，廣西民族大學碩士學位論文。

[39] 潘少紅，2003，〈延續與提升：泰國華人社會地位的演變〉，《東南學術》，2003 年第 2 期，頁 103-111。

[40] 范錦榮，2011，《泰國華人政治參與研究》，暨南大學碩士學位論文。

表二、國會議員的企業背景 (1933-1986)

選舉時間	具企業背景的議員數	全體議員數	百分比
1933.11	15	78	19.2
1937.11	18	91	19.8
1978.11	20	91	22.0
1946.1	20	96	20.8
1946.8	9	82	11.0
1948.1	22	99	22.2
1949.6	7	21	33.3
1952.2	25	123	20.3
1957.2	42	160	26.3
1957.12	44	160	27.5
1969.2	100	219	45.7
1975.1	93	269	34.6
1976.4	82	279	29.4
1979.4	112	301	37.2
1983.4	124	324	38.3
1986.7	186	347	53.6
總　　計	919	2740	33.5

資料來源：Laothamatas, 1992; Unger, 1993.

　　泰國華人在這段期間之所以採用政商關係聯盟的方式間接參與政治，主要受限於幾個原因：(1) 泰國軍方統治的政治情勢限制了民眾參與政治的管道；(2) 1949 年中國建國之後，共產勢力

的崛起，泰國華人的處境受到威脅；(3) 國家從 1960 年代開始推動經濟發展，必須借重華人資本的協助來進行基礎建設等，因此政商關係中的經濟利益還是最優先的考慮；(4) 政商關係對於政治參與的正面意義有限。[41]

(二) 個人層次的直接參與

由於 1973 年以前華人參政的空間相當小，雖有華人透過政黨直接參與政治或是進入各級政府之中，但規模不大，主要屬於個人行為。而且必須強調的是，這些直接參與政治，參加或組織政黨的華人，其實並不會彰顯其華人特性，反而是以華裔泰籍的姿態參與政治；另外，由於泰國在 1973 年以前仍屬軍人統治的威權政體，因此部分華人參與政治的方式並非透過選舉，而是因為其軍人身份而從事政治職務。[42]

二、1973 年以後泰華參政

泰國從 1960 年代開始推動國家的經濟發展，泰華企業家在這當中扮演很重要的影響力。1980 年代末時，泰國百大財團中泰華企業家就佔了 37 家。[43]另一方面，前面提到 1973 年時泰國的制憲委員會通過決議，規定只要出生在泰國的華人皆可以與泰籍一樣享有完全的政治權力，包括選舉權與被選舉權，不受到先前教

---

[41] 潘少紅，2004，〈二戰後泰國華人參政歷程及原因分析〉，《東南亞縱橫》，2004 年第 3 期，頁 62-66。

[42] 同註 41。

[43] Tong, C. K. (2010). *Identity and Ethnic Relations in Southeast Asia: Racializing Chineseness*. New York: Springer.

育程度與服兵役的限制。1983 年泰國更修改選舉法，規定加入泰
籍的華僑，擁有與當地泰籍公民一般的政治權利。自此不利華人
參政的制度與法律因素皆已完全排除，華人參政也出現大規模的
成長。此時期的政治參與主要分為兩種形式：(1) 為政黨提供財
政支持、(2) 參加工商企業團體，成為壓力團體對政府施壓。[44] 華
人參政的經濟與法律條件至此皆完備。

　　從表三可以看出，自 1973 年以後，泰國的國會選舉，大部分
的政黨都由華人出任黨魁，例如在 1975 年第一大黨民主黨
(Democrat Party) 的乃川 (Chuan Leekpai，中文名呂基文)、1988
年泰國黨的班漢 (Banharn Silpa-archa，中文名馬德祥)、1996 年新
希望黨(New Aspiration Party) 的昭華立 (Chavalit Yongchaiyudh，
泰國華裔與寮國血統)、2001 年泰愛泰黨 (Thai Rak Thai Party) 的
塔信 (Thaksin Shinawatra，中文名邱達新)、2007 年人民力量黨
(People Power Party) 的薩瑪 (Samak Sundaravej，中文名李沙瑪)、
2011 年為泰黨 (Puea Thai Party) 的盈拉 (Yingluck Shinawatra，中
文名邱英樂)等。除此之外，尚有 2008 年擔任總理民主黨的艾比
希(Abhisit Vejjajiva，中文名袁馬克)等，皆是華人擔任泰國重要政
治領袖的例子。

表三、泰國主要政黨名單

年份	第一大黨	議席數	比例	華人黨魁
1975	民主黨	72	26.8%	乃川

---

[44] 潘少紅，2003，〈延續與提升：泰國華人社會地位的演變〉，《東南學術》，
　2003 年第 2 期，頁 103-111。

1976	民主黨	114	40.9%	乃川
1979	社會行動黨	82	27.2%	
1983	社會行動黨	92	28.3%	
1986	民主黨	100	28.8%	乃川
1988	泰國黨	87	24.4%	班漢
1992 (I)	正義團結黨	79	21.9%	
1992 (II)	民主黨	79	21.9%	乃川
1995	泰國黨	92	23.5%	班漢
1996	新希望黨	125	31.8%	昭華立
2001	泰愛泰黨	248	49.6%	塔信
2005	泰愛泰黨	377	75.4%	塔信
2007	人民力量黨	233	48.5%	薩瑪
2011	為泰黨	265	48.1%	盈拉

資料來源：陳尚懋，2001 與作者自行整理。

　　根據學者 Thomson (1996)的研究顯示，華人參選的比例在1979 年時為最高，達到 20%；而在 1988 年時最低，只有 11.2%。但是比較引人注意的是，華人當選議員的比例相當高，1992 年 3 月份的國會選舉時，華人當選的比例達到約 30%，顯示每三位國會議員中就有約一位是華人背景（參見表四）。另外，若以個別政黨來看的話，民主黨、泰國黨、社會行動黨是華人參選與當選比例較高的政黨。以分布的區域來看的話，華人參選與當選的區域主要集中在曼谷、中部地區的北碧府 (Kanchanaburi)、甘烹碧府 (Kamphaeng Phet)、碧武里府 (Phectchaburi)、猜也蓬府

(Chaiyaphum)，以及南部地區的甲米府 (Krabi)、董里府 (Trang)、沙敦府 (Satun)、陶公府 (Narathiwat)等。

2001 年大選結果，由塔信所率領的泰愛泰黨大勝，總計上下議院共 700 名議員中，有將近八成具有華人身份。而後所公布的 25 位內閣名單中，就有七成左右的華人閣員[45]；而民主黨黨魁所屬的民主黨在 2009 年所推出的內閣名單中，也有約六成以上為華人。近年來，許多候選人為了贏得華人選票，官員為了拉近與中國之間的關係，紛紛表示自己具有華人血統，例如前總理盈拉就曾表示自己具有四分之一的華人血統，塔信本人也曾於 2005 年 7 月 2 日回到其祖居地中國廣東省梅州市尋根，並公開表示自己是潮州人。[46]

1973 年之後，由於泰國政治情勢出現變化，加上國內經濟發展持續前進，華人參政大致可以呈現出幾點特色：(1) 部分華人政治家本身具有企業家背景，這點從 1973 年以前的政商關係聯盟就運作至今；(2) 華人開始積極透過各種管道來參與及影響政治，包括：直接透過選舉、資助政黨、組成企業組織影響政府決策等；(3) 泰國政治民主化進行提升了華人企業家參與政治的熱情。[47]

---

[45] 陳尚懋，2001，〈2001 年泰國大選的政經分析〉，《問題與研究》，第 40 卷第 5 期，頁 65-80。

[46] 顧長永、蕭文軒，2016，《邊緣化或是整合：泰國的少數族群政治》，高雄市：中山大學出版社；陳琮淵，2016，〈中泰互聯互通的經濟社會基礎：兼論華僑華人的角色〉，論文發表於第五屆泰中戰略研討會：泰中戰略夥伴－從今走向未來，曼谷：Thai-Chinese Strategic Research Center 主辦，8 月 17-19 日。

[47] 潘少紅，2004，〈二戰後泰國華人參政歷程及原因分析〉，《東南亞縱橫》，2004 年第 3 期，頁 62-66。

表四、泰國各政黨華人參選與當選議員的比例

	參選比例		當選比例	
	比重（%）	總數	比重（%）	總數
1979	20.2	678	18.2	301
1983	14.6	1,839	20.6	324
1986	14	3,722	26.8	347
1988	11.2	3,606	24.6	357
1992.3	n.a.	n.a.	29.1	360
1992.9	15	2,355	25.2	360
1995	n.a.	n.a.	24	391

資料來源：Thomson, 1996.

　　經由上述華人參政的歷程描述，可以歸結影響華人參政的的因素，大致上有：(1) 泰國政府的政策提升華人對於泰國的認同，也連帶提升華人的政治地位，例如：各政黨承認華人是潛在的政治力量、種族身份已經不是評斷候選人的標準；(2) 泰國從 1973 年以來的半民主與 1992 年以來的民主進程提供華人參政絕佳的制度環境；(3) 泰國華人的經濟影響力不斷上升，帶動華人參政的意願；(4) 泰國華人長期以來的同化，也有助於華人參政；(5) 華人社會自身的變化也是影響華人參政的因素，泰國華人在政治上認同泰國。[48]

---

[48] 范錦榮，2011，《泰國華人政治參與研究》，暨南大學碩士學位論文；潘少紅，2004，〈二戰後泰國華人參政歷程及原因分析〉，《東南亞縱橫》，2004 年

從上述分析可以發現,泰國華人參政的形式與管道大致上包括:(1) 泰國華人自組政黨,例如:盧金河 (Chamlong Srimuang) 自組道德力量黨 (Palang Dharma Party)、昭華立自組新希望黨、塔克辛自組泰愛泰黨等;(2) 華人參加既有政黨,例如:民主黨乃川與艾比希等、盈拉加入人民力量黨等;(3) 華人與其他族群共組政黨:大部分的政黨皆是由華人與泰人共同組成;(4) 華人參加體制外的政治組織:最明顯的例子就是媒體大亨林明達 (Sondhi Limthongkul) 與盧金河於 2005 年因不滿塔信執政,而組成體制外的「人民民主聯盟」 (People's Alliance for Democracy, PAD),加以對抗。

伍、結論

泰國華人參政議題與其他東南亞國家最大的不同點,在於泰國華人的同化程度最高,目前的第三代或第四代華人幾乎都是在泰國出生,父母也都是在泰國出生,使用泰語、與泰籍人士結為家庭、接受泰文教育,因此學者認為應稱呼第三代與第四代的泰國華人為華裔泰籍較為合理。而由於泰國華人與泰人的同化程度高,要區分兩者並不容易,要釐清泰國華人的參政模式與影響也有其困難度。

早期泰國華人的影響力主要集中在經濟層面,但隨著泰國 1960 年代之後開始推動經濟發展,商業界人士的影響力上升,並開始涉足政治與公共事務領域,初期可能是以政商關係的間接參

與影響為主，隨著 1973 年泰國邁向半民主化進程、1992 年進入民主化階段之後，泰國華人的逐漸擴大其在政治與公共事務領域的影響力。一部分透過投身行政部門公職服務；另一部分則透過參與政黨活動而投身選舉。演變至今，有為數眾多的泰國華人在泰國政壇上扮演重要的角色。基本上，泰國華人高度認同泰國，加上積極參與政治，根據學者的分析：「華裔作為泰人中的一份子，其參政議政已是非常自然和普遍的事情。根本而言，華人或華裔參政與泰人參政已無實質性的差別」。[49]泰國華人參政與其他東南亞國家最大的不同在於，泰國華人基本上是以華裔泰籍的身分參政。[50]另外，伴隨著中國大陸經濟實力的崛起，中泰關係日益友好，泰國華人參政時也會強調其華人血統，希望可以拉近與選民之間的距離，贏得選舉參加其政治影響力。

---

[49] 許梅，2002，〈泰國華人政治認同的轉變—動因分析〉，《東南亞研究》，2002 年第 6 期，頁 47-55。

[50] 莊國土，2003，〈東南亞華人參政的特點和前景〉，《當代亞太》，2003 年第 9 期，頁 29-34。

參考文獻

一、中文

王虎，2007，〈東南亞華人的政治社會化──泰國和馬來西亞的對比分析〉，《八桂僑刊》，2007 年第 2 期，頁 29-35。

王賡武，2013，《華人與中國：王賡武自選集》，上海：上海人民出版社。

江白潮，1991，〈對泰國華僑華人現狀的探討〉，《東南亞》，1991 年第 2 號。

莊國土，2003，〈東南亞華人參政的特點和前景〉，《當代亞太》，2003 年第 9 期，頁 29-34。

莊國土，2011，《華僑華人分佈狀況與發展趨勢》，北京：國務院僑務辦公室政策法規司。

范錦榮，2011，《泰國華人政治參與研究》，暨南大學碩士學位論文。

許梅，2002，〈泰國華人政治認同的轉變──動因分析〉，《東南亞研究》，2002 年第 6 期，頁 47-55。

李恩涵，2003，《東南亞華人史》，臺北：五南。

楊靜，2010，《從泰國政府政策看當地華人社會發展》，河北師範大學碩士學位論文。

楊麗，2008，〈華人的政治認同及其影響因素分析：以泰國華人為例〉，《蘭州學刊》，2008 年第 11 期，頁 82-84。

康曉麗，2014，《二戰後東南亞華人的海外移民》，廈門：廈門大

學出版社。

陳尚懋，2001，〈2001 年泰國大選的政經分析〉，《問題與研究》，
　　第 40 卷第 5 期，頁 65-80。

陳琮淵，2016，〈中泰互聯互通的經濟社會基礎：兼論華僑華人的
　　角色〉，論文發表於第五屆泰中戰略研討會：泰中戰略夥伴--
　　從今走向未來，曼谷：Thai-Chinese Strategic Research Center
　　主辦，8 月 17-19 日。

陳烈甫，1997，《東南亞洲的華僑華人與華裔》，臺北：正中書局。

陳鴻瑜審訂，1998，《華裔東南亞人》，南投埔里：國立暨南國際
　　大學東南亞研究中心。

陳曉宏，2013，《戰後中泰關係視域下的泰國華人認同研究》，廣
　　西民族大學碩士學位論文。

黃素芳，2007，〈泰國華僑華人研究的歷史與現狀〉，《八桂僑刊》，
　　2007 年第 3 期，頁 22-29。

潘少紅，2003，〈延續與提升：泰國華人社會地位的演變〉，《東南
　　學術》，2003 年第 2 期，頁 103-111。

潘少紅，2004，〈二戰後泰國華人參政歷程及原因分析〉，《東南亞
　　縱橫》，2004 年第 3 期，頁 62-66。

潘少紅，2007，〈二戰後初期泰國華人政治性社團簡析〉，《八桂僑
　　刊》，2007 年第 2 期，頁 36-39。

潘少紅，2008，《泰國華人社團史研究》，廈門大學博士學位論文。

譚國安，2014，〈泰國華人之公民地位與人權〉，見陳鴻瑜編，《海
　　外華人之公民地位與人權》，台北市：華僑協會總會。

顧長永、蕭文軒，2016，《邊緣化或是整合：泰國的少數族群政治》，
　　高雄市：中山大學出版社。

蕭文軒、顧長永，2014，〈當代泰國華人政治認同與角色變遷之研究〉，《逢甲人文社會學報》，第 28 期，頁 115-156。

二、西文

Burusratanaphand, W. (1995). Chinese Identity in Thailand. *Southeast Asian Journal of Social Science,* Vol.23, No.1, pp.43-56.

Burusratanaphand, W. (2001). Chinese Identity in Thailand. In T. C. Kiong & C. K. Bun (Eds.), *Alternate Identities: The Chinese of Contemporary Thailand* (pp. 67-83). Singapore: Times Media.

Callahan, W. A. (2003). "Beyond Cosmopolitanism and Nationalism: Diasporic Chinese and Neo-Nationalism in Chinaand Thailand." *International Organization,* Vol.57, No.3, pp.481-517.

Chan, K. B., & Tong, C. K. (1993). "Rethinking Assimilation and Ethnicity: The Chinese in Thailand. *The International Migration Review,* Vol.27, No.1, pp.140-168.

Chan, K. B., & Tong, C. K. (1995). Modelling Culture Contact and Chinese Ethnicity in Thailand. *Southeast Asian Journal of Social Science,* Vol.23, No.1, pp.1-12.

Chan, K. B., & Tong, C. K. (2001). Positionality and Alternation: Identity of the Chinese of Contemporary Thailand. In C. K. Tong & K. B. Chan (Eds.), *Alternate Identities: The Chinese of*

Contemporary Thailand (pp. 1-8). Singapore: Times Media.

Chantavanich, S. (1997). From Siamese-Chinese to Chinese-Thai: Political Conditions & Identity Shifts among the Chinese in Thailand. In L. Suryadinata (Ed.), *Ethnic Chinese as Southeast Asians* (pp. 232-266). Singapore: Institute of Southeast Asian Studies.

Coughlin, R. J. (1960). *Double Identity: The Chinese in Modern Thailand*. Hong Kong: Hong Kong University Press.

Cushman, J. W. (1989). The Chinese in Thailand. In L. Surtadinata (Ed.), *The Ethnic Chinese in the ASEAN States: Bibliographical Essays*. Singapore: Institute of Southeast Asian Studies.

Laothamatas, A. (1992). *Business Associations and the New Political Economy of Thailand*. Oxford: Westview Press.

Pongsapich, A. (2001). Chinese Settlers and their Role in Modern Thailand. In T. C. Kiong & C. K. Bun (Eds.), *Alternate Identities: The Chinese of Contemporary Thailand* (pp. 85-106). Singapore: Times Media.

Skinner, G. W. (1957a). Chinese Assimilation and Thai Politics. *The Journal of Asian Studies,* Vol.16, No.2, pp.237-250.

Skinner, G. W. (1957b). *Chinese Society in Thailand: An Analytical History*. Cornell: Cornell University Press.

Sng, J., & Bisalputra, P. (2015). *A History of the Thai-Chinese.* Singapore: Didier Millet.

Suryadinata, L. (1989). Introduction. In L. Suryadinata (Ed.), *The Ethnic Chinese in the ASEAN States: Bibliographical Essays.* Singapore: Institute of Southeast Asian Studies.

Tejapira, K. (2001). Pigtail: A PreHistory of Chinesness in Siam. In T. C. Kiong & C. K. Bun (Eds.), *Alternate Identities: The Chinese of Contemporary Thailand* (pp. 41-66). Singapore: Times Media.

Thomson, C. N. (1993). Political Identity among Chinese in Thailand. *American Geographical Society,* Vol.83, No.4, pp.397-409.

Thomson, C. N. (1996). Electoral Geography of the Sino-Thai in Thailand's National Elections, 1979–1995. *The Professional Geographer,* Vol.48, No.4, pp.392-404.

Tong, C. K. (2010). *Identity and Ethnic Relations in Southeast Asia: Racializing Chineseness.* New York: Springer.

Tong, C. K., & Chan, K. B. (2001a). Rethinking Assimilation and Ethnicity: The Chinese of Thailand. In C. K. Tong & K. B. Chan (Eds.), *Alternate Identities: The Chinese of Contemporary Thailand* (pp. 9-40). Singapore: Times Media.

Tong, C. K., & Chan, K. B. (Eds.). (2001b). *Alternate Identities: The Chinese of Contemporary Thailand.* Singapore: Times Media.

Unger, D. (1993). Government and Business in Thailand. *Journal of Northeast Studies, Vol. 12, No.*3, pp.66-88.

泰國華人企業的關係網絡運作

戴萬平

正修科技大學國際企業系教授

黃勇富

正修科技大學國際企業系講師

【摘要】

　　重視「關係」的論點反應在東南亞華人企業的經營文化。有學者認為：華人企業之所以在東南亞地區能夠建立龐大的企業帝國，歸功於建立關係的「筷子網路」。挑戰的觀點來自「亞洲教父」：華人企業建立「建立關係」的目的，是藉由「關係」獲取「政商利益」壟斷財富。

　　兩個理論解釋是一個對立關係。究竟何種解釋可以解釋泰國華人企業的「關係運作」？成為研究者感興趣的話題。

　　本文研究是根據作者過去五年連續參與泰國企業運作，得到實證研究成果。透過實證調查，本文提出不同「筷子網路」與「亞

洲教父」對於關係運作的解釋，提出「大亨經濟」的觀點。本文認為，在商業活動上，泰國還是屬於「市場經濟」在運作；「大亨經濟」是「重視關係」的文化背景結合「經濟策略」建構下的商業現象。

關鍵詞：關係、大亨經濟、筷子網路、亞洲教父、泰國華人企業

壹、前言

　　重視「關係」的論點更是反應在整個東南亞國家的華人企業中。[1] 有學者指出：華人企業之所以在東南亞地區能夠建立龐大的企業帝國，歸功於建立關係的「筷子網路」(Bamboo Network)文化。「筷子網路」概念主要來自 Murray L. Weidenbaum，用以解釋亞洲區域華人企業間聯繫與經濟互動。「筷子網路」命題假設是：華人企業藉由關係網絡創造財富，帶動區域經濟的成長。[2] 根據表一所示的 2014 年 FORBES 泰國 10 大富豪排行榜，在泰國前 10 大富豪中，就有 8 位是來自於華人家族企業。

表一、2014 年「富比士」(Forbes) 泰國 10 大富豪排行榜

家族	中文名稱	資產 (億美元)	年紀	從事行業
Chirathivat family	鄭氏家族 (Central Group)	127		零售，房地產
Dhanin Chearavanont & family	謝國民及其家族 (正大集團)	115	75	食物，零售，
Charoen Sirivadhanabhakdi	蘇旭明 (Chiang 啤酒)	113	70	軟飲料

---

[1] 在華人社會中，「關係」會變成具有價值意味的名詞。在英文翻譯中，意譯應該是「Relation」或者是「Connection」 有些學者更直譯為「GUAXI」「GUANSHI」，在筆者訪談中，華人企業比較偏好用「Network」形容關係網絡的經營。

[2] Murray L Weidenbaum, The Bamboo Network: How Expatriate Chinese Entrepreneurs are Creating a New Economic Superpower in Asia (Martin Kessler Books, Free Press, 1996), pp. 4-5.

Chalerm Yoovidhy	許書恩	99	63	飲料
Krit Ratanarak	李智正	51	68	傳媒，房地產
Vanich Chaiyawan	侯業順	39	82	保險，軟飲料
Santi Bhirombhakdi & family	(非華人)	28	67	能量飲料
Prasert Prasarttong-Osoth	(非華人)	23	81	醫院
Vichai Maleenont & family	徐漢光及其家族	17	94	媒體
Thaksin Shinawatra & family	丘達新 (Thaksin) 家族	17	64	投資

資料來源：「2014 年 FORBES 泰國 10 大富豪排行榜」，FORBES 中文網，見：
<http://.forbeschina.com/review/list/002184.shtml>，(檢索日期：2015 年
12 月 15 日)。

　　重視關係的華人商業文化，讓華人所擁有的上市公司資產，
在東南亞國家中的股市佔有率估計在 50-80%間。[3] 主要原因是在
來自整個東南亞地區的商業主導精英中，許多都是佔當地移民人
口最多的海外華人。與華人在該國的人口組合相比，菲律賓人口
中華人比例是 2%，印尼是 4%，泰國是 10%，馬來西亞是 29%，
而新加坡則是 77%。有研究者從另一個角度指出：1990 年代時，
華人控制了菲律賓 45%的主要企業；印尼 20 個最大的企業中有
18 個為華人所有；而泰國前 10 大企業中 9 個屬華人所有；馬來
西亞前 60 大企業中的 24 個也是華人企業。[4] 對於東南亞「華人

---

[3] S. Gordon Redding, *The Spirit of Chinese Capitalism* (Portland: Walter de Gruyter, 1993); Sterling Seagrave, *Lords of the Rim* (New York: Putnam's Sons, 1995).

[4] Joel Kotkin, *Tribes: How Race, Religion and Identity Determine Success in the New Global Economy* (New York: Random House, 1994).

資本」研究包括：Robison 與 Yoon 對於印尼；[5] Lim 對於馬來西亞；[6] Hewison、[7] Suehiro、[8] 與 Phipatseritham 對於泰國；[9] Yoshihara、[10] Bello et al.對於菲律賓的研究，[11] 解釋「建立關係網絡對於商業活動是重要的，特別是華人社群的網路」。[12]

---

[5]　Richard Robison, *Indonesia and the Rise of Capital* (London: Allen and Unwin, 1986); Yoon Hwan Shin, "Role of Elites in Creating Capitalist Hegemony in Post-Oil Indonesia." Paper presented at the symposium on The Role of the Indonesian Chinese in Shaping Modern Indonesian Life, Cornell University, July 13-15,1990.

[6]　Lim Mah Hui, *Ownership and Control of the One Hundred Largest Corporations in Malaysia*(Kuala Lumpur: Oxford University Press, 1981), and Lim Mah Hui, "Contradictions in the Development of Malay Capital: State, Accumulation and Legitimation," *Journal of Contemporary Asia*, No. 15, Vol. 1, 1985, pp.37-63.

[7]　Kevin Hewison, *Bankers and Bureaucrats: Capital and the Role of the State in Thailand* (New Haven, Conn: Yale University Southeast Asia Studies,1989).

[8]　Suehiro Akira, *Capital Accumulation and Industrial Development in Thailand* (Bangkok: Social Research Institute. 1985).

[9]　Phippatseritham Krirkhiat, *A Study of Big Business Ownership in Thailand* (Bangkok: Thai Kadi Institute, Thammasat University. 1982).

[10]　Yoshihara Kunio, *Philippine Industrialization: Foreign and Domestic Capital* (New York: Oxford University Press, 1985).

[11]　Bello Walden and Stephanie Rosesenfeld, *Dragons in Distress: Asia's Miracle Economies in Crisis* (San Francisco: Institute for Food and Development Policy, 1990).

[12]　陳琮淵，〈東南亞華人經濟發展論析：經濟社會學理論的參照〉，淡江史學，第 26 期，2014 年，頁 245-265。但是這類著作中，有學者指出：東南亞華人經濟表現佔優勢，並不只是因為族群文化的不同，同時也與歷史上的殖民政策、移民經驗和市場條件等結構因素有密不可分的關係。龔宜君，〈東南亞華人的經濟成就與其跨國企業網絡初探〉，臺北：中研院東南亞區域研究計劃東南亞研究論文系列第六號，1997。D. M. Shapiro, E. Gedajlovic and C. Erdener, "The Chinese Family Firm as a Multinational Enterprise," *The International Journal of Organizational Analysis*, No.11, Vol. 2 (2003), pp.105-122. 泰國商界與學界，能夠講流利中文的菁英不在少數。訪問泰國的年輕學子，他們普遍認為學習中文，建立「華人人脈關係」，對於日後生涯發展相當有幫助。

　　「筷子網絡」對於關係解釋的挑戰來自周博(Joe Studwell)所著的「亞洲教父：透視香港與東南亞的金權遊戲」(Asian Godfather：Money and Power in Hong Kong and South-East Asia)一書。[13] 周博批評：東南亞華人企業建立「建立關係」，是企圖藉由「關係」獲取「政商利益」。他認為這是一種種「教父經濟」。「亞洲教父」討論東南亞大型企業結論是：「關係網絡建立的目的不是「筷子網路」而是在「建立結構壟斷財富」。[14] 究竟何種解釋可以解釋泰國華人企業的「關係運作」？成為研究者感興趣的話題。

貳、理論與背景：由筷子網路到教父經濟[15]

　　就歷史發展而言，泰國華人企業對泰國的影響，是依照下列的發展模式進行：

　　①資本融合 1920 世紀初方言群聚集的商業活動，如泰國的米業。

　　②文化融合：1940 年代泰化運動迫使華人企業選擇同化建立文化聯結。

　　③經濟融合：1960 年代華人經濟在地化並與政府結盟。

　　④政治融合：1980 年代開始參與政治活動。

---

[13] 劉盈君譯，周博（Joe Studwell）原著，《亞洲教父：透視香港與東南亞的金權遊戲》（臺北：天下雜誌，2010）。

[14] 該書認為：這些地區經濟成長，多數得自於以製造業為主的小型創業家，當地廉價勞力外租給高效率外國進出口商的政策所得。

[15] 同樣的「教父」的名詞，在華人社會中也會有價值判斷的意涵，但本文持中立態度。

　　⑤社會（華人世界）融合：1990 年代加入大中華圈與在地連結。[16]

　　「融合」就必須仰賴不同型式「關係」的建立。「關係建立」讓泰國華人不僅只是傳統「筷子網絡」的一員，而是建立擁有足以影響東南亞經濟結構的行動者。

　　可是對研究「亞洲教父」學者而言，「關係」指的是：「用以協助生意發展的聯繫，也暗指賄絡支出和收受，達成複雜的交易。」[17]「亞洲教父」理論認為，或許第一代的東南亞華人工人階級移民，必須仰賴其他使用相同方言的團體而存活，或許算是「筷子網絡」；但是在東南亞長期的中央集權統治，加上以階級為基礎的社會結構，透過「關係」與掌權者建立的交易通常容易實現，「關係建立」成為成功商業模式選擇。[18]

　　其實早在 1950 年，美國學者施堅雅(William Skinner)對泰國華人企業進行大規模的研究。他發現多數華人企業的語言能力、風俗習慣與教育，其實都不如外界描述的「中國化」。[19] Skinner

---

[16] 相關的歷史細節討論見：戴萬平，〈亞洲教父還是筷子網路？華人企業集團與泰國政治經濟〉，發表自：「2016 台灣台灣泰國文化暨語言協會泰國研究論壇」，台南：成功大學，2016 年 3 月。

[17] 劉盈君譯，前揭書，頁 142。

[18] 劉盈君譯，前揭書，頁 146。

[19] 另一項反駁「文化途徑」的論點在於，對於第一代移民，必須仰賴相同的方言團體（如：潮州話）建立「關係」，但到國際化時代的當代教父，彼此之間是競爭關係，爭取各自的政治庇護，而非「筷子網路」所言的合作幫助。劉盈君譯，前揭書，頁 148。編者註：為整本專書一致性，本文的華人接受與上一篇陳尚懋教授的「廣義泰國華人」一致：「本研究所使用「泰國華人」一詞，主要是採廣義的定義，除了包括上述的泰國華僑、狹義的泰國華人外，以及已經加入泰國國籍的第一代或第二代華人，還包括經歷若干世代、在很大程度上

提出「周圍領導」(Leadership from the Periphery)的概念，華人領
袖是透過「財富」和「影響力」來領導社區；富有、有影響力的
華人企業往往表現不像華人，只是他們在不同的語言的文化中適
應得很好，保留一定的「中國化」，維持社群領導人的地位。

　　阿涅‧勞塔(Anek Laothamatas)所撰寫 Business and Politics in
Thailand :New Patterns of Influence 亦是研究 80 年代華人企業與政
商關係的重要著作。[20] 在 Anek Laothamatas 的文章中，把泰國的
政商（特別是華人）的參與分為：1.透過選舉直接參與國會；與
2.透過商會，特別是公私部門聯合顧問委員(Joint Public-Private
Consultative Committees , JPPCCs)進行遊說。[21]

　　於泰國政治經濟發展來說，華人企業建立政商關係，存在於
兩個層次：不僅存在泰國華人對於政治經濟的影響，同時也存在
地方政治上。在地方層次，歷年來泰國選舉勝負決定性關鍵在於
鄉村地區選票之上，而鄉村地區選票又大多為「教父」（Chao Pho
（中部稱呼），Naai Hua （南方稱呼），Por Liang（北方稱呼））所
操縱。[22]「教父文化」的興起，是源自農村地方權貴和從事非法
貿易的華人後裔演變而來。[23] 這樣的關係讓政黨對於人民來說並
不具有意義，教父與人民的互動關係密切，因此政黨在地方上的
動員必須仰賴教父的人脈資源，始能在選舉中握有優勢；教父對

已經被同化的只有部分華人血統之泰國國民。」
[20] Anek Laothamatas, "Business and Politics in Thailand: New Patterns of Influence",
　　Asian Survey, Vol. 28, No. 4 (Apr., 1988), pp. 451-470.
[21] Anek Laothamatas, op.cit., 1988, p. 452.
[22] 陳敏正，《當代泰國「教父」政治的變遷》，南投：國立暨南國際大學東南
　　亞研究所碩士論文，2004 年，頁 27。
[23] 張靜尹，《塔信政權與泰國政治變遷》，前揭書，頁 72。

地方政治的操縱，使泰國政治普遍呈現貪汙腐敗亂象。教父在經濟發展的過程中，獲取相當龐大之經濟利益，經濟實力的茁壯，使其能夠將這些經濟資源轉化為政治實力。[24]

　　若將「教父」的概念放在國家經濟發展的層次，特徵是：1.教父是家族企業的擁有者；2.在當地市場擁有寡佔壟斷的地位；3.多數的時間集中花在維繫關係；4.共同投資，建立關係，尋找有影響力的合夥人拓展政商勢力。這樣的理論概念認為華人企業在經濟發展的過程中，獲取相當龐大之經濟利益，讓華人企業經濟實力的茁壯，使其能夠將這些經濟資源轉化為政治實力，因此泰國經濟發展有益於教父之發展；[25] 隨著民主化進程的發展，政商集團進入權力結構核心圈層，臣那越集團(Shin Corp)主席塔信(Thaksin Shinawatra)出任外交部長即為一例。90年代泰國經濟的榮景被認為是「以資產交易取代生產力」，這是導致1997年金融體系瓦解泰國經濟的重要原因。[26]

　　亞洲金融風暴後，所有企業都受到金融危機打擊。[27] 1997年新憲法實行，本讓外界認為經濟風暴會摧毀原有的教父結構，讓泰國的政治經濟邁向新階段。危機發生淘汰或削弱1990年代不具競爭力的教父，這是因為外來援助帶來相當程度的法規改變。去

---

[24] James Ansil Ramsay, "The Limits of Land Reform in Thailand," *The Journal of Developing Areas,* Vol. 16, No. 2 (Jan. 1982), pp. 173-196.

[25] 方虹鈞，《泰國教父政治之研究》，高雄：國立中山大學中山學術研究所碩士論文，2006，頁1。

[26] Anek Laothamatas, *Business Associations and the New Political Economy of Thailand: From Bureaucratic Polity to Liberal Corporatism* (Boulder, San Francisco and Oxford: Westview Press and Singapore: ISEAS, 1992), p. 14.

[27] 當金融危機發生，當時「正大集團」出脫一些非核心業務，像是蓮花超市等。

管制化引進外來投資，競爭力的增加會對原有政經體質造成衝擊。

實際上，主張「亞洲教父」的學者發現：經濟危機並未改變東南亞的政治經濟結構。[28] 書中繼續以 Thaksin 起落為個案舉例：金融危機爆發前，Thaksin 身兼臣那越集團主席與「道德力量黨」(Palang Dharma Party)的領袖，並擔任兩任副總理。當泰銖釘住匯率制被打破時，Thaksin 的電信事業是唯一受到外匯債務高度保護而未貶值的。金融風暴後，Thaksin 離開「道德力量黨」，創立「泰愛泰黨」(Thai Rak Thai)，是教父勢力的最大延伸。Thaksin 政策附和中下階層、特別是農民的需求，獲得地方教父的人脈資源。[29] Thaksin 雖然成功挽救泰國的經濟，甚至將更多的商人帶進政府，透過國家權力來厚實自己的企業；此舉造成其他教父反目，最終導至 2006 年的政變。[30] 這個案顯示：金融風暴後泰國政治的格局還是由教父所主導。

回到企業層面，「筷子網路」還是「亞洲教父」兩種論點都特別指出華人企業重視「關係」，但「筷子網路」與「亞洲教父」存在是相反的假設：華人企業藉由關係網絡創造財富帶動經濟成長？華人企業藉由關係網絡建立政經結構壟斷財富？華人企業重視的關係究竟如何實際運作？

---

[28] 劉盈君譯，前揭書，頁 222。

[29] 陳尚懋，〈塔克辛執政前後的政商關係〉，《問題與研究》，第 47 卷第 2 期，2008 年，頁 151-179。

[30] Pasuk Phongpaichit and Chris Baker, "Reviving Democracy at Thailand's 2011 Election," *Asian Survey*, Vol.53, No.4 (July/August 2013), pp. 608-609.

參、實證觀察與訪談

　　以下篇幅，是根據筆者自 2012 年至 2017 年間在泰國，就「企業關係網絡運作」議題於各企業，進行訪談與觀察獲得的實證調查所撰寫出的結果。

一、 關係網絡的組織與制度化運作

　　筆者過去在泰國企業擔任訪問學人，接觸集團內部各部門。令人印象深刻的是，華人集團非常重視「關係」。最明顯的例子，在集團內除一般企業業務部門外，公司特別還有「企業網絡」(Business Networking)的專責單位。企業網絡部門，由一位資深副總裁擔任部門主管，底下包括：「大中華事務組」，「日本、韓國與東協事務組」，「歐美事務組」，等不同「次部門」，這些次部門最主要的工作就是與所轄的國家建立聯繫管道。「大中華組」為例，負責中國（又分華北、華中、華南（台灣與香港））網絡建立。這些聯繫不是建立在商業往來，舉凡教育、文化交流、乃至於官方聯繫，包括：大使館（臺北經濟文化辦事處）、商會（中華民國對外貿易發展協會）、供應商與合作廠商、各級學校等：也參與相關活動，例如中國大使館的聯歡晚會。

　　在實際運作觀察：這些聯繫非目具有的性，不是行銷與業務、不是「公共關係」、不是「企業社會責任」(Corporate Social Responsibility，CSR)、不涉及到商業活動，工作內容只是「聯繫、分享與介紹訊息」。

　　幾位領導認為：

「人脈與網絡連結可以創造市場，企業網絡就像圍棋佈局」；（作者訪談，受訪者A，泰國曼谷，2017年01月15日）

「操作關係就像下圍棋，現在不是要吃掉你，但是會告訴你有一顆棋子擺在那邊作為制衡；一顆棋，擺在那邊，看似不重要，但是當下第二顆、第三顆的時候，這塊地盤就拿下」[31]（作者訪談，受訪者A，泰國曼谷，2017年01月15日）

雖然集團屬於華人企業，負責「大中華」網絡部門的人員最多，但是集團同樣重視與日本的關係，例如集團所屬的培訓單位，除「商務漢語系」外，也設有「商務日語系」，並與日本大使館同樣保持密切關係。走訪該集團的食品工廠，幾乎都是與日本廠商合作（例如明治乳業）。而台灣的強項則是在農業技術的指導，也有高階主管來自台灣。而泰國組主要負責與泰國國內供應商的關係，經理人表示：

「因為業務部門是談生意，講求利潤是扮演黑臉的角色，而企業網絡部門則是白臉；平衡關係比較好做生意」。（作者訪談，受訪者B，泰國曼谷，2017年01月16日）

因不涉及營利，如何衡量「企業網絡」部門的「關鍵績效指標」(KPI)？訪談該部門人員，主要是仿照業務部門將「客戶關係等級」分為：A、B、C三級，A級每三個月、B級每半年、C級

---

[31] 在「正大集團」，所有的員工都必須接受一天的圍棋課程訓練，高層領導人認為這樣的訓練有利於企業經營。

每一年的負責人員負責接觸一次。而官方單位，如大使館、外貿協會屬於官方單位，則是一率列為是「Ａ級客戶」。

　　筆者參與華人企業農曆「新年前的拜年」以及後面的「聯歡活動」，網絡部門經理人表示：

「這是維繫大中華關係的重要時刻」（作者訪談，受訪者Ｂ，泰國曼谷，2017 年 01 月 15 日）[32]

　　在集團組織有不同的子、孫公司，彼此平行競爭。但是在發展關係運作上，「企業網絡部門」是一個超營運系統的整合單位，由各分組成員依職權負責關係網路維繫。雖然成員還是有職務階層高低，但是不同的網絡圈所負責的工作，並不是由「科層組織」向上彙報，而是統一由「企業網絡」副總裁做最後決定；副總裁也就是整個集團網絡運作的最關鍵人物。

　　聽取數次有關集團的簡報，內容都會強調發展網絡關係對於集團的重要性。而網絡這樣互動關係是一種非正式方式進行。以筆者服務單位與集團的合作關係，在合作之初根本沒有簽訂任何「瞭解備忘錄」(MOU)，單純因為「信任」就讓幾次合作計畫推動。這就解釋：「關係一旦建立，就容易繼續合作不被輕易取代」。因為網絡關係是建立在「信任」的基礎上，由「認識」到「信任」，則需要一個長時間的磨合過程；需要得到核心的「認可」。

　　一位泰國台商說：

「與華人企業打交道，迎送往來對方一定禮數周到；但是真正要談到合作，

---

[32] 「中國大使館」和「台灣代表處」在關係網路中會被有智慧性的劃分。

需要很長的磨合過程，中間會有很多的測試」（作者訪談，受訪者C，曼谷，2016年08月20日）

　　泰國文化中有相當多的「儀式」、「飯局」、「晚宴」，這些都是集團「建立關係」的測試場合；領導人也會每年適度走訪，維持與開發新關係。「儀式」與「飯局」是最基本的，但是這也不意味「飯局」後就一定有合作的可能，這只是「信任」測試的一關。

　　就一般認知，這樣的飯局應該是「杯觥交錯」、主事者冗長發言。「中國大使館」「台灣代表處」在關係網路中會被有智慧性的劃分。[33] 但是參與運作發現：負責企業網絡的領導人物其實不喝酒、不公開發言，僅是在一場一場的會面與餐敘中，透過交談瞭解欲建立關係對象的背景，作為日後交往的基礎。

　　對外界來說，跟集團接觸進入關係網，成為「A級客戶」是重要的。要如何通過「信任」測試，成為關係網的一員？筆者觀察：泰國文化是重感情的民族，關係後面還是以「感情」做基礎，特別是「關鍵時刻出現」，或找到集團「有興趣的議題」，過於「商業利益」太明顯的會被拒於門外。當關係與感情建立，就不容易被取代。可以觀察是否成為關係網的內圍，包括：「不限於公務，也包含家庭的交往」、「是否能見到關係網路的領導人物」、「重要儀式場合是否受邀出席」、「接待層級與見面次數」…等。

---

[33] 筆者參與過數個商業與政府場合，特別在外府地區，爽快地喝酒乾杯是融入當地的重要武器。

二、 「正大集團」的個案

　　「正大集團」(Chai Tai Chung Shop)於 1921 年起家，原本是從事種籽的貿易生意，1954 年在現任董事長謝國民(Dhanin Chearavanont)先生的主導下，跨界從事飼料事業，成立「卜蜂公司」(Chareon Pokphand)，也就是今日泰國 CP 集團的由來。1970 年開始，因為當時泰國的養雞業的成本都高於美國，於是與美國的 Arbor Acres 合資，開使涉入養雞事業，並進行農業的水準整合，包括建立產業配送的供應鏈，成為日後進軍流通業的基礎。80 年代開始，「正大集團」開始進行水平分工，開始將事業橫跨到其他的行業，像是「流通業」(711、Makro、LOTUS supercenter)、「房地產業」(CP Land)、「電信業」(TelecomAsia)成為一個完成的「企業集團」(Conglomerate)。[34]

　　當外界詢問「正大集團」成功的原因，董事長謝國民先生曾說：

　　　「經營生意最重要是機會...透過發展網絡找到機會，後面的資金與技術就不成問題」；[35]

　　　「建構關係、使用關係，可以獲得市場讓步」[36]

---

[34] 遠東經濟評論（Far Eastern Economic Review）記者訪問正大集團高層。Phiraboon Phaiboontham, CP Group's Diversification: History, Strategies and Development Model (Bangkok: Charoen Pokphand, 1996); Jonathan Friedland, "Seeds of Empire," *Far Eastern Economic Review*, 20 April 1989, pp. 46-47.

[35] Pavida Pananond, "The Making of Thai Multinationals. A Comparative Study of the Growth and Internationalization Process of Thailand's Charoen Pokphand and Siam Cement Group," *Journal of Asian Business*, Vol. 17, No. 3, 2001, p. 61.

　　就管理角度而言，「關係網絡其實就是獲得資源轉換成企業利益」。就像 Granovetter 所提出的「社會鑲嵌理論」(Social Embeddedness)：「所有的經濟行為者都鑲嵌在他們所存在的社會關係之中，而且被他們在所處網路地位所影響；所有廠商都必須根據他的地位與關係提出應夥伴與聯盟關係，這就是「企業關係網路能力」」。[37] 各種有學者認為，像泰國這樣「市場不健全的第三世界國家」，所具備的只是「一般的管理技能」(generic skill)，他們是透過「關係網路能力的影響而強大」。[38]

　　從在地企業文化的觀點，一位主管說：

「企業就像大家庭，我們潮州人說「自己人」(潮州發音)，「有關係好辦事」」(作者訪談，受訪者 A，泰國曼谷，2017 年 01 月 15 日)

　　要如何理解「關係網絡」實際的商業作用？在筆者訪談的過程中發現 7-11 是一個很好的例子。在很多發展中國家，「流通業開放與否」是相當敏感的，例如馬來西亞，馬來西亞政府認為如果開放「便利商店」、或是「大賣場」進入馬國市場，將危及鄉村馬來人從事「零售」生意的經濟生存。在泰國，7-11 基本上並沒有得到太多的社區抗拒，這也是「關係運作」下的結果。經訪談與觀察，可以發現到幾個現象：

「泰國 7-11 門面不像台灣一樣乾淨，這是因為泰國 7-11 允許攤販在門口擺

---

[36]　Paul Handley, opcit., p.167.

[37]　Mark Granovetter, "Economic Action and Social Structure: The Problem of Embeddedness", American Journal of Sociology, Vol. 91, No. 3 (1985), pp. 481-510.

[38]　Pavida Panaond, op.cit., p. 45.

攤，要與攤販和睦相處，維持關係，不會把攤販趕盡殺絕…」(作者訪談，受訪者 A，泰國曼谷，2017 年 01 月 15 日)

「泰國 7-11 的政策是連門口的流浪狗都不趕走，泰國人認為你這家店如何對待動物，就會如何對待顧客，這也是一種「關係管理」」；(作者訪談，受訪者 A，泰國曼谷，2017 年 01 月 15 日)

「泰國 7-11 與傳統商家不會有衝突。第一，7-11 價格比他們高；第二，兩者有品項有差異，711 主力是銷售集團產品，而且食品類約 70%，雜貨量少。維持與社區的和諧，是 7-11 重要的經營原則」；(作者訪談，受訪者 D，泰國曼谷，2017 年 01 月 25 日)

「泰國有些美食街為何那麼便宜？這是因為賣場的建設過程中，跟他們簽訂契約，讓原有附近的攤販能夠轉為到賣場繼續擺攤，這是在提供機會；有這樣的關係經營，自然會得到週邊居民的認同」；(作者訪談，受訪者 C，曼谷，2016 年 08 月 20 日)

「集團的員工像是「家庭關係」彼此互相照顧，至今最重要的人力資源政策就是：「不裁員」。集團不僅重視「對外關係」的經營，也重視「對內關係」」(作者訪談，受訪者 A)

因為市場規模夠大，藉由「企業網絡」獲得市場支撐，使「流通業」、也就是 CPALL 公司（流通業部門，包括經營泰國 7-11）成為集團獲利來源，這也是為何燒錢的「企業網絡」部門會設在 CPALL 的主要原因。

華人網絡讓這些發展中國家的華人企業能夠早先國際化。

Pavida Pananond 比較後進國家企業國際化的取向：先進國家是以「技術帶領」的方式國際化，華人企業則是透過「華人網絡延伸」達到國際化的基礎；「網絡建立策略就是由國內到國外」。[39]「正大集團」就是複製在泰國「關係網絡」的成功經驗，不斷複製到國際市場：印尼（1972 年）、香港（1974 年）、新加坡（1976 年）、台灣（1977 年）、中國（1979 年），[40] 成為國際性的公司。[41]

　　因為華人企業網絡，「正大集團」的國際化在中國的著力最深。1979 年當深圳成為第一個中國對外開放投資的城市，在當外商仍在觀望，「正大集團」就大手筆投入 1,500 萬美元，開啟中國的養殖事業。1989 年「六四天安門事件」，中國前景極為混沌的時刻，外資幾乎撤光，「正大集團」親自登門拜訪鄧小平，並將投資規模進一步的擴大。在 1997 年金融危機發生前，「正大集團」是外國資本投資中國最大的單一公司，僅有一半的獲利來源是來自於泰國本地。中國在近年分別取代日美，成為泰國最大的貿易夥伴，華人企業則扮演泰中橋梁的關鍵性角色。「筷子網絡」編織擁有足以影響亞洲經濟結構的能動者。由於對「大中華市場的偏好」，「正大」在中國佈局型態是與與其他事業體委託專業經理人

---

[39] Pavida Pananond, op.cit., p. 46.

[40] 1970 年代亦響應中華民國國政府的號召，在風雨飄搖之際投資台灣，也就是日後的「蔔蜂集團」。同時，亦不忘兩邊押注，中國改革開放的深圳特區一成立，「正大集團」便成為「深圳股票交易所第一號」的中外合資企業。

[41] 在這些海外投資中，香港扮演資本市場資金調度的角色。目前海外投資包括有：俄羅斯的海鮮養殖、土耳其經營的養雞場、巴西家禽肉品市場等，未來集團更擴大對俄羅斯及印度為首的新興市場投資，這蘊藏龐大商機，因此將維持長期投資與經營。陳穎芃，〈泰國首富橫遭逆風〉，《中國時報》，2015 年 11 月 29 日。

不同，而是由家族成員直接領導。

　　這樣藉由網路經營的企業國際化方式，不是「正大集團」所獨有，「暹羅水泥」(SCG，Siam Cement Group)也同樣類似地藉由發展關係網絡而壯大其事業。[42]

　　值得一提，這些華人企業認為：「中國很重要，但不死守中國」。「正大集團」最先開始國際化網絡，其實是在印尼。同樣的，在1985年「廣場協議」日本在開始在泰國著力後，「正大集團」也與日本進行密切合作，共同投資生產「固力果」(Glico)、「明治鮮乳」(Meiji)等產品。事實上，「正大集團」在全世界超過10多個國家都有投資或分支機構，而不限於大中華經濟圈。

肆、「大亨經濟」：華人企業關係網絡的政治經濟

　　在泰國企業重視「關係」的前提下，「筷子網路」主張華人企業藉由關係網絡創造財富，進而帶動整個區域經濟的成長；周博指出「亞洲教父」的關係概念特徵是：「家族企業」、「市場寡佔」、「維繫關係」、「共同投資」，「尋找有影響力的合夥人拓展政商勢力」。本文根據將上述兩者修正，根據實地訪談，提出「大亨經濟」的概念闡釋華人企業關係關係運作，「大亨經濟」的特徵是：「地盤劃定的範圍經濟」、「市場自然壟斷」、「一條龍的垂直整合」、「規則與政策制定」，這些因素影響泰國商業運作，以下分述之。

---

[42] Pavida Pananond, and Carl P. Zeithaml , "The International Expansion Process of MNEs from Developing Countries: A Model and Empirical Evidence Asia Pacific," *Journal of Management*, Vol.15, 1996, pp. 163-184.

一、 關係網絡與地盤劃定

在過去的文獻中，可以發現華人社團是維繫早期華人社會存在的主要支柱。20世紀以前，華人社團的糾合以地緣紐帶因素最為重要。各類社團都有強烈的地緣色彩，宗教紐帶和秘密幫會是催生早期華人社團的重要因素。同方言的社群通常意味著來自共同家鄉，華人商業群體與「方言群與行業別」是有很大的關聯。[43]

在泰國的訪談中，可以得知：潮州人掌管批發、零售、餐館、貿易、鋼鐵與稻米，代表就是「正大集團」；海南人掌管賓館、咖啡店與百貨行，像是「中央百貨」；福建人管農業與果園；廣東人開金店；廣西人多半從事旅遊業。[44] 在方言群底下，包括「大象釀酒集團」(Saha Union)蘇旭明(Charoen Sirivadhanabhakdi)，以及「皇象水泥集團」(Siam Cement)，「中央百貨集團」(Central Group)的鄭式家族(Chirathivat family)第三代鄭昌(Tos Chirathivat)等都是當代泰國重量級企業家，這些華人企業集團的行業地盤包括：金融業、工程建築、農產品加工、百貨業、釀酒業、鋼鐵業、紡織、證券、通信、酒店等行業。[45]

套用圍棋術語，這些方言群發展商業網路，其實就是隱含「占地盤」的觀念。泰國商業群體不僅有行業別的差異，在運作上更有過去「幫會」的傳統，擁有各自的地盤以及「潛規則」。觀察泰國華人企業，即使是高階人士，對於上司的稱呼，不管男女，比

---

[43] 莊國土，〈論早期東亞華人社團形成的主要紐帶〉，《南洋問題研究》，第3期，2010年，頁46-52。

[44] 李亦園，《文化與行為》(臺北：臺灣商務印書館，1992)，頁146-146。

[45] 鄭國強，〈泰國的企業家政治〉，《東南亞》，第4期，2001年，頁8-9。

較不會用「主管」這樣的名詞，而是稱具有江湖味道的「老大」（中文發音），這也是一種方言群幫會的傳承。有全國性的老大；地方上也有各地方老大，各級公會理事長多半就由「老大」出面擔任，甚至在「中華商會」中都還有「糾紛調解組」，由德高望重的的老大負責調解商業地盤糾紛。

地盤也就是「範圍經濟」(economies of scope)的概念。這樣的現象不僅表現在華人企業，包括在泰國日常的商業活動。在地方上，「家族地盤」現象也是相當明顯，「地盤」基本上就是家庭網絡的反射。筆者曾訪問在東北地區非華人零售業家族，在一個縣城，幾乎全家族都在做零售生意、開了五家店面，外人很難打入。[46] 曼谷街頭摩托車也是重要的「地盤經濟」，由各方山頭盤據，直到近日政府才出面規範。甚至，令人匪夷所思的曼谷捷運系統，有三家不同公司經營，且票面無法互通，後面代表的是各組織的利益（地盤）而無法整合，國家沒有介入調解。[47] 筆者訪問一位經理人，他表示：

「你看這條地鐵蓋好，但是沒有通車，就是因為後面的利益沒談攏，就先擺著；…這就是泰國，一點都不奇怪」(作者訪談，受訪者B，曼谷，2017 年01 月20 日)

商業地盤雖然有一定的「潛規則」，但是地盤是可以網絡關係

---

[46] 筆者訪問其他東南亞國家，也有發現類似的情況：行業被族群壟斷，例如印度裔緬甸人就壟斷輪胎市場。

[47] 這種情況也出現在菲律賓，馬尼拉機場的營運都發包給三個不同公司BOT，分屬三個不同「地盤」而無法整合。2017 年3 月，曼谷大眾捷運近期才開始要整合票價。

分享；筆者訪問一位重量級的經理人，他表示：

「經營企業像是在下圍棋，佔地盤的目的是佈陣圍堵建立網絡，而不是廝殺與競爭」(作者訪談，受訪者E，曼谷，2017 年 01 月 25 日)

以擁有近一萬家分店的泰國 7-11 為例，這一萬家中，就有分「直營、加盟與授權」三種，其中：清邁（北部）、烏汶（東北）、普吉（南部）、亞拉（南部），授權給這四地的「地方老大」經營，「強龍不壓地頭蛇」進而「共享地盤」。

除了市場的地盤性，其實對內的組織也是以「地盤式」的方式管理，一位經理人說：

「公司把一塊劃分，就是讓負全責；在這塊地盤，老大說了算」(作者訪談，受訪者B，曼谷，2017 年 01 月 20 日)

當然也有一些是華人企業不會想碰的行業，包括有失敗經驗的行業，像是石油、加油站(CP Petro Asia)、石化，或是公營的 PTT (PTT Public Company Limited)、TOT (TOT Public Company Limited)、CAT (CAT Telecom Public Company Limited)，以及煙酒屬於「皇家財產管理局」(CPB，Crown Property Bureau)專屬政府與國王的「地盤」，華人企業不會去挑戰。訪問過 7-11 的經理人，詢問為何泰國 7-11 不提供「宅急便」服務？他回答：

「如果泰國 7-11 經營「宅急便」，就會搶到泰國郵政局(EMS)的業務，7-11 在全泰國也一萬多家店，公務單位怎能跟我們競爭？正大集團的原則是不會與政府競爭」(作者訪談，受訪者B，曼谷，2017 年 01 月 20 日)

「不搶地盤」是共識。[48]破壞行規與搶其他的地盤，下場會如何？

「我爸爸做鋼鐵的，工作的模式就是早上在辦公室，中午固定到一個地方與其他老闆一起吃飯開會，幾位老闆「決定一些事情」就各自打電話報價，中盤價就這樣決定」(作者訪談，受訪者 F，曼谷，2016 年 07 月 15 日)

如果有人不遵守大家的決定，破壞規矩？

「可能就被打死！」(作者訪談，受訪者 D，曼谷，2016 年 7 月 15 日) [49]

破壞「江湖道義」被「集體清理門戶」，不就是 Thaksin 下臺的寫照？

二、　關係網絡與市場壟斷[50]

因為「大亨經濟」佔據不同地盤，泰國很多產業都被「自然壟斷」(Natural Monopoly)。Baumol、Panzar 和 Willig 描述：如果在某行業中某單一企業生產所有各種產品的成本(如「正大集團」的農業從生產到出口)，小於若干企業個別生產的成本之和，則該行業的成本就是劣可加的，形成「自然壟斷」，簡單來說就是：因

---

[48] Paul Handly 認為避免與其他華人企業競爭，是泰國華人企業的共同特色。
Paul Handly, op.cit., p.165.
[49] 筆者訪問泰國鋼鐵地區中盤商的家族。
[50] W. Winichagoon, "CP Empire: Monopoly? (in Thai)," Corporate Thailand,
May1996, pp. 37-53. 訪談過程中，「正大集團」內部也曾討論壟斷的問題，但是認為這是一種市場規模的作用結果。

為夠大，別的廠商根本進不來。[51]

在泰國，「大亨經濟」特別對資源財：「橡膠」、「紙業」、「鋼鐵」，與民生消費：「農產品」、「食品」、「流通」、「物流」感興趣，這些產業被「自然壟斷」的情況也特別明顯。[52] 走訪泰國企業與台商都一致認同：打入泰國市場最難的部分，是「行業都被壟斷，很難打的進去」。舉例而言，國內著名食品大廠佈局東協，其他國家都是由一位總經理兼管行銷與製造；但是泰國，生產與行銷的總經理是分開的，經過訪談，一位台商表示：

「泰國的通路都是被壟斷，需要個別經營通路」的策略選擇結果(作者訪談，受訪者 G，曼谷，2017 年 2 月 1 日)。

在泰國，幾乎所有的通路都被大集團掌控，像是「正大集團」就擁有「泰國 7-11」、「萬客隆」、「True」（電信）等通路；「尚泰」集團就有「Central」通路；PTT 則擁有「加油站」通路。

這樣的「壟斷」是一種透過「地盤劃定」的非正式網絡決定市場，目的不是在摧毀競爭者，而是限制競爭者與市場控制權，也就是產業經濟學裡所說的「可維持性」(Sustainability)，[53] 這樣的作用甚至高過公部門。

---

[51] William J. Baumol, C. John Panzar, and Robert D.Willig, *Contestable Markets and the Theory of Industry Structure* (New York: Harcourt Brace Jovanovich, 1982).

[52] Cheung, Gordon C. K.; Gomez, Edmund Terence, "Hong Kong's Diaspora, Networks, and Family Business in the United Kingdom: A History of the Chinese "Food Chain" and the Case of W. Wing Yip Group," *The China Review*, Vol. 12, No. 1, 2012, p. 48.

[53] Paul Handley, op.cit., p. 164.「可維持性」（Sustainability）是自然壟斷企業如何防止潛在的競爭者滲入市場分享利潤，保持壟斷地位的問題。

筆者訪談台商企業發現：

「泰國鋼價就是「四大鋼廠」開會決定，決定後交給政府定案，政府只能照辦」(作者訪談，受訪者G，曼谷，2017 年 2 月 1 日)

「招標案已經通過，也都打點好，但是省政府一直不敢批，因為「地方公會」有意見，省政府就必需要再協商、討論」(作者訪談，受訪者H，曼谷，2017年 2 月 1 日)

因為對於非資源財、非民生行業較不感興趣，加上集中資源、行業壟斷的結果，是造成東南亞科技產業不發達的原因。引述「亞洲教父」研究發現：「過去 20 年泰國整體經濟發展製造業的生產所得成長，遠比主要由大亨們所主導掌控的產業業成長來的顯著許多」。[54]荷蘭經濟歷史學家 James Ingram 對於泰國經濟的描述認為：雖然泰國經濟有許多轉變，但是平均所得相較於勞工和新科技的方法並沒有太大的提升，資金運用上也沒有多大的轉變…。[55]

為何這些東南亞華人企業多半不願涉入「高科技產業」？訪問一名印尼華人企業家，他表示：

「華人掌控很多天然資源，一出手就是 30-40%的獲利，怎會跟你去玩你們台灣科技業 3-4% 毛利的事情，這年 8 月 15 日)樣太累；你們台灣那一套工廠管理方式，對於資源豐富的東南亞國家不受用」(作者訪談，受訪者I，雅加達，

---

[54] 劉盈君譯，前揭書，頁 99，頁 111。

[55] James Ingram, *Economic Change in Thailand, 1850-1970* (CA.: Stanford University Press, 1971).

2015)

　　這樣觀點就解釋了為何有些台灣高科技製造業廠商，即使號稱要「前進東協市場」，但卻難以尋找當地華人企業願意配合。這與台商在中國的經營經驗有顯著的不同，也是這些外資要進入泰國的民生市場必須要在通路上與之合作的原因，不然沒有門路、或可能墊高不少成本。[56]

　　「壟斷」概念也反映影響泰國創新企業。在行銷教父科特勒提及著名的 Amazon 咖啡，原本是獨立的公司，開設在「泰國國家石油公司」(PTT，PTT Public Company Limited)開設加油站，以物美價廉著稱。但是因為過於成功，最終被 PTT 強迫併購；對PTT 而言，這麼好賺不如納入的自己體系，避免利益被人分享。此外，PTT 在與泰國 7-11 簽訂的合約中，也列入禁止販售「研磨咖啡」，就是想壟斷泰國加油站的咖啡市場，也是「不搶地盤」文化下的運作結果。

　　或許網際網路的電子商務是突破「通路壟斷」的唯一路徑。但是泰國重要的頻道商：True 屬於「正大集團」，AIS 屬於「Thaksin家族」，「電子通路」還是掌握在華人企業手中。

　　汽車產業是「壟斷」的例外。在過去對於泰國汽車產業的研究，泰國汽車非由本土資本是外資主導。[57] 是因為產業開始之初，地方資本尚難跟外資抗衡，也缺乏科技能力與興趣所致。從

---

[56] 以台灣著名的「豪大炸雞排」為例，該公司在泰國百貨銷售屬於高單價商品，但是獲利有限，主要原因是銷售的抽成近 50%。

[57] Tai, Wan-Ping and Hong, Po-Chi, "The Internationalization of Thailand's Automotive Industry: A Political Economic Analysis of the Late Developing State," *Thammasat Review*, No.15, Vol. 2, 2012, pp.11-39.

這個角度，可以解釋：「中小企業較不發達」、「發展文創產業」的現象。[58] 韓國發展文創，主因是亞洲金融風暴後避免所有的經濟資源集中在大財團手中。在泰國有類似的經驗。大學畢業生若無法進入大集團工作，在中小企業就業機會不足的情況下，另一選擇就是透過泰人天生的美學品味，發展文創產業。主流通路被壟斷，讓泰國隨處可見「市集式」、「火車夜市」等「擺攤文創」現象。

三、　關係網絡與一條龍

除「地盤劃定」、「壟斷通路」外，在商業經營上，大亨經濟另一個思考是發展是「垂直整合」(Vertical Integration)，就是俗稱的「一條龍」；「正大集團」就是以農業開端的一條龍企業。商業週刊就曾經報導，「泰國正大做的這麼好、這麼大，都是台灣人的技術...發展東南亞的市場，量體要夠大，將產能一條龍建立起來；跨國加上大中華市場，一條龍的生產，就是泰國華人企業的特徵。」[59]

觀察泰國 7-11 與台灣的差異，可以發現兩者最大的不同是：台灣的 7-11 主要銷售是「周邊服務」，泰國則銷售「商品」，兩者是不同理念。在台灣，因為市場有限，無法建立更大的經濟規模，所以台灣便利商店必須要榨出更多的服務換取更大利潤，也就是在管理學界「隱形二樓」的概念，企圖把一家便利店的營收在最

---

[58] 陳尚懋，〈泰國文化創意產業的政治經濟分析〉，《亞太研究論壇》，第 54 期，2011，頁 1-28。

[59] 《商業週刊》，1505 期，2016 年 9 月，頁 42。

小的空間極大化。泰國的 7-11 是以農牧與食品起家，在「一條龍」的理念下，是貫通「生產到銷售」，建立通路如：7-11、萬客隆、Lotus Supermarket，主要目的就是銷售自家產品：食品與電信，找到自己的通路。相較於台灣，泰國 7-11 的自家或是集團產品的比例遠高於台灣，銷售產品變成「正大集團」建立流通業者主要的任務。[60] 所以非集團核心業務：Ibon、宅急便...等「服務」性質的業務，除少數的加盟店，在泰國的 7-11 幾乎看不到；根據訪談泰國經理人：

> 泰國 7-11 販售自有公司的產品幾乎佔全部的 40%(作者訪談，受訪者
> B，曼谷，2017 年 01 月 20 日)。

　　不瞭解「一條龍」的經營通路，常令許多台灣廠商吃虧。筆者曾經與泰國企業高層聽取台灣廠商提案合作簡報，台灣廠商提出「智慧型工廠」的高科技管理模式令人激賞。但是除技術層面，相關的法規申請、向政府節能補助的配套程式台灣公司無法提供，被集團高層認為「這樣不合泰國做生意的口味」而無法促成合作。另一家簡報公司提供智慧型的「雲端代管」服務，在台灣這樣「分工」的商業運作應是習以為常，集團高層認為「會被別人掐住脖子，要就自己管」，而予以婉拒。[61]
　　「一條龍」與「地盤」的概念解釋「正大集團」很少與其他泰國華人企業合作的，一方面是同樣等級的企業彼此各有地盤；

---

[60] 筆者曾參觀過「正大集團」所屬企業，有關食品製造從原料（碾米、養雞）到產品（麵包烘培、冷凍食品），幾乎都是自有工廠生產。
[61] 集團表示：廠商應提供的「買斷」的服務。

二是避免這樣的合作關係被別人掐住脖子，受制於他人。[62]

　　近來討論的「高鐵建設」更是將「一條龍」概念發揮到極致。在有關泰國高鐵的外界討論中，雖然有日本「曼谷清邁」、中國「曼谷廊開」路線的討論，這些都是國家戰略，但實際的經濟效益有限。「正大集團」目前規劃環暹羅灣的「羅勇線」是最具經濟價值。這條路線沿著海岸線走，途中經過 Chonburi（汽車城）、Lachabang（深水港）、Pattay（旅遊城）與最終站羅勇（日資工業城）。這段路線不但具有經濟效應，途中也幾乎沒有航空線可以競爭；透過鐵路運輸的物流與人流，補足公路塞車的不便，加快集團產品的運輸效應，也是在「一條龍」理念下的思考結果。

　　最後，「一條龍」的理念藉由關係網絡而壯大，不僅反映在通路建立，也反映在人力資源都是自己培訓。在「自己員工自己培養」的理念下，「正大集團」建立的「正大職業學院」、「正大實驗高中」、「正大管理學院」，裡面所設立的科系基本上就是滿足集團內龐大人力需求所需，例如「流通管理」就是學院內最多學生就讀的科系，而學生也必須至集團相關的對應單位進行企業實習。[63] 所有集團相關的業務，都有相對應的科系；如目前規劃的「運輸管理學院」，就是配合「泰國 4.0」計畫，因應未來高鐵完成後所需周邊管理人力而設立，成為「教育（人力資源）供給的一條龍」。

---

[62] Paul Handley, "De-mythologizing Charoen Pokphand: an Interpretive Picture of the CP Group's growth and diversification," in *Chinese business in Southeast Asia; Ethnic business, Chinese capitalism in Southeast Asia* (Routledge, London; 2003), p. 173.

[63]「正大管理學院」以 Networking University 自居。筆者聽過多次相關科系的簡報，都在強調每個科系與其他企業的 Networking。短短數年，「借網絡而壯大」，從 2007 年 3,000 名學生的大學，至 2017 年已經超過 13,000 人。

四、　關係網絡與政商關係

「亞洲教父」的觀點，在政治上，重視「關係網絡」的企業就是以「政商關係」(Government-Business Relation)影響政策，成為規則的制定者。但是有學者研究，關係網絡的影響力是屬於「使用市場規模影響公共政策滿足企業偏好」(Using size to influence public policy in its favour)。[64] 泰國華人企業是依靠關係網路相互提攜發展，這就使得泰國在產生華人企業的同時，也產生一些政治望族進入政治體系，兩者連動形成泰國講求「政商關係」的企業環境。

根據訪談，這些華人企業其實並不否認集團跟政治的關係、以及政策影響力。但是他們解釋：這是因為政策內容國家部門無法跟上，企業必須協助建立國家建立統一標準。例如，當 2004 年禽流感出現時，政府部門束手無策（或不作為？），迫使「正大集團」必須自行出面，制定衛生標準（室內飼養法）公諸於世。當時「CP 肉雞」成為安全的保證。

因為重視關係的層面包括「政商關係」，華人企業聘請很多退休政治人物擔任顧問，並與政黨與軍方的關係良好。[65] 而軍隊影響到泰國一些基礎工業，例如在 1990 年代的「電信業」；加上政治上的夥伴擔任通訊部長，這是很多外界解釋為何這些華人企業能夠取得不易取得的執照。這是華人集團走向電信業。[66]

---

[64] Paul Handley, op.cit., p. 164.

[65] 2014 年 11 月正大集團董事長謝國民女兒結婚，就是邀請泰國臨時總理、泰國軍方「軍事維安委員會」主席巴育上將做婚禮主婚人。

[66] Sakkarin Niyomsilpa, *The Political Economy of Telecommunications Reforms in Thailand* (New York: Routledge; 2000) .

在筆者訪問期間，也同樣看到正大集團董事長謝國民先生參加泰國總理所主持的「泰國4.0」論壇，表態支持泰國政府在「高鐵」、「長期照顧」、「機器人」等領域的發展政策。[67]「暹羅水泥」集團，雖沒與政治直接聯繫，但是也常透過「泰國商會」(Thai Chamber of Commence)、「泰國工業聯合會」(Federation of Thai Industries)來影響政府決策。

前述提及泰國華人企業的國際化是一種「國內關係網路複製製的國際化」，華人企業對外同樣重視「政商關係」。以「正大集團」在中國的經營為例，不僅集團領導人與中國國家領導人會面，在1990年代對中國的投資更常與不同類型官方單位合作，例如：「建設兵團」、「畜牧處」、「交通局」…等，關係企業M Thai更是長期與中國軍方有密切合作關係；[68] CP ALL與「正大管理學院」甚至有專門與中國相關單位聯繫的部門。[69]維持良好政商往來，被認為是「正大集團」能夠在中國市場佔有一席之地主要原因。

為拓展國際網絡，必須與他國政府建立良好的政商網絡，這些企業其實到合作國的在地化非常徹底，能說包括中文在內的投資國語言其實是基本條件。除中國與台灣外，為能獲取更多的「信任」與「關係網絡」。在過去，「正大集團」創辦人謝易初為與印

---

[67]　Pichaya Changsorn, "Industry 4.0' Thailand's path to prosperity, seminar hears," THE NATION, February 16, 2017, in <http://www.nationmultimedia.com/news/business/EconomyAndTourism/30306450>(Accessed on 2017/2/18)

[68]　Paul Handley, "De-mythologizing Charoen Pokphand: An interpretative picture of the CP Group's growth and diversification." In: *Ethnic Business. Chinese capitalism in Southeast Asia* (New York: Routledge Curzon, Abingdon/New York, 2003), p. 172.

[69]　在集團內，除專門與中國網絡聯繫的員工外，其他部門員工能說中文的比例也相當高，正大管理學院內甚至標示都是用三種語言的呈現，可見重視與中國關係的程度。

尼蘇哈托家族建立關係，不僅將第三個兒子謝中民送至印尼，更與印尼女子結婚，取得印尼國籍。不過在更強調「政商關係」的印尼，謝中民畢竟是外國人，在印尼境內有更好「關係」競爭者的「政治」排擠下，1990 年代後「正大集團」在印尼的投資趨緩，而把重心轉往中國，謝中民則到香港發展。[70]

伍、「大亨經濟」的政治經濟評價

一、　文化解釋「大亨經濟」的出現

　　以歷史為主軸進行分析，一直是東南亞經濟研究的重要基礎。從十六世紀開始，來自歐洲的殖民者陸續抵達東南亞，直到十九世紀開始擴張。由於殖民的國家並沒有派遣很多人到該地，於是設法透過當地已有的精英來進行統治，同時整合以殖民力量為主的三邊關係（殖民者、當地統治者和當地居民）。至此，歐洲人代表了至高無上的力量，使得當地的政經領袖除彼此建立聯繫之外，還必須與這些外來者保持「良好關係」，這樣保持「關係」的文化帶來深遠的影響。

　　泰國華人經營「政商關係」的出現是企業與政治逐漸融合的必然發展，華人企業家族與政治集團之間的聯姻關係由來已久。早在曼谷王朝初期，一些華人富商就開始與當權的王室進行聯姻，以保護華人企業的利益。這是雙方利益的一種結合，華商可以借此加入貴族的行列，並得到王室保護。王室則可以得到大批

---

[70] Paul Handley, op.cit., p. 160.

財富，以充盈國庫。在如今的泰國上層社會，企業與政治的聯姻極其普遍。

　　另一個角度，Danny Unger 曾以三種經濟部門（金融、紡織業、為重工業與運輸而建設的基礎設施）比較研究，運用社會資本途徑來解釋為何華人企業在經濟發展戰略中有效地享有優勢。他的結論是：「在地泰國人的社會資本傾向是比較低的；而重視關係取向的華人，社會資本則有較高水準的傾向」。這就印證了泰國華人關係網絡的發達，因此能在泰國經濟領域扮演關鍵性的角色。[71]

　　前述提及到「社會鑲嵌理論」(Social Embeddedness)：「所有的經濟行為者都鑲嵌所存在的社會關係之中、且被所處網路地位所影響」；流通學者從產業組織理論的觀點，認為一個國家的流通市場，像是泰國的 711，是長期以來受各種「社會力量」交互作用所形成的市場結構，短期內不易受改變。[72] 這個二個概念也可以解釋為何「筷子網路」受到泰國華人企業重視；「大亨經濟」如何影響泰國流通業的運作方式。泰國是「王國」，「泰文化」也是一個具有階級的社會，官員與大學生必須識別「制服」與「標誌」，以象徵組織與個人的階級地位。泰國階級社會重視「禮儀」與「儀式」，藉由「儀式」的程式顯現出階級差異。在階級的外表下，人與人的相處就無法那麼「直接」有很多的「潛規則」與「灰色地帶」。[73] 不明目張膽、私下的「關係運作」，找到有「門路」才能

---

[71] Danny Unger, *Building Social Capital in Thailand: Fibers, Finance, and Infrastructure* (New York: Cambridge University Press, 1998).

[72] 許英傑，《流通管理》（台北：前程文化，2011）。

[73] 在泰國，其實有很多的事業是非法，如色情行業，這些「灰色空間」就會出

「接近」難以接近的階級，變成泰國社會的常態；參與眾多的「儀式」，就變成「關係運作」中的重要場域。[74]

　　另一方面，「大亨經濟」受到華人文化，特別是「潮商文化」的影響。「潮商文化」是以「核心家族經營方式」，重視「倫理」與「信用」，「餓死不打工」。[75]泰國商業人士表示：

> 「潮州人團結、宗族觀念強、重家庭文化、團結、有相互認同的人際關係」。
> (作者訪談，受訪者 A，曼谷，2017 年 01 月 15 日)

　　因為是「自己人」，透過「社團」與「幫會」的網絡維護共同「地盤」，外人不易打入，就形成「壟斷」與「自己人」「一條龍」的生意模式；[76]「幫會」的「倫理」，讓「老大」「溝通」、「協調」各自的地盤，透過「主從」(clientism)關係去「利益共用」。

　　有學者認為，泰國的華人企業集團發展至今，其實類似韓國的「三星」、「大宇」等「財閥」(Chaebols)。但是從政治經濟學的角度，兩者是顯著不同。Biggs 與 Levy 提出，國家機關屬於「強國」(Strong State)或「弱國」(Weak State)決定工業化的成敗。他們認為，國家機關對於產業的干預，必定是在強勢的國家機關中才可能奏效。[77] 韓國財閥是由「國家主導支援」扶植而成；泰國國

現「關係取向」的運作空間，也是政府不想管的部分。

[74] 因為眾多的儀式，讓泰國企業在經營管理的效率上受到詬病。

[75] 李亦園，前揭文，頁 146。

[76] 潮州話中，「商者無域」就是形容一條龍做生意的方式。

[77] T. S. Biggs and B. D. Levy, "Strategic Interventions and the Political Economy of Industrial Policy in Development Countries," in D. H. Perkins and M. Roemer (eds.), *Reforming Economic System in Development Countries* (Cambridge: Harvard University Press, 1991); Akira Suehiro, "Determinants of Business Capability in

家機關的性質是屬於「弱國」(weak state)，缺乏具有管制能力的中央集權政府，被「官僚」與「利益團體」的利益包圍的結構滲透決定整個經濟環境。[78]泰國華人集團的壯大是透過「家族與企業網絡」而非「國家扶植」建構出來的。

二、 「大亨經濟」是否無往不利？

雖然「正大集團」在農業與流通業方面頗為成功，但因為太重視「對外關係」、「地盤主義」、「儀式主義」與「用人唯親」等，對內管理與技術發展一直是集團管理的大問題。導致這些華人集團投資並非無往不利，其實有很多失敗經驗。像是「正大集團」曾經投資石化業 (Ex: Vinylthai)、[79] 能源 (Ex: CP Petro Asia)，甚至高速公路 (Ex: Don Muang Tollway)，發展太多太龐雜的新事業，結果多半都是失敗的例子。[80]

因為重視關係、家庭的「自己人」與「用人唯親」文化，與「不裁員」政策，這類公司出現「重視對外關係，不重視內部技能」、「內舉賢不避親」、「管理階層的族群考量」而無法專業化、跨國生產模糊生產成本，無法精確地創造出效率，是華人企業經營必須面對的議題。[81]

Thailand" in Jomo K.S. and Brian C. Folk, Ethnic Business, *Chinese capitalism in Southeast Asia* (New York: Routledge, 2003), pp. 129-154.

[78] Somboon Siriprachai, *Industrialization with a Weak State: Thailand's Development in Historical Perspective* (Kyoto: Kyoto CSEAS Series on Asian Studies, 2012).

[79] Pavid Pananond, op.cit., p. 49.

[80] Paul Handley, op.cit., p. 173.

[81] 1990 年「正大集團」曾經邀請來自國立台灣大學商學院的教授進行組織再造，但並沒有真正成功。Paul Handley, op.cit., p. 176.

　　「地盤」的觀念，加上多元與複雜的子孫公司，很容易造成公司經理人之間的「地盤」「山頭主義」。以筆者觀察泰國某集團發現，與其他國家企業集團不同，各事業體分屬不同國家的「上市公司」，並沒有一個統一的「中央控股」；這樣的「山頭主義」導致重複投資與浪費。[82] 光是「物流公司」，集團內就有十六家，彼此並不互相支援、管理與規格也不相同，甚至打對台。近年領導階層有提出「SYNERGY」的概念，但是在既定的結構文化下，很難有所改變。

　　一位經理人說：

　　「自己打自己，總比別人來打好」(作者訪談，受訪者 A，曼谷，2017 年 01 月 15 日)

　　在政治上，金融風暴後 Thaksin 創造出的公共形象引起選民共鳴，讓各華人企業提供資金加以支援，創造出金融風暴後的榮景，Thaksin 成為教父的共主。可是當但取得權力後，他將所有的利益聚集讓自己成為最大受益者，卻不願繼續支持「正大集團」經營的電信公司 True，並在禽流感發生時沒有給予「正大集團」公部門的協助，讓集團必須自立自強。[83] 失去共主地位的支持，

---

[82] 光在 CP ALL 集團，底下就有：Counter Service Co., Ltd. CP Retailink Co., Ltd., CPRAM Co., Ltd. Thai Smart Card Co., Ltd. Gosoft (Thailand) Co., Ltd. MAM Heart Co., Ltd. Management Co., Ltd. Suksapiwat Company Limited. Panyatara Company Limited. All Training Company Limited. 7-Catalog, Book Smile, eXta Kudsan 等不同「孫」公司。

[83] 媒體大亨 Sondhi Limthongkun 本來也是支持 Thaksin，最後變成反對要角。

導致 Thaksin 下臺，是教父「政治投資」失敗的案例。[84]

三、 「大亨經濟」是一個負面的解釋？

有些觀點認為大亨經濟的概念不僅是經濟層面，同時大亨經濟也是一種「政商關係」的經營。

回顧泰國近代的政商關係發展，1957 年沙特將軍(Field Marshal Sarit Thanarat)發動政變，泰國政府逐漸放棄原有的「經濟民族主義」的同化政策。華人企業開始與人民黨、軍隊都結成新同盟，建立更深厚經濟基礎。1973 年，泰國軍人政府被群眾運動推翻，政治體系轉化為一個由國王、軍隊、技術官僚、資本家集團和商民組成的多極結構。從此，華人企業趨向獨立，成為政黨的主要贊助者。政黨同盟的產生使華人企業與當政者的「主從」變成「合夥」。[85]

在 80 年代開始，每次選舉都有越來越多華人企業進入國會。這種趨勢使得政治和經濟界線變得模糊，這種現象更被主導大型企業中持續同化的華裔泰商形象所強化。1990 年代以後，1940-50年代的民族化經濟已經被遺忘，部分擁有華人血統的商人所組成國會，也不再被視為族群問題，打造企業和政治力量完美結合的關係舞臺。[86] 在實務上，筆者訪問期間也常常可以看到泰國重要

---

[84] 當然，另一項導致 Thaksin 下臺的理由是他同樣得罪曼谷的中產階級將其經營電信公司賣給新加坡的淡馬錫控股（Temasek Holdings）。Thanong ，Khanthong , "Overdrive. Shin Corp sale involved a who's who of Thailand, Singapore," *The Nation*, 10 March 2006.

[85] Jhon L.S Girling, Thailand: Society and Politics (Ithaca, NY: Cornell University Press,1981).

[86] Gary G. Hamilton and Tony Waters, "Ethnicity and Capitalist Development: The

　　的民營企業、甚至大學，都聘有政治人物為「顧問」，凸顯背後政商背景，這也是不同團體經營社會網絡的重要一環。

　　Doner 與 Ramsay 認為泰國企業發展的過程中，華人企業與政治領導之間的「密切關係」相當重要。但是這樣「主從主義」的結合，並非是「產業沒有競爭力」或是「市場沒有效率」運作下的結果，他們形容這樣的關係是「確保市場結構」（地盤）不會被改變。[87] Doner 與 Ramsay 觀察到，這樣的結合，主要集中在農業、工業與商務部，同時為與外國資本結合，也與「投資局」有密切往來。這樣結合的「結構」所形成的「地盤」，弱化其他新生的私部門，讓集團「自然壟斷」(Natural Monopoly)更為穩固。[88]

　　除公務系統外，在產業政策上，像是電信產業，這些華人集團在「電信產業」的執照造取得過程其實也相當令人詬病，本文就不多加贅述。[89] 有學者提出：「在金融風暴之前，泰國政府突

Changing Role of the Chinese in Thailand," in Daniel Chirot and Anthony Reid (eds.), *Essential Outsiders: Chinese and Jews in the Modern Transformation of Southeast Asia and Central Europe* (Seattle: University of Washington Press, 1997), pp. 258-284.

[87]　Richard F.Doner and Ansil Ramsey, "Competitive Clientelism and Economic Governance: The Case of Thailand" in S. Maxfield and B.R. Schneider (eds), *Business and the State in Developing Countries* (Ithaca: Cornell University Press, 1992), pp. 237-276.

[88]　Richard F. Doner and Ansil Ramsey, op.cit., p. 250.
　　如果「自然壟斷」已形成，壟斷者便享有巨大的價格競爭力和優勢。由於餘量需求已被完全滿足或進入產業所需投資過鉅，沒有其他企業會願意或有能力進入這個無利可圖的市場。

[89]　Sakkarin Niyomsilpa, "Telecommunications, rents and the growth of a Liberalization coalition in Thailand" in Jomo K.S. and Brian C. Folk, *Ethnic Business, Chinese capitalism in Southeast Asia* (New York: Routledge, 2003), pp. 183-212.　陳尚懋，〈泰國電信改革的政治分析〉，《政治學報》，第 50 期 ，2010 年 12 月，頁

然允許原本存在於泰國地下社會的「鬥雞」合法化，其實是根據「正大集團」遊說政府的結果，因為開放「鬥雞」，有利於「正大集團」的養雞與飼料生意」。[90] 同篇論文中也提到：「泰國公務員分為十個等級，從 C1 到 C10，有沒有更高級的 C11？答案是「有」，C11 就是 CP（正大集團）」。這充滿諷刺的笑話顯見華人企業對泰國政治的影響力。[91]

因為「重視政商關係」，「亞洲教父」概念提倡者周博，對教父的評價充滿敵意。然而這代表這些華人企業經營「政商關係」就對泰國政治經濟完全是負面的影響嗎？

有學者認為，泰國企業重視關係網絡：強調政商之間的連結關係，目的是企業組織可以扮演「仲介」角色。企業組織透過兩種方式提升經濟表現：1.企業組織可以有效限制個別企業追求其個別利益；2.企業組織可以採行自我治理(self-governance)來減少政府的直接干預，因此企業經營政商關係可以促進經濟發展。[92]

制度學派的學者從「制度性的網絡」看待一國產業發展，認為企業網絡的存可以解決在所有權保護傘下的市場失靈，提供各自獨立的規則性連結。[93] 特別是在全球化時代，「生產社會系統」(Social System of Production)相當重要的：產業發展並非只是經濟

1-40。

[90] Paul Handley, op.cit., p. 155; The Nation, 18 May 1997.

[91] Paul Handley, op.cit., p. 155.

[92] 陳尚懋，〈塔克辛執政前後泰國的政商關係〉，《問題與研究》，第47卷，第2期，頁157，2008。

[93] Jeffery S. Arpan, Mary Bary and Tran Van Tho, "The Textile Complex in the Asia-Pacific Region: The Patterns and Textures of Competition and the Shape of Things to Come," *Research in International Business and Finance*, Vol. 4, 1984, pp.101-164.

活動，尚須社會條件配套，也就是社會分工對產業發展有其重要
性；[94] 企業追求個別利益反而有可能產生更有效率的商業體系。
[95] 舉例而言，Scott Christensen 在一篇討論華人企業對泰國經濟影
響的論文中提到「正大集團」發展玉米的收購體系，解決 1980
年代泰國鄉村地區地主與農民之間的衝突；「正大」契約種植，雖
然無法立即致富，但是保障農民有穩定收入，對泰國經濟與穩定
社會還是有助益的。[96] 另一學者 Leff 認為，泰國華人企業看似壟
斷當地經濟，但是創建出商業體系，反而彌補了市場經濟不建全
的缺憾。[97]

四、 「大亨經濟」的節制

「亞洲教父」一書指出：「教父透過「財富」和「影響力」來
領導，富有、有影響力的華人企業往往表現越不像華人，只是他
們在不同的語言的文化中適應得很好，最終必須保留一定的「中
國化」，以便維持在華人社區領導人的地位。」[98]

這樣論點在實際觀察並站不住腳，多數泰國華人企業還是「非
常華人」。「正大集團」內能夠講流利華文的高層幹部非常多，公
司假期的制定是非常尊崇華人習俗傳統：一般公務春節只放一

---

[94] Rogers Hollingsworth and Robert Boyer (eds.), *Contemporary Capitalism: The Embeddedness of Institutions* (New York: Cambridge University Press, 1997).

[95] Willian M. Dugger, "The Transaction Cost Analysis of Oliver E. Williamson: A New Synthesis?" *Journal of Economic Issues*, Vol .17, No. 1, 1983, pp. 95-114.

[96] Christensen Scoot "The State, Political and Economic Influence: A Study of Associations in Thailand," op.cit., 1991, p. 36.

[97] Leff, 1979, op.cit.

[98] 劉盈君譯，前揭書，頁 106-170。

天，正大多放一天；有些佛教或是其他的宗教節慶泰國公務員放假，正大集團則未必放假。在泰王治喪期間，其他的百貨公司低調處理，但是華人企業「尚泰集團」經營的「中央百貨公司」還是照常慶祝華人新年。

　　具有政經影響力的教父也並非沒有在「筷子網路」上節制，至少都還尊重遊戲規則的底線，在泰國就是：「敬愛王室」與「道德規範」。泰王過世，其他公司守喪百日，「正大集團」則規定守喪為一年；泰國政府推出「賣酒時間限制」，限制賣酒只能在特定時間。對 7-11 來說是重大的商業損失，但是「正大集團」並沒有像這樣的道德規範提出政策挑戰。相對的，當 Thaksin 屢次提出「對王室的看法」，就是踰越底線下場就是被推翻。

　　就此看來，華人企業經營「大亨經濟」的「經濟動機是大於政治」。筆者觀察到這些「關係網絡」操盤手，共同的特質都是「低調且不上檯面」。2014 年泰國軍事政變後，就曾經謠傳政變領導人 Prayuth Chanocha 將軍邀請「正大集團」經理人擔任臨時經濟部長，但是是被婉拒。有 Thaksin 的前車之鑑，「有政治關係、具影響力而不上檯面」，是目前泰國華人經營「關係網絡」的最高指導原則。

　　「經濟學人」每二年都會進行有「政商關係」意涵的「裙帶資本主義」的調查」(crony capitalism)。調查方法是：列出「必須與政府合作才能開始的行業」(「高度競租產業」)，[99] 然後根據

---

[99] 這些行業包括有：1.賭場；2.煤礦、棕櫚油、木柴；3.國防 4.存款銀行以及投資銀行；5.基礎建設以及管線； 6.油、電、化學品以及其他能源；7.港口、機場；8.不動產及建築業；9.鋼鐵、其他金屬、礦業及大宗物資；10.公用事業及電信業。

《Forbes》資料計算，這些行業的富豪佔該地的國民生產總值，推算該國：「「財閥」透過政治聯繫獲得經濟利益行為」。

2016 年調查結果如表二。數據顯示：泰國有「裙帶關係」的「高競租產業」只佔 GDP 的 2.6%。在新加坡與馬來西亞，都是是屬於「強勢的國家機關」(Strong State)，經營「政商關係」想當然是可以藉由「關係」影響政府決策、從「國家壟斷」獲得利益是有效的。在泰國，國家機關對於產業的主導性不高、「教父」感興趣的行業多半是屬「非高度競租產業」，即使經營「政商關係」，可獲得的「國家壟斷」的效益其實不高。這也可以解釋為何泰國「裙帶資本主義」情況並如外界想像惡劣。

表二、2016 年東南亞「裙帶資本主義」指標
(The Crony-Capitalism Index)

國家	「高度競租產業」佔總體GDP(%)	「高度競租產業」中有裙帶關係(%)	「高度競租產業」中沒有裙帶關係(%)	在比較的23國家裙帶資本主義的排名	「高度競租產業」國家介入的強度(在比較的23國家，1是最弱)
馬來西亞	13.3	13	0.4	3	18
新加坡	14.8	10.7	4.1	5	23
菲律賓	14.2	11.3	2.9	6	7
台灣	10.3	3.2	7.1	8	17
印尼	5.8	3.8	2.0	10	11
泰國	11.4	2.6	8.8	16	10
中國	7.3	3.2	4.1	19	13

資料來源：The Economist, "Our Crony-Capitalism Index: The Party Winds Down, across the World, Politically Connected Tycoons are Feeling the Squeeze," May 7th 2016, in http://www.economist.com/news/international/21698239-across-world-_politically-connected-tycoons-are-feeling-squeeze-party-winds (accede on 2017-02-20).

陸、結論

　　本文透過文獻分析與實證調查，討論泰國華人企業如何經營上、中、下，乃至國際的關係網絡。本文發現：泰國華人企業將關係網絡「制度化」；經營關係網絡的理念都是在「鋪陳」：看準一個標的，不是以單一案件的獲利角度去投資，而是以長期、多角度的方式互動，經營深度人脈累積信任資本。[100] 而這些社會資本與「關係鋪陳」所展現的就是「大亨經濟」的政治社會現象，歸納如圖一。

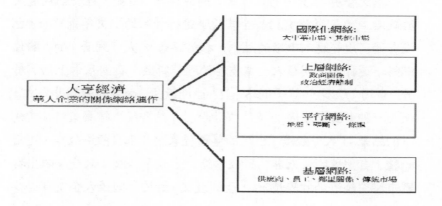

圖一、泰國華人企業的關係網絡運作方式

資料來源：作者自製

---

[100] 郭奕玲，〈成功 需要鋪陳〉，《商業週刊》，第 1258 期，2017 年 2 月，頁 12。

　　相對而言，台灣企業多半承襲西方商業文化，是目標導向的經營者，凡事講求效率，急於回收。但是這樣的經營方法，太容易模仿、沒有競爭障礙，也造成台商進軍東協市場的障礙。泰國華人企業願意把時間軸拉長、空間軸拉大、關係軸多元化，嘗試用不同角度鋪陳「關係」，讓「關係的價值厚度」可以被經營。

　　回到本文最初的問題：「筷子網路」還是「亞洲教父」兩種論點，都特別指出華人企業重視「關係」，但是存在兩概念相反的假設：究竟是藉由關係網絡創造財富帶動經濟成長？還是藉由關係網絡建立政經結構壟斷財富？

　　本文發現：「大亨經濟」的「關係運作」背後「經濟動機是大於政治」，泰國並沒有對於企業競爭進行管制的中央集權政府，也沒有過度規範進入市場的限制。本文認為，「大亨經濟」的「關係網絡」運作是泰國華人企業重要的經營特徵；泰國基本上仍然屬於「市場」經濟，「筷子網路」與「亞洲教父」兩者的觀點非對立，而是一種「因果關係」，是「文化背景」結合經「經濟策略」建構下的結果；「大亨經濟」出現的壟斷現象還是來自經濟效率，這是一種「自然壟斷」而非「行政壟斷」。「大亨經濟」只是反映出泰國市場與經濟的實際情況，「亞洲教父」對於泰國華人企業有過多的政治解釋。

　　當然，這也並非對所有東南亞企業經營「關係網絡」進行辯解；操作「關係網路」也並非萬能，造成經營管理的議題、被中產階級質疑的「壟斷」、[101]「政商結合」與政治腐敗遐想…都是

---

[101] 近年來泰國開始發生有中產階級與網民透過串連方式，來抵制這些具有壟斷影響力的華人企業。

華人企業在運作「關係網絡」的批評。除道德規訓，重點還是否能通過未來政經環境變化與市場競爭的檢驗。

　　至於本文對於「大亨經濟」的解釋，是否完全推翻整個「亞洲教父」的觀點？「亞洲教父」一書討論遍及香港、馬來西亞、印尼、菲律賓等各國個案，對於這些國家「關係」經營的實際運作，有賴未來進一步的實證檢驗。當然有關進一步聚焦討論華人企業的「政商關係」的實際運作，也是作者未來研究的課題。

參考文獻

一、中文

方虹鈞，2006，〈泰國教父政治之研究〉，高雄：國立中山大學中
　　山學術研究所碩士論文。

李亦園，1992，《文化與行為》，臺北：臺灣商務印書館。

莊國土，2010，〈論早期東亞華人社團形成的主要紐帶〉，《南洋問
　　題研究》，第 3 期，頁 46-52。

許英傑，2011，《流通管理》，台北：前程文化。Xu, Ying-Jie. 2011.
　　Liu tong guan li[Distribution Management]. Taipei: Future Career
　　Management Corporation, FCMC.

郭奕玲，2017，〈成功　需要鋪陳〉，《商業週刊》，1528 期。.

陳尚懋，2011，〈泰國文化創意產業的政治經濟分析〉，《亞太研究
　　論壇》，54 期，頁 1-28。

陳尚懋，2008，〈塔克辛執政前後泰國的政商關係〉，《問題與研
　　究》，第 47 卷第 2 期，頁 151-179。

陳尚懋，2010，〈泰國電信改革的政治分析〉，《政治學報》，50 期，
　　頁 1-40。

陳敏正，2004，〈當代泰國「教父」政治的變遷〉，南投：國立暨
　　南國際大學東南亞研究所碩士論文，頁 27。

陳琮淵，2014，〈東南亞華人經濟發展論析：經濟社會學理論的參
　　照〉，《淡江史學》，26：245-265。

陳穎芃，2015，〈泰國首富橫遭逆風〉，《中國時報》，11 月 29 日。

鄭國強，2001，〈泰國的企業家政治〉，《東南亞》，第 4 期，頁 8-9。

龔宜君，1997，〈東南亞華人的經濟成就與其跨國企業網絡初探〉，
　　臺北：中研院東南亞區域研究計劃東南亞研究論文系列第六
　　號。

二、外文

Akira Suehiro,"Determinants of business capability in Thailand" in
　　Jomo K.S. and Brian C. Folk, *Ethnic Business, Chinese
　　capitalism in Southeast Asia* (New York: Routledge, 2003), pp.
　　129-154.

Anek Laothamatas, "Business and Politics in Thailand: New Patterns
　　of Influence", *Asian Survey*, Vol. 28, No. 4, Apr. 1988, pp.
　　451-470.

Anek Laothamatas, *Business Associations and the New Political
　　Economy of Thailand: From Bureaucratic Polity to Liberal
　　Corporatism* (Boulder, San Francisco and Oxford: Westview
　　Press and Singapore: ISEAS, 1992).

Bello Walden and Stephanie Rosesenfeld, *Dragons in Distress: Asia's
　　Miracle Economies in Crisis* (San Francisco: Institute for Food
　　and Development Policy, 1990).

Chai-Anan Samutwanit, *The Thai Young Turks* (Singapore: Institute of
　　Southeast Asian Studies, 1982).

Cheung, Gordon C. K.; Gomez, Edmund Terence, "Hong Kong's
　　Diaspora, Networks, and Family Business in the United Kingdom:

A History of the Chinese 'Food Chain' and the Case of W. Wing Yip Group," *China Review*. Vol. 12, No. 1 2012, pp. 45-71.

D. M. Shapiro, E. Gedajlovic and C. Erdener, "The Chinese Family Firm as a Multinational Enterprise," *The International Journal of Organizational Analysis*, No.11, Vol. 2, pp. 105-122.

Danny Unger, *Building Social Capital in Thailand: Fibers, Finance, and Infrastructure* (New York: Cambridge University Press, 1998).

Gary G. Hamilton and Tony Waters, "Ethnicity and Capitalist Development: The Changing Role of the Chinese in Thailand," in Daniel Chirot and Anthony Reid (eds.), *Essential Outsiders: Chinese and Jews in the Modern Transformation of Southeast Asia and Central Europe* (Seattle: University of Washington Press, 1997), pp. 258-284.

James Ansil Ramsay, "The Limits of Land Reform in Thailand," *The Journal of Developing Areas*, Vol. 16, No. 2, 1982, pp. 173-196.

James Ingram, *Economic Change in Thailand, 1850-1970* (CA.: Stanford University Press, 1971).

Jeffery S. Arpan, Mary Bary and Tran Van Tho, "The Textile Complex in the Asia-Pacific Region: The Patterns and Textures of Competition and the Shape of Things to Come," *Research in International Business and Finance*, Vol. 4, 1984, pp.101-164.

Jhon L.S Girling, *Thailand: Society and Politics* (Ithaca: Cornell University Press.1981).

Joel Kotkin, *Tribes: How Race, Religion and Identity Determine Success in the New Global Economy* (New York: Random House, 1994).

Jonathan Friedland, "Seeds of Empire," *Far Eastern Economic Review*, 20 April 1989, pp. 46-47.

Kevin Hewison, *Bankers and Bureaucrats: Capital and the Role of the State in Thailand* (New Haven, Conn: Yale University Southeast Asia Studies,1989).

Khanthong, "Overdrive. Shin Corp sale involved a who's who of Thailand, Singapore", *The Nation*, 10 March 2006.

Lim Mah Hui, "Contradictions in the Development of Malay Capital: State, Accumulation and Legitimation," *Journal of Contemporary Asia*, No. 15, Vol. 1, 1985, pp.37-63.

Lim Mah Hui, *Ownership and Control of the One Hundred Largest Corporations in Malaysia* (Kuala Lumpur: Oxford University Press, 1981).

Mark Granovetter, "Economic Action and Social Structure: The Problem of Embeddedness," *American Journal of Sociology*, Vol. 91, No. 3, 1985, pp. 481–510.

Murray L Weidenbaum, *The Bamboo Network: How Expatriate Chinese Entrepreneurs are Creating a New Economic Superpower in Asia* (Martin Kessler Books, Free Press, 1996).

Pasuk Phongpaichit and Chris Baker, "Reviving Democracy at Thailand's 2011 Election," *Asian Survey,* Vol.53, No.4, July/August 2013, pp. 608-609.

Patrick Jory, "Multiculturism in Thailand? Cultural and Regional Resurgence in a Diverse Kingdom," *Harvard Asia Pacific Review*, Vol.4, No.1 , Winter 2000, pp. 18-22.

Paul Handley, "De-mythologizing Charoen Pokphand: an Interpretive Picture of the CP Group's growth and diversification," in *Chinese business in Southeast Asia; Ethnic business, Chinese capitalism in Southeast Asia* (Routledge, London; 2003).

Paul Handley, "More of the Same? Politics and Business,1987-96," in Kevin Hewison (ed), *Political Change in Thailand: Democracy and Participation* (London and New York: Routledge, 1997), pp. 94-113.

Paul Handley, "De-mythologizing Charoen Pokphand: An Interpretative Picture of the CP Group's Growth and Diversification," In: *Ethnic Business. Chinese capitalism in Southeast Asia* (New York: Routledge Curzon, Abingdon/New York 2003), pp. 155-182.

Pavida Pananond, "The Making of Thai Multinationals. A Comparative Study of the Growth and Internationalization Process of Thailand's Charoen Pokphand and Siam Cement Group,*" Journal of Asian Business*, Vol. 17, No. 3, 2001, pp. 41-70.

Pavida Pananond, and Carl P. Zeithaml, "The International Expansion Process of MNEs from Developing Countries: A Model and Empirical Evidence Asia Pacific," *Journal of Management*, Vol.15, 1996, pp. 163–184.

Phippatseritham Krirkhiat, *A Study of Big Business Ownership in Thailand* (Bangkok: Thai Kadi Institute, Thammasat University. 1982).

Phiraboon Phaiboontham, CP Group's Diversification: History, Strategies and Development Model (Bangkok: Charoen Pokphand, 1996).

Pichaya Changsorn, "Industry 4.0' Thailand's Path to Prosperity, Seminar Hears," The Nation, February 16, 2017.

Richard F. Doner and Ansil Ramsey, "Competitive Clientelism and Economic Governance: The Case of Thailand" in S. Maxfield and B.R. Schneider (eds), *Business and the State in Developing Countries* (Ithaca: Cornell University Press), pp. 237-276.

Richard Robison, *Indonesia and the Rise of Capital* (London: Allen and Unwin, 1986)

Rogers Hollingsworth and Robert Boyer (eds.), *Contemporary Capitalism: The Embeddedness of Institutions* (New York: Cambridge University Press, 1997).

S. Gordon Redding, *The Spirit of Chinese Capitalism* (Portland: Walter de Gruyter, 1993).

Sakkarin Niyomsilpa, "Telecommunications, rents and the growth of a Liberalization coalition in Thailand" in Jomo K.S. and Brian C. Folk, *Ethnic Business, Chinese capitalism in Southeast Asia*(New York: Routledge, 2003), pp. 183-212.

Sakkarin Niyomsilpa, *The Political Economy of Telecommunications Reforms in Thailand* (New York: Routledge; 2000).

Somboon Siriprachai, *Industrialization with a Weak State: Thailand's Development in Historical Perspective* (Kyoto: Kyoto CSEAS Series on Asian Studies, 2012).

Sterling Seagrave, *Lords of the Rim* (New York: Putnam's Sons, 1995).

Suehiro Akira, *Capital Accumulation and Industrial Development in Thailand* (Bangkok: Social Research Institute. 1985).

T. S. Biggs and B. D. Levy, "Strategic Interventions and the Political Economy of Industrial Policy in Development Countries, in D. H. Perkins and M. Roemer(eds.), *Reforming Economic System in Development Countries* (Cambridge: Harvard University Press, 1991).

Tai, Wan-Ping and Hong, Po-Chi, "The Internationalization of Thailand's Automotive Industry: A Political Economic Analysis of the Late Developing State," *Thammasat Review*, No. 15, Vol.2, 2012, pp. 11-39.

William J. Baumol, C. John Panzar, and Robert D. Willig, *Contestable Markets and the Theory of Industry Structure* (New York: Harcourt Brace Jovanovich, 1982).

Willian M. Dugger, "The Transaction Cost Analysis of Oliver E. Williamson: A New Synthesis?" *Journal of Economic Issues*, Vol .17, No. 1, 1983, pp. 95-114.

Yoshihara Kunio, *Philippine Industrialization: Foreign and Domestic Capital* (New York: Oxford University Press, 1985).

附錄 1、泰國「正大集團」所屬企業

投資的國家	企業名稱	投資的產業	企業名稱
Bangladesh	Chicken Integrated Farming Visit Website	Agro-Industry & Food	N „c…
Sqa*f*ß czqq	Animal Feed and Livestock Farming	Marketing and Distribution	1. CP ALL PCL
Singapore	Animal Feed. Visit Website		2. Siam Makro PCL
Taiwan	Animal Feed, Chicken and Swine Meat Processing. Visit Website	Telecommunication	True Corporation PCL
Laos	Animal Feed, Livestock Farming, Crop Production(Maize for Livestock Feeding)	Seeds, Fertilizer, Plant Protection	Chia Tai
Malaysia	Animal Feed, Livestock Farming, Aquaculture. Visit Website	International Trading	1.C.P. Intertrade Company Limited and C.P. Thai Rice Company Limited
Myanmar	Livesrock Farming, Crop Production (Maize for Livestock Feeding), Marine Shrimp Farming, Trading. Visit Website		2.Ayutthaya Port & ICD Company Limited
Pakistan	Chicken Integration	Crop Integration	1.CP Seeds Company Limited
Philippines	Shrimp Feed and Marine Shrimp Farming		2.Charoen Pokphand Engineering Company Limited
Cambodia	Livestock Feed, Livestock Farming, Seed (Crop Production). Visit Website	Property Development	C.P. Land Company Limited
China	Agro-Industry and Food, Retailing, Retail, Property Development, Seeds, Automotive and Industrial Products, Finance and Banking, Pharmaceuticals, Plastics, TV media. Visit Website	Plastics	CPPC Public Company Limited

India	Animal Feed, Livestock Farming, Aquatic Feed and Aquaculture. Visit Website	Pet	Perfect Companion Group Company Limited
Indonesia	Animal Feed, Livestock Farming, Shrimp Farming, Chicken Integration, Vegetable and Corn Seeds. Visit Website	Feed Ingredients Trading	
Turkey	Chicken Integration. Visit Website	Automotive and Industrial Products (China)	1.SAIC-CP Motor Company Limited
Vietnam	Chicken Integration and Crop Production (Maize for Livestock Feeding). Visit Website		2.ECI-Metro
Belgium	Food processing	Finance and Banking (China)	1.ZhengXin Bank Company Limited
Thailand	Agro-Industry and Food, Retailing, Property Development, Retail, Property Development, Seeds, Automotive		2.Ping An Insurance Company China Limited
		Pharmaceuticals (China)	Sino-Bio Pharmaceutical

資料來源：筆者整理自 CP GOBAL 網站，<http://cpgroupglobal.com/en/aboutus.php>，(檢索日期：2017 年 3 月 5 日).

附錄 2、訪談資料表

受訪者代號	身分	地點	華人企業經驗(年)	備註
A	華人企業管理階層	曼谷	30	已退休
B	華人企業網路部門	曼谷	10	
C	台商企業家 台商協會幹部	曼谷	20	曾任職外資集團
D	華人企業網路部門	曼谷	20	曾服務於零售部門
E	華人企業高層主管	曼谷	30	
F	華人企業網絡部門	曼谷	5	
G	台商企業家 台商協會幹部	曼谷	20	曾任職華人企業
H	台商企業家 台商協會幹部	曼谷	20	取得泰國籍
I	印尼華人企業家	雅加達	30	

第三部分

文化與創意產業

東協社會文化共同體「文化遺產合作」議程的推動
與前瞻：以泰、柬為例

嚴智宏

國立暨南國際大學東南亞學系副教授

【摘要】

東南亞國協（Association of Southeast Asian Nations, ASEAN）期望建立「東協社會文化共同體」（ASEAN Socio-Cultural Community），但是自古以來東南亞的文化就非常豐富多元，要其成立「社會文化共同體」並不容易。這個「社會文化共同體」的願景已引起很多的質疑，例如，它真正的內容為何？有何基礎或機制可促成這樣的共同體？本文以兩個東協成員國（泰國、柬埔寨）為例，並以位在兩國邊界上的柏威夏寺(Preah Vihear Temple)為焦點，探討這個願景落實的可能性。本文先討論泰國、柬埔寨兩國在歷史文化上的共同之處，及其所創造的共同文化遺產，接著尋找兩國在共同文化遺產上合作（而非文化上統一）的可能性。研究發現，擁有共同的文化遺產，可說是提供一個接觸、對話的

基礎；成員國之間想要完成「文化遺產合作」的協力大業，仍有其他因素必須考量，例如，都想追求和平，願意不斷的溝通對話、尋求異中存同的共有價值，能夠攜手合作，期盼同蒙其利，這是關鍵之一（限於篇幅，本文不討論另一關鍵：專責機構）。

關鍵字：東協社會文化共同體、文化遺產合作、泰國、柬埔寨、
　　　　柏威夏寺

壹、前言

一、東協社會文化共同體的出現

　　東南亞國家協會（Association of Southeast Asian Nations，簡稱 ASEAN）各國領袖於2003年在印尼峇里島會談，決定彼此緊密來往、互相支援，致力於促進區域和平、穩定與資源共享。當時簽署了《峇里第二協約》（Bali Concord II），[1] 該協約的願景之一是要在2020年建立「東協共同體」（ASEAN Community）。這個共同體有三大支柱：一是「東協政治安全共同體」（ASEAN Political-Security Community），二是「東協經濟共同體」（ASEAN Economic Community），三是「東協社會文化共同體」（ASEAN Socio-Cultural Community）。2016年在寮國永珍（萬象）舉行的東協社會文化共同體理事會重申，將會落實社會文化共同體裡所強調的「文化遺產合作」。

　　以下簡述東協共同體的三大支柱：

（一）東協政治安全共同體

　　東協政治安全共同體的目標，是提升東協國家在政治安全上的合作層級，以維繫區域內各國之和平，並與世界各國一同在民主、和諧、公平的環境中生活。東協本身感到榮耀的是，在過去長達五十年所累積的政治對話、信心建設之基礎上，各會員國之

---

[1] Severino, Rodolfo C., 2006. *Southeast Asia in Search of an ASEAN Community: Insight s from the Former ASEAN Secretary-General*, Singapore: Institute of Southeast Asian Studies.

間並未因為情勢緊張而爆發大規模的武裝衝突。各會員國都宣誓，僅可藉由和平之方式來解決區域內的紛爭和歧異，各國也深刻了解到，相互依存的地理環境、共同願景，乃是維護東協區域安全的基本條件。

（二）東協經濟共同體

東協經濟共同體是東協經濟整合的終極目標。它將致力於創造一個穩定、繁榮並且具有高度競爭力的東協經濟區域，以促成貨物、服務、專業勞力的自由流通。同時，它希望各會員國之間能夠更自由地流動資本、更平等地發展經濟，並且更能夠縮減貧富與社會經濟的差距。東協經濟共同體的目標，是要使東協成為一個單一的市場與製造基地，把區域內多元的特色轉化為互補的商業機會，並使東協在全球供應鏈中能夠更加壯大。

（三）東協社會文化共同體

東協社會文化共同體之目的，是為重視和諧、人本的東協孕育人力、文化及自然等資源，以協助其永續發展。東協社會文化共同體將會以共享的區域認同為基礎，使整個東南亞地區成為彼此關懷的夥伴。此一社會文化共同體要提升弱勢團體、農村人口的生活水準，促進社會發展，並主動關懷各個領域，尤其是婦女、青年、在地社區等。[2]

在協約發表之後，東協各國領袖加速其議程之腳步。2007 年

---

[2]　東協秘書處網站，http://www.aseansec.org/index2008.html.（檢索日期：2018 年 10 月 03 日）。

1 月在菲律賓宿霧舉辦的第 12 屆東協高峰會中，東協領袖決議在
2015 年之前提早建立東協共同體，並簽署了加速東協共同體在
2015 年建成之「宿霧宣言」（Cebu Declaration on the Acceleration of
an ASEAN Community by 2015）。2007 年 11 月在新加坡所舉辦的
第 13 屆東協高峰會中，東協領袖同意發展東協社會文化共同體藍
圖（ASCC Blueprint），以確保能採取行動來建立此一社會文化共
同體。

　　鑑於東南亞區域有共同的歷史背景卻存在多元的社會文化，
為了加強各會員國對於東協的認同，東協早在 1978 年即設立文化
資訊委員會（ASEAN Committee on Culture and Information）。其
使命是透過文化領域的各種項目和活動，提升區域內人民的東協
意識、社會意識，促進東協合作，以活絡區域內的文化，包括保
護和保存文化遺產，促進文化產業、合作生產、文化展示，發產
文化創意產業。這是落實東協社會文化共同體願景的最重要的部
門之一；其目的是透過保護文化遺產、文化產業合作發展等計畫，
來促進彼此的和諧共處，期盼能夠利益均霑。

　　東協設立文化資訊委員會、想創造社會文化共同體，其立意
甚佳；但是東南亞自古以來就有多元多樣的文化，要其創造社會
文化共同體，實為不易。暫且不論半世紀之前的情況，只以數年
來發生的事件，如泰國南部穆斯林與佛教徒的衝突、緬甸羅興亞
人與緬族的鬥毆、及菲律賓南部摩洛的武裝分離運動等例證可
知，要建立社會文化共同體並不容易。從東協高峰會宣布要成立
社會文化共同體以來，即已招致許多質疑，例如，東協社會文化
共同體真正的內容為何？要意識形態彼此不合或不同的數個國家

攜手合作該如何做？有什麼基礎或機制可落實這樣的共同體？[3]
本文以東協兩個成員國（泰國、柬埔寨）為例，來談合作的前景。

　　我們先檢視社會文化共同體藍圖。它提出東協成員國互相合
作、致力於達成東協提升人民生活品質的承諾；而且，社會文化
共同體要達到這些承諾的話，需要以人本、對社會負責為基礎，
也需要具體有效的行動。必須說明的是，這一藍圖的前提是共同
體的三大支柱相互依存、相互關聯、並且必須確保此三大支柱互
補和團結（如果少了哪個支柱或任何一環，都將產生問題）。

二、社會文化共同體的特徵及要素

　　東協社會文化共同體包含以下特徵：a. 社會福利和保護；b.
社會正義和權利；c. 確保環境永續發展；d. 建立「東協認同」
（ASEAN Identity）；e. 縮短發展差距。[4] 詳情如後：

（一）促進東協意識與我群感

　　其策略目標，是創造會員國的歸屬感，鞏固多元整合的特色，
並深入了解彼此間的文化、歷史、宗教與文明。在行動上，它的
配套措施包括：1. 鼓勵所有部門機構加強其在促進東協認同與意
識上的努力，同時提升資訊資深官員會議（Senior Officials
Responsible for Information）、文化與藝術資深官員會議（Senior

---

[3] Collins, Alan, 2007, "Forming a security community: Lesson from ASEAN,"
　　International Relations of the Asia-Pacific, Vol.7, No.2, pp.203-225；Simon, Sheldon,
　　2008. "ASEAN and Multilateralism: The Long, Bumpy Road to Community,"
　　Contemporary Southeast Asia, Vol.30, No.2, pp. 264-292.
[4] 2009-2015 年東協共同體路徑圖，頁 64。

Officials Meeting on Culture and Arts）、東協文化資訊委員會
（ASEAN Committee on Culture and Information）在促進東協認同
與意識方面的角色；2. 請主流媒體持續推廣東協計畫、專案，含
東協文化遺產與藝術；3. 提倡建立東協城市與鄉鎮之間的連結，
尤其是有文化藝術與遺產等特色之處；4. 透過加強區域內媒體之
間的對話及與其他國際行為者的合作，促進東協媒體從業人員對
於多元文化、宗教與種族的包容性；5. 將東協的藝術文化研究與
其價值觀納入學校課程。[5]

（二）東協文化遺產的保存與推廣

其目標在於持續加深民眾對於區域獨特歷史、會員國文化異
同的意識與理解，並保護東協文化遺產整體之獨特性。在行動上
要能做到：1. 以東協為整體，針對重要的文化遺產建制檔案並管
理；2. 搶救東協境內受威脅的重要文化遺產，促進東協文明的研
究，包括透過東協文化官員與「東協大學網絡」（AUN）成員之
間的合作；3. 促進國家在推廣、管理、保護傳統文化遺產與非傳
統文化遺產的能力；4. 培養東協學者、藝術家、傳播從業人員的
才能並增進彼此互動，以協助維護與推廣東協文化多元性，同時
促進區域認同並培養民眾的東協意識。[6]

（三）與社區合作

其目標在於透過全體社會成員的參與，灌輸東協認同並建構

---

[5] 2009-2015 年東協共同體路徑圖，頁 97-98。
[6] 2009-2015 年東協共同體路徑圖，頁 98-100。

以人為導向的東協，也就是以人為共同體的中心。在行動上要做
到：1.設置東協附屬的非政府組織；2.召開年度東協社會論壇
（ASEAN Social Forum）、東協公民社會會議（ASEAN Civil Society
Conference），以探索東協與東協公民社會之間最有效的對話、諮
商、合作方式；3.在2009年之前，探索設立東協志工計畫的可行性，
該計畫是由年輕專業人士所組成，以支持農村發展與協助社區自
助為焦點；4.分享東協的公共資訊網絡與資料庫，以促進區域內有
效的資訊交流。

三、東協社會文化共同體藍圖的執行與檢討

（一）執行機制

　　東協社會文化共同體理事會負責藍圖的總體執行工作，並於
職權範圍內，或在跨其他共同體理事會之事務上，進行運作協調。
所有東協相關部長級機構或單位，應藉著在個別工作計畫中反
映、調度資源、推動國家倡議等方式，負責執行藍圖中的各種要
點、行動與承諾，以實現這些承諾。

　　為執行社會文化共同體藍圖，東協將採取以下措施：1. 匯聚
東協社會文化共同體的策略、目標與行動，並將其納入各會員國
之國家發展計畫；2. 依據東協各會員國的時間表，致力於批准相
關的東協協定；3. 確保對話夥伴、民間部門、公民社會組織與其
他相關利害關係人，能如期實施已同意的措施；4. 加強東協秘書
處在東協社會文化共同體相關領域的能力；5. 為新加入的東協會
員國建立適當的能力建構計畫，以提升東協社會文化共同體的成
就。東協秘書長應向相關部長級會議、理事會與東協高峰會等，

報告東協社會文化共同體藍圖之執行進度。[7]

（二）資源調度

　　以下單位都能夠針對執行東協社會文化共同體藍圖的資金來源、專業知識、研究與能力建構等相關資源進行調度：1. 東協會員國；2. 對話夥伴、部門夥伴與發展夥伴；3. 區域與國際機構，尤其是亞洲開發銀行（Asian Development Bank）、世界銀行（World Bank）/國際金融公司(International Finance Corporation, IFC)、聯合國；4. 區域與國際基金會；5.私部門。

（三）溝通策略

　　要創造東協社會文化共同體，必須所有利害關係人在整合過程中的參與。為使所有東協成員國、利益關係者（包括社會/文化社群與東協人民）建立更深厚的東協共同體意識，必須擬定傳播計畫，用以宣傳此一共同體。在行動上，要做到：1. 展開全面性溝通計畫，向政府官員、重要利害關係人及公眾說明東協社會文化共同體的目標、利益與挑戰；2. 舉辦相關活動以促進公開討論與資訊共享；3. 應設立國家級機制，定期報告整合過程的成果與議題。[8]

　　綜上所述可知：1. 在東協社會文化共同體的願景中，文化遺產扮演了重要角色。也就是說，在已往千百年的歷史過程中，成員國共享了許多文化，並創造了豐富的文化遺產；就「建立東協

---

[7] 2009-2015 年東協共同體路徑圖，頁 101-102。
[8] 2009-2015 年東協共同體路徑圖，頁 102-103。

認同」（促進東協意識與我群感、東協文化遺產的保存與推廣）
而言，文化遺產是以上各種工程的主要基礎，確實重要。因此，
東協期望在這共享的文化遺產基礎上，進一步合作，創造雙/多贏
的局面。2.在執行的機制方面，雖然「社會文化共同體理事會」負
責藍圖的總執行工作，並於職權範圍內進行運作協調，但它的權
責並不具體明確，不是一個能確保重大議案徹底有效實施的單
位。因此，目前看來，在落實社文共同體的藍圖上，其力道可能
不是很強。

　　東協期望在保存及推廣共同文化遺產、促進東協意識與我群
感的基礎上，建立東協認同，並創造社會文化共同體。據此，本
文先談成員國（以泰國、柬埔寨/高棉為例，詳如後）的共同文化
遺產；接著在這基礎上，討論東協成員國（主要是泰、柬）在共
同文化遺產上合作的可能性。如果這兩國能在東協高峰的協助下
攜手同心，透過和平方式，解決紛爭、歧見，進而利益均霑，創
造雙贏，那麼要落實東協社會文化共同體藍圖，其可能性就增加
了。

　　本文主要以大陸東南亞(Continental Southeast Asia）為例（尤
其是泰、柬）進行討論。這兩個東協成員國領土相連，共享許多
文化遺產；在過去一千多年的歷史中，不僅同時存在，分合數次，
而且互相統治過，彼此競爭類似的資源。兩國之間，較近的例子
是2008年為了柏威夏寺（PreahVihear，在今泰、柬的邊境上，已
列入聯合國世界文化遺產）所產生的衝突。兩國為了一座古寺而
齟齬，這具體顯露了「東協社會文化共同體」之路所可能面對的
地雷。換言之，在通往美麗願景的路上，可能不會一帆風順，某
些問題會引爆爭議。

貳、文獻探討

一、理論觀點

目前世上對於共同體的討論，常常聚焦於建立共同性、共享價值、消除差異；但是，共同體的建構，不是單以「追求一致」為目標，也不是一定要清除歧見、「化多為一」。越來越多的人明瞭，共同體可以建立在一個更為開放、包容、相容的基礎上。[9]換言之，各成員國不是只有共享的文化遺產，也了解到彼此在社會文化等方面的差異，但是願意理解、尊重並接納這些差異。在這種共享類同、尊重差異的基礎上，應該仍有機會採行一種相對和平（非武力）、持續互動（非單向）的途徑，來解決問題，共享利潤，共創未來。

我們也可以站在新自由主義的觀點，來看東協社會文化共同體。在意見的光譜上，左、右兩極的差異甚大，歧見甚深，彼此間很難合作；而在中間偏左及/或中間偏右的地方，雖然彼此有些衝突但是也有些類同或相合之處，在這種情況下有合作的可能性。換句話說，完全矛盾的兩造，其合作的可能性很小，而全然和諧的團體，並不需要商討和談之事；在中間地帶，彼此有重疊，能夠相互溝通、對談之處，則他們有合作、謀求雙贏的空間存在。

---

[9] Couldry, Nick, 2000. *Inside Culture: Re-Imagining the Method of Cultural Studies,* London: Sage；Moller, Frank, 2003. "Capitalizing on Difference: A Security Community or/as a Western Project," *Security Dialogue*, 34(3): 297-310；楊昊，2008，〈從避戰到趨合：東協安全共同體的建構理路〉，《亞太研究論壇》，42：120-152。

[10]　據此來觀察東協社會文化共同體，目前也許可說：仍有機會。

東協成員國之間確實有文化上的共通之處。其中很重要的一點是，至少從西方紀元之初以降，無論大陸東南亞或海洋東南亞（Insular Southeast Asia），大都有受到印度文化的影響。國際學界已經對這一現象做過長久、多面向、多層次的觀察、描述、討論與辯論。

關於這個現象的主流論述，通常以賽代斯（George Coedes）為代表性人物。他認為東南亞區域深受印度文化之影響，可說是「印度化」了；大陸東南亞在西元初就吸收到印度文化，而海洋東南亞也受印度文化的洗禮；雖然海洋東南亞有些地區至今能找到的證據不多，並且馬來半島、蘇門答臘、爪哇等在西元13-15世紀後逐漸伊斯蘭化，但在那之前數百年間，海洋東南亞也曾是印度文化流布的地區；無論宗教或宗教藉以傳布的語言、文字、美術、文學等，東南亞都曾霑濡到印度的文明，像是由「印度文明之樹」所長出來的枝幹一樣。[11]這種「印度化」理論在1930年代已具影響力，1940年代成為典範，之後幾十年的研究大多奉它為圭臬。[12]

東南亞多數國家都有接觸到印度文化，雖然在程度上深淺不一，時間上長短不定。首先，大陸東南亞的緬甸、寮國、泰國、柬埔寨、越南等國的居民，在宗教思想上大都知曉佛教，也有人

---

[10]　Shiraev, Eric B., 2014. International Relations, New York: Oxford University Press.

[11]　Coedes, George, 1968. *The Indianized states of Southeast Asi*a, ed. by Walter F. Vella, trans. by Susan Brown Cowing, Honolulu: East-West Center Press.

[12]　採這種說法的人很多，例如：Harrison, 1955, pp.10-18, 21-49; Dupont, 1959; Williams, 1976, pp.24-35; Mabbett, 1977, pp.143-161; Wyatt, 1984, pp.21-24; SarDesai, 1997, pp.14-20; Vickery, 1998, pp.51-58.

信仰印度教；印度佛教裡的大乘（Mahayana Buddhism）流行於越南，而南傳佛教（Theravada Buddhism）盛行於緬、寮、泰、柬等國。部派雖有不同，但是大多數居民一樣崇奉佛陀，共享一種宗教。從巨觀的角度來說，大陸東南亞同樣深受印度宗教的影響。以泰、柬為例，這兩國接觸印度佛教至少都有八百年以上的時間，於教義、寺院、僧侶的角色等方面，多有類似之處。[13]

接著，以海島東南亞為例來觀察。目前以「東南亞最大的伊斯蘭教國家」聞名的印尼，幾十年來挖掘出久遠以前的釋迦牟尼像，其位置在西里伯斯（Celebes）島，雕像的年代早於西元5世紀，其風格應屬印度阿摩羅婆提（Amaravati）；這不是單一的例子，在印尼其他島嶼上，如爪哇，也曾出土佛陀雕像。[14]爪哇島上還有世界最大的佛塔建築婆羅浮屠（Borobudur），[15]以及印度教神廟建築群普蘭巴南（Prambanan）。[16]這些考古文物證明，現在所稱

---

[13] 嚴智宏，2005b，〈東南亞文化與社會〉，《東南亞文化教學參考手冊整合版》，台北：教育部；南投：國立暨南國際大學東南亞研究中心，頁79-116；嚴智宏，2007年12月，〈東南亞藝術：以越、泰、印、菲為例〉，《歷史文物》第17卷第12期，頁74-85；嚴智宏，2009，〈在水之湄：湄公河流域的宗教信仰和音樂舞蹈〉，《2009亞太傳統藝術節特展：在水之湄－湄公河流域的生活與信仰》，宜蘭：國立台灣傳統藝術總處籌備處，頁29-43。

[14] Coedes, George, 1968. *The Indianized states of Southeast Asia*, ed. by Walter F. Vella, trans. by Susan Brown Cowing, Honolulu: East-West Center Press.

[15] Jacques, C., 1989. Edited and translated by Michael Smithies, *The Temples of Java*, Singapore: Oxford University Press；Miksic, John, 1990. Borobudur: Golden Tales of the Buddhas, Boston: Shambhala; Soekmono, R., J.G de Casparis, J., Dumarçay, P. Amranand, and P. Schoppert, 1990. *Borobudur: A Prayer in Stone*, Singapore: Archipelago Press.

[16] Dumarcay, Jacques, 1989, edited and translated by Michael Smithies,*The temples of Java*, Singapore: Oxford University Press.

的「東南亞伊斯蘭圈」在第一個千紀也曾經是印度文化傳布的範圍，這片土地的先住民也曾接受印度文化；這個圈子並非自6世紀以來就流行伊斯蘭。

換言之，東南亞多數國家或地區，在第一個、第二個千紀中，曾經共看印度的明月。其宗教、宗教建築及雕刻、文學、音樂、戲劇、法典等等，都受到印度的影響。[17]

我們也知道，在主流論述風行時，有人提出反對或不同的意見。其中有幾位指標性人物。（一）梵勒（Van Leur）注意到在地人士所扮演的角色。[18]他認為賽氏陣營只注意大國或外國，沒考慮到在地人士的貢獻；他主張應該重視東南亞的角色。（二）沃爾特斯（Wolters）認為，在地社會於吸收印度文化之前，已有自己的文化[19]；在地社會能夠吸收外來文化，並以自己的方式來理解、詮釋外來文化，使它與在地原有的文化相容。（三）東南亞—例如泰國—的學者強調在地的自主性、創造力。他們認為，印度早期文化確實曾經傳到東南亞，但在地早期住民借用外來（如印度）

---

[17] Bowie, Theodore, ed., 1976. *The Sculpture of Thailand: The Alexander B. Griswold Collection, the Walters Art Gallery*, New York: Arno Press；Diskul, M.C.Subhadradis, 1981. Art in Thailand: A Brief History, Bangkok: Amarin Press; Diskul, M. C. Subhadradis, 1996. "Thailand, §IV, 4: Sukhothai, 13th-15th Centuries", in The *Dictionary of Art*, Vol.30, pp. 600-603；Diskul, M.C.Subhadradis, 1999. *Sukhothai Art*, Bangkok: Prince Maha Chakri Sirindhorn Anthropology Centre；嚴智宏，2013年，〈佛教雕塑藝術概論，七，東南亞〉，《世界佛教美術圖說大辭典》冊10，高雄：佛光山宗務委員會，頁44-49。

[18] Van Leur, J.C., 1955. *Indonesian Trade and Society: Essays in Asian Social and Economic History*, The Hague: Van Hoeve.

[19] Wolters, W., 1955. *History, Culture, and Region in Southeast Asian Perspectives*, Singapore: Institute of Southeast Asian Studies.

文化的元素創造了美術品，這才是關鍵。[20]

　　這類論述聚焦於在地文化的主體性，但是對於印度所給予的影響常是輕輕帶過。它們把重點放在東南亞、以及東南亞對印度文化所做的變化。這種詮釋之目的，可能是想藉由強調東南亞以顯示東南亞文化的主體性。本文想說明的是，基於上述態度所做的論述，仍承認東南亞許多作品的主題人物、類別，可溯源到印度。質言之，東南亞早期作品的主題、風格等，常常與印度相關。從以上討論可知，學界對於泰、柬的古代文化已有一定研究；現有論述的立場一方重視印度的影響力，另一方重視東南亞的創造力。[21]無論立場如何，這兩個對立的陣營都承認，印度對東南亞產生不小的影響。

二、以泰、柬為例

　　本文以大陸東南亞的泰國、柬埔寨為例來進行探討。之所以選擇這兩國，主要原因是：（一）時間上，這兩國最晚在西元6世紀就已存在，有史可徵，並延續至今。（二）空間上，這兩國自古相鄰，曾經同時位在扶南（約2-6世紀）的勢力範圍內；扶南解體後，泰、柬一直都是鄰居。[22]（三）文化淵源上，兩國至少從6世紀以來，都受印度文化影響。除了前述幾點之外，還有：1. 法

---

[20] Saraya, Dhida, 1999. (Sri) *Dvaravati: The Initial Phase of Siam's History*, Bangkok: Muang Boran.

[21] Chandler, David P., 2008. *A History of Cambodia* (fourth edition), Boulder, Colorado: Westview Press; 嚴智宏，2005a，〈南傳佛教在東南亞的先驅：泰國墮羅鉢底時期的雕塑〉，《台灣東南亞學刊》第 2 卷第 1 期，頁 3-60。

[22] 陳序經，1992，《陳序經東南亞古史研究合集》，台北：台灣商務印書館。

政：摩奴（Manu）法典源自印度，是東南亞古代許多國家法律的範本，含泰、柬。2. 在兩國的語文裡，源自梵文（Sanskrit）、巴利文（Pali）的字彙，佔了一定的比例。3. 印度史詩《摩訶婆羅多》（Mahabharata）、《羅摩衍那》（Ramayana）在東南亞各國轉譯、改編，泰、柬都有自己的版本。4.宗教藝術、音樂、舞蹈、戲劇等，多有類似之處，並透露了印度的影響。[23]（四）疆域上，兩國由於消長盛衰的關係，國界重劃多次，先後互相佔領或統治過，彼此關係可謂盤根錯節。[24]

　　泰、柬兩國不但在政治、軍事上有碰觸，在文化上也一直有交流，互相影響的時間很長。除了承平時往來之外，在軍事上的衝突及佔領後，隨之而來的是文化藝術上之影響，例如高棉把吳哥帝國京城所盛行的建築空間概念、雕刻之主題及風格，帶到新領的土地；在扁擔山上興建柏威夏寺，就是一例。又如，13世紀上半葉起，吳哥帝國漸漸衰微；15世紀上半，吳哥京城落入泰人之手，樂師舞者被帶到泰國，影響了泰國音樂舞蹈。19世紀中，高棉國王安東（Ang Duong，1841-1859在位）到泰國參學，把樂舞帶回高棉並予以改編，於是高棉樂舞復興。[25]

　　綜上所述可知，泰、柬這兩個東協成員國確實有很多相似處、

---

[23] 嚴智宏，2005b，〈東南亞文化與社會〉，《東南亞文化教學參考手冊整合版》，台北：教育部；南投：國立暨南國際大學東南亞研究中心，頁79-116；嚴智宏，2007年12月，〈東南亞藝術：以越、泰、印、菲為例〉，《歷史文物》第17卷第12期，頁74-85。

[24] 陳序經，1992，《陳序經東南亞古史研究合集》，台北：台灣商務印書館。

[25] 嚴智宏，2009，〈在水之湄：湄公河流域的宗教信仰和音樂舞蹈〉，《2009亞太傳統藝術節特展：在水之湄－湄公河流域的生活與信仰》，宜蘭：國立台灣傳統藝術總處籌備處，頁29-43。

相關性。易言之，他們在時間上重疊，在空間上相鄰，在政治上彼此統治過。而且，兩國在文化淵源上，都接受了許多印度文化；之後數百年，在文化上也交織、交融過，不論其方式是和平或武力的；兩國因此創造了不少共同的文化遺產，例如柏威夏寺。由於至少有上述幾個層面（尤其是文化上）的相似性、相關性，因此泰、柬適合作為本文討論的對象國。

　　柏威夏寺是一個值得討論的對象。因為它是吳哥帝國所興建的寺院，但後來的管轄權在泰、柬之間輪替。它具體而微地呈現以下情況：位在兩國的邊境線上，泰、柬兩國共同擁有此一文化遺產；在過去幾百年時間裡，其所有權或管轄權在兩國之間幾度換手。它成為兩國的爭執點之一，同時也成為兩國可能在文化遺產上攜手合作的起點之一。

三、共同文化遺產之角色

　　文化相近或者有共同的文化遺產，就能夠攜手合作、共創雙贏？未必。翻開歷史可知，在過去一千多年的歷史中，泰、柬兩國數次交戰。例如，11-12世紀初高棉吳哥帝國在擴張的過程中，於今天的泰、柬邊境興建了柏威夏寺，並逐步擁有了今天的泰國中部。[26] 13世紀上半葉，吳哥帝國漸漸衰微時，泰國（素可泰）在吳哥的管轄之下爭取獨立建國，獲得成功[27]；吳哥帝國的勢力漸漸退回今天的邊界。泰人的軍隊甚至在13世紀末，打到吳哥帝國的京畿，元朝周達觀的紀錄裡清楚地記載這件事。之後數百年，

---

[26] 陳序經，1992，《陳序經東南亞古史研究合集》，台北：台灣商務印書館。

[27] Wyatt, David K., 2003. *Thailand: A Short History*, New Haven and London: Yale University Press.

泰、柬兩國持續角力。15世紀上半葉，吳哥京城被泰國（阿瑜陀耶）攻陷，遷都南方。從15到19世紀間，兩國之間常有戰爭；例如，1540年代緬甸進擊泰國時，柬埔寨趁機派兵進攻泰國，1570-1580年代泰國又遭緬甸攻打時，柬埔寨一再抓住機會進兵泰國，1630年代緬甸再度威脅泰國時，柬埔寨又對泰國揮軍[28]；而19世紀泰國富強興盛時，柬埔寨曾向其稱臣。[29]

　　從泰、柬之間的例證可知，雖然兩國有文化上的共通之處，也擁有共同的文化遺產，但不保證雙方能和平相處、合作共生。

　　除了檢視東南亞的例證之外，我們可以把眼光投向西方，看看西方的歷史。歐洲有共同的文化淵源，也有許多彼此類似的文化遺產；但是，有共同的文化淵源、類似的文化遺產，就使歐洲一直合作無間？未必。歷史上歐洲戰爭的紀錄不少，舉其犖犖大者，至少有14、15世紀的英法百年戰爭（Hundred Years' War, 1337-1453年）、20世紀上半葉的兩次世界大戰。這裡只舉百年戰爭為例。

　　英法百年戰爭。這場戰爭歷時一百多年，可謂世界最長的戰爭之一。當時英格蘭王國、法蘭西王國以彼此為頭號敵國，拚個你死我活，後來一些邦國（例如勃艮第公國等）也加入戰局。戰爭的起因主要是爭奪資源，尤其是土地。當時英國國王出身於法國貴族，擁有法國西南沿岸的土地，並且一心要向法王索回先前失去的領地；然而法國國王全力想一統領地、驅逐那時佔有法國西南沿岸的英格蘭。雙方無法相容，於是開啟戰端。

---

[28] 同註25

[29] 同註25；Chandler, David P., 2008. *A History of Cambodia* (fourth edition), Boulder, Colorado: Westview Press.

戰爭概要如後：1337-1360年間，雙方猛烈交兵，英格蘭佔了上風。但1360-1400年間，法王反攻，後來居上，奪回之前被英格蘭佔領的土地。1380年，英軍已退守到沿海地區。1415-1429年間，法蘭西發生內戰，於是英格蘭趁機重啟戰端，攻佔法國大片領土。法蘭西國王查理六世簽訂和約，承認英王亨利五世為攝政王，因此法蘭西成為英法聯合王國的一部分。1422年英格蘭的亨利五世、法蘭西的查理六世都去世，但戰火不斷；雙方的新國王亨利六世、查理七世繼續爭奪聯合王國之王位。1429年間，法蘭西出現了聖女貞德，大大提振了法蘭西的士氣，擊敗英格蘭。聖女貞德被英軍俘虜後，激起法蘭西更高昂的戰鬥意志，促使法軍進行絕地大反攻。1453年英格蘭軍隊投降，1558年法軍收復全部的失土，獲得勝利。[30]

第二次百年戰爭（Second Hundred Years' War，約1689-1815年）是另一個重要例證。在那百餘年裡，英國（原本是英格蘭王國，之後改為大不列顛王國，再改為大不列顛及北愛爾蘭聯合王國）與法國（先是法蘭西王國，之後改為法蘭西第一共和國，再改為法蘭西第一帝國）兩個主要交戰國，斷斷續續進行長年的戰事。必須說明的是，當時在歐洲的大規模衝突中，英法兩國如世仇一樣，幾乎總是互相敵對，其情況大致如14-15世紀一樣。在各種爭端裡，這兩個國家各與一些歐洲國家結盟，於是形成兩大集團彼此攻擊的情況；不但如此，在某些戰爭中，如七年戰爭，兩大集團還把戰火延燒到海上通路，甚至延伸到殖民地，如印度、

---

[30] Green, David, 2014. *The Hundred Years War: A People's History*, New Haven and London: Yale University Press.

北美洲等地區。[31]

　　綜上所述可知，雖然歐洲有共同的文化淵源，也有無數的、類似的文化遺產，但這並不保證其成員國可以合作無間。事實證明，歐洲的成員國之間，多次為了爭奪資源（如土地）而開戰。戰爭可以持續達百年之久，參戰國除了英法之外，還有各自的盟邦，而且受戰爭牽連、直接間接傷亡的人員、財產及物品損失，難以估算。

　　天下沒有永遠的敵國，英法兩國雖然在兩次百年戰爭中成為大敵、世仇，但他們在19世紀的兩次「英法聯軍之役」裡，聯手打敗滿清政府。這樣看來，不共戴天的世仇也有合作的可能；兩國想追求共同的目標，因此不再砲口相向，轉而願意合作，朝向一致的目標邁進。同理，泰、柬兩國雖然在過去幾百年裡交兵多次，但事過境遷，如今想要和平發展，不欲槍口相對；那麼，兩國應該還有機會能合作？

　　從泰、柬雙方及歐洲的歷史可知，有共同的文化遺產並不保證彼此可以合作，也不保證其合作可以成功。有共同的文化遺產，只能算是充分條件，或提供一個接觸、對話的基礎。因此，東協試圖在共同的文化遺產上，打造東協社會文化共同體，這並不容易。成員國之間想要完成「文化遺產合作」的協力大業，仍有其他因素必須考量；例如，都要和平、願意攜手合作、想同蒙其利，這是關鍵之一；有專責機構，這是關鍵之二（限於篇幅，本文只討論前者）。

---

[31] Tombs, Robert, and Isabelle Tombs, 2006. *That Sweet Enemy: The French and the British from the Sun King to the Present*, London: William Heinemann.

四、柏威夏寺

　　這裡再以柏威夏寺為例來談。這是東南亞領土爭端上最著名的案例之一。它不僅與資源—如領土—有關，還與「文化遺產合作」緊密扣連。2008年前後兩國為它爆發衝突，其遠因、近因如次：

　　（一）柏威夏寺位於現今的泰、柬邊境。它是吳哥帝國往西北拓展時，在陡峭的山崖上所建的；當初可能為了標示吳哥的兵力已達此山、將為日後開創更大的帝國而準備 。[32]（二）帝國鼎盛時，曾統治泰國中部大片土地；但後來泰國獨立並攻打吳哥，泰國繼起的朝代曾把柬埔寨劃為屬國 。[33]（三）柬埔寨於1867年第一次「法暹條約」中，成為法國的「保護國」。1893-1907年間，泰國在與法國訂定的條約中逐次割讓今泰、柬之間的領土，含柏威夏寺。（四）1904年法國認為泰、柬應劃清邊界；泰國託法國繪製該地區的地圖，當法國把地圖遞送給泰國時，地圖上的柏威夏寺歸柬埔寨。[34]（五）二次大戰時泰國在日本的背書下，取得柬埔寨西北部的土地，含柏威夏寺；日本戰敗後，法國於1946年由泰國手中取得柬埔寨部分領土。（六）1956-1958年，泰、柬兩國經多次協商無效，於是都向聯合國表示其對邊境狀況之不滿。（七）

---

[32] Briggs, Lawrence Palmer, 1999. *The Ancient Khmer Empire*, Bangkok: White Lotus Press.

[33] Chandler, David P., 2008. *A History of Cambodia* (fourth edition), Boulder, Colorado: Westview Press.

[34] Smith, Roger M., 1966. Cambodia's Foreign Policy, New York: Cornell University Press; Chandler, David P., 2008. *A History of Cambodia* (fourth edition), Boulder, Colorado: Westview Press; Wyatt, David K., 2003. *Thailand: A Short History*, New Haven and London: Yale University Press.

1959年柬埔寨對於該寺之解決方法提出兩個建議，一是由泰、柬兩國一同治理，二是提交本案到國際法院。兩造僵持不下，於是柬埔寨向國際法院提出訴訟。1962年法院判定柏威夏寺主權屬於柬埔寨。（八）2007年柬埔寨政府向聯合國教科文組織申請，要把柏威夏寺列入世界遺產；2008年此案通過，引起泰國反彈，兩國都派兵駐守該寺附近；泰國外長與柬國副總理兼外長皆同意以和平方式解決邊境爭議，但是泰、柬邊境仍發生武裝衝突（Cambodian-Thai border dispute）。

對此事件，泰國的立場雖然不是前後一貫，但基本上不想開戰。泰國媒體在2008年指政府未捍衛泰國主權；於是，泰國外交部長諾帕敦在世界遺產委員會中，反對該寺列入世界遺產之提案，並要求延後審查。[35] 但是泰國新總理沙瑪說，衝突的行動將挑起兩國人民的仇恨，並傷害泰、柬之間的情誼；他指出，柬埔寨申請柏威夏寺列入世界遺產，並不會使泰國失去領土；這個議題將由第三者來決定，他的政府會考慮兩國與人民的利益。[36]

泰國政府接著提出方案，成立泰柬邊境事務協商委員會（Thai-Cambodian Joint Commission on Demarcation for Land Boundary）。亦即在邊境勘測期間，應緩解緊張局勢，避免兩國在該地區衝突：雙方從柏威夏寺一帶撤軍，僅允留下相等的兵力；將舉辦第二次兩國協商會議，商討雙方的軍隊調整方案；雙方必須在所考察之地區，由共同組成的邊境委員會（Joint Border

---

[35] 請參閱泰國報紙 *The Nation*: <http://www.nationmultimedia.com/2008/07/03/headlines/headlines_30077207.php>(檢索日期：2018 年 10 月 13 日)。

[36] 請參閱 曼谷世界日報：<http://www.udnbkk.com/article/2008/0708/article_38672.html>(檢索日期：2018年10月14日)。

Commission）依照藍圖及權限義務之規定，考察勘測劃界地區。

　　泰國駐聯合國大使也對安理會表達了泰國的立場。泰國試圖在雙方會談架構下，找出公正、和平的解決之道，使兩國的政府及人民友好合作的方式能夠長期續存；基於上述原因，雙方都允諾克制衝突。雙方已於2008年7月在泰國沙繳（Sa Kaeo）省召開邊境會議，都願意緩和緊張對峙之情勢。為加速邊境調查及劃界的工作，雙方都希望早日召開泰、柬共同邊境委員會，替兩國邊境之人民帶來利益，並避免日後同樣的衝突發生。[37]

　　泰國方面希望與柬埔寨繼續協商，從中找到合適的解決方案。沙瑪、宋差兩位泰國總理執政期間，都支持柬埔寨申請柏威夏寺成為世界文化遺產。兩屆泰國政府均認為，柬埔寨申請柏威夏寺列入世界遺產，並不會損泰及國領土。但是，後來的總理阿披實不支持柬埔寨申請案，他懷疑柬埔寨與泰國前總理塔信聯手圖利[38]；然而，阿披實仍表示，泰國願意與柬埔寨維持友好的關係。

　　另一方面，柬埔寨也無意開戰。柬埔寨政府認為，1904年至1907年間，法、暹兩國成立委員會，經過多次協商，最後雙方同意由法國繪製地圖；泰國由外交部長Devawongse負責處理一切相關事務，當時他並沒有表示異議；但在數十年之後，泰國卻爭論寺院周邊的領土主權之歸屬。這種舉動，令柬埔寨感到不解。

　　泰國女星蘇瓦娜特（Suvanant Kongying）2003年公開宣稱，柬埔寨應把吳哥寺還給泰國。此舉引起柬埔寨人普遍的反感，他

---

[37] 張景青，2010，《邊境衝突與泰國政治變遷： 以「柏威夏神廟」（Preah Vihear Temple）爭端為案例》，南投：國立暨南國際大學東南亞研究所碩士論文。

[38] Pasuk Phongpaichit and Chris Baker, 2009. "Thaksin's Cambodian Gambit," *Far Eastern Economic Review,* Vol.51, Dow Jones & Company, Inc

們包圍、火燒首都金邊的泰國大使館；但是當時的泰國總塔信並未與柬埔寨政府爭吵，也沒有要求賠償，而是與柬埔寨總理洪森談判。洪森總理認為，泰國政府不應將其國內的政治紛爭，藉由這一件事情來轉移注意力、造成兩國的對立。[39]

　　柬埔寨政府表示，無意開火。其原本提報的世界遺產範圍含寺院及周邊；基於兩國的友好關係，在提報前曾把地圖送交泰國參考。但是泰、柬兩國對寺院周圍領土的主權認知有異；因此，柬埔寨修改了提報世界遺產之範圍，只提報柏威夏寺，不含寺院北邊、西邊的緩衝區域。柬埔寨政府說，以上行為是用來釋出善意，表示柬埔寨重視與泰國之關係，並希望藉此能使柏威夏寺申請案通過，不引發泰、柬兩國的衝突。

　　同時，柬埔寨駐聯合國大使 Kosal向聯合國安理會遞交請願函。[40] 函中說明柬埔寨提報的柏威夏寺案已經排入第32屆世界遺產委員會。Kosal還指出，1962年國際法院對於柏威夏寺的判決已聲明：國際法院依柬埔寨所提交的「法暹合約」之地圖，判定柏威夏寺位於柬埔寨領土內。泰國於1907年接受法國所繪製的地圖，意思就是承認該地圖上的雙邊國界；法院認為20世紀初泰國收到地圖之後沒有表示否定，則泰國日後的行為不足以否認以前的共識。

　　柬埔寨政府表示，聯合國通過柏威夏寺成為世界遺產後，引

---

[39] 洪森在公開場合籲請泰國不應將國內的政治對立帶到國家間的外交事務上。新聞資料見：<http://www.com/search/read.php?newsid=30100016&keyword=cambodia>(檢索日期：2018 年 11 月 03 日)。

[40] 詳細內容見聯合國網站：http://www.un.int/cambodia/Bulletin_Files/July08/Letter_18_Jul.pdf(檢索日期：2018 年 10 月 23 日)。

發泰國抗議、派兵；柬埔寨雖然也派兵，但無意擴大事端。泰國在邊境地區的行為是泰國內部的事務，柬埔寨不想看到泰軍進入或停留在柬埔寨的寺院。總理洪森說，柬埔寨盡可能克制自己以避免戰爭，[41]然而在必要的時刻，也不排除以武力來解決邊境的爭議；當然，希望不要動用武力。柬埔寨呼籲泰國政府，不要讓泰國的內政干擾到兩國的友誼。

　　該寺登錄世界文化遺產10週年時，兩國政府的言行值得觀察。柬埔寨舉辦慶典，總理洪森在金邊的會場上說，柏威夏寺是偉大的建築、國家的榮耀，柬埔寨非常珍惜並且愛護和平，也將繼續致力於各項建設，使國家更加偉大、社會更加繁榮（致詞時，洪森不談兩國在該寺的紛爭）。[42] 泰國方面，政府對該寺登錄10週年並無特別的表示。由此可見，雙方在應對進退時，有留意到分寸的拿捏。

　　綜上所述可知，柏威夏寺是泰、柬兩國近年爭議的焦點之一、爭執的具體對象物之一。它是兩國共同的文化遺產，在不同的歷史階段中，先後被泰、柬兩國管轄，其所有權在兩國之間輪替多次；近年，兩國都派兵駐守在該寺周邊，也曾為了爭奪該寺的所有權而發生衝突。

　　所幸，雙方大多是在態度或言語上表達各種意見，雖然曾經開槍，但至今不曾為該寺而發動大規模、長期的戰役。從晚近的各種跡象來判斷，一方面，雙方為它而發生衝突，這表示雙方都重視這座寺、這個共同的文化遺產，也都希望擁有它。另一方面，

---

[41] 總理洪森在接受泰國報紙 *The Nation* 訪問時表達了柬埔寨的立場。

[42] 筆者於 2018 年在金邊參加該慶典。

雙方雖有衝突，但規模不大、時間不長，這表示雙方都克制自己，而且都願意擱置武器、坐下來談，都知道彼此的情況，也都明白表達了要和平處理爭端、不想武力解決的強烈意願。

參、結論

東協期待成員國在共同文化遺產的基礎上，建立東協認同，並進行合作。據此，本文回顧東南亞歷史，發現東南亞確實有不少共同文化遺產，尤其是印度影響之下的有形、無形文化遺產。以泰、柬為例可知，這兩國在過去一千多年的時間裡，吸收了不少印度文化，並且創造了許多有形、無形的文化（它們流傳至今，成為共同的文化遺產）。

在過往數百年的時間裡，泰、柬兩國輪流興替，各有消長，並相互影響，國界屢有變動。因此，有些文化遺產曾先後由兩國管轄過，並成為今天東協的共同文化遺產。位在今天泰、柬兩國邊境線上的柏威夏寺，就是一例；該寺建築所表現的空間概念、該寺浮雕所再現的主題、以及該寺石碑上所刻的古文字等，都有印度的影子在。

但是為了它的所有權，兩造已經爭執了數十年；雖然國際法院已做出判決，然而泰、柬雙方在該寺及其周邊，各派各的兵，各管各的地，各自表述本身的想法；至今，該寺還沒有發揮雙方共同管理、同蒙其利、共享成果的作用。由該寺的例子可知，共同文化遺產可提供一個機會，使利害關係人據以接觸、交談；但這不表示他們就願意接觸、談論合作事宜，也不保證他們必定同心合作，更不保證可以順利成功地進行合作、共創雙贏和多贏。

幸好，正面的訊息、日後的曙光仍在。雙方都珍惜共同的文

化遺產，雙方也都克制自己，並且願意坐下來談，盼望能找到適當的方式，解決此一共同文化遺產的問題。從這裡，我們知道泰、柬雙方都願意以和平理性的方式面對彼此。他們願意面對歷史上留下來的領土紛爭，也面對祖先所留下來的領土上的古蹟。這些舉動可能的意思是，雙方已由衝突（尤其是近幾百年的衝突）轉為願意協商（尤其是近十年來的協商）；雖然協商未必能成功，合作管理的機會也尚難預料，但是「合作」的空間仍在，並非全然悲觀。換言之，泰、柬在「文化遺產合作」上的前景，縱然不是那麼樂觀，但也非必然無望。那麼，泰、柬也許仍有機會在東協的協助下，透過非武力的方式，持續地進行對話、溝通、協商，尋求異中存同的共有價值，以解決紛爭、歧異，和諧共處，創造雙贏。

　　整個來說，東協社會文化共同體之藍圖頗為宏大，願景非常美麗；但是這條路上有挑戰，如政治安全、經濟等層面的，[43]以及本文所談的問題，如歷史包袱及成員國的基本態度、行動等。這個社會文化共同體的主要基礎之一，是共同的文化遺產；此遺產在過去近兩千年的時間裡逐漸累積而成。以泰、柬為例，兩國間確實擁有共同的文化遺產；若要捐棄過往的負擔，進行合作，並非無望。雖然過去數十年間柬埔寨陷入內戰之泥淖，以致拉大了

---

[43] Collins, Alan, 2007, "Forming a security community: Lesson from ASEAN," *International Relations of the Asia-Pacific*, Vol..7, No.2, pp. 203-225; Simon, Sheldon, 2008. "ASEAN and Multilateralism: The Long, Bumpy Road to Community," *Contemporary Southeast Asia*, Vol.30, No.2, pp. 264-292; 楊昊，2008，〈從避戰到趨合：東協安全共同體的建構理路〉，《亞太研究論壇》，42期：120-152；陳佩修，2009，《軍人與政治：泰國的軍事政變與政治變遷》，台北：中央研究院人社中心亞太區域研究專題中心。

泰、柬兩國的發展差距，因而可能使這個共同體的路途不平順；然而，不平順並不等於完全不可行。

如上所述，針對共同體的討論常圍繞在建立共同性、共享價值、消除差異，然而共同體的建構，不是只追求一致，也不是止於「化多為一」。共同體的主張可以建構在更為開放、更加包容、更能相容的基礎上。成員國不僅有共享的過去，也了解彼此的差異，願意尊重並接納這些差異，而未必要消滅這些差異。在共享類同、尊重差異的基礎上，仍有機會採行相對和平、持續互動的途徑，以解決問題，共享未來。

以柏威夏寺為例（如圖一所示），兩國都願意做些努力。如果泰、柬兩國要進行分工合作、協力共進的話，應該仍有空間（暫不論此空間多大）。該寺位在兩國邊界線上，其主體建築目前屬於柬埔寨，但是從泰國亦可前往；兩國或許可據以合作，共營相關事業。以觀光業為例，遊客可取道泰國東北，前往兩國邊界，然後跨界進入柬埔寨、參觀柏威夏寺，甚至還可進一步前往吳哥地區，反之亦然。[44]這樣，兩國在共同文化遺產的基礎上進行國際協力，或許有可能同蒙其利，創造雙贏。如果這種方式可行，那麼擴而大之，應有益於東協社會文化共同體的建立，也可能有益於東協的其他支柱（如經濟共同體）。

---

[44] 知風草文教服務協會創辦人楊蔚齡小姐之建議。

圖一、柏威夏寺一景（筆者攝）

參考文獻

一、中文

《2009-2015 年 東 協 共 同 體 路 徑 圖 》，<www.aseancenter.
　　org.tw/Document_ASEAN_2025.aspx>，（檢索日期：2017年2
　　月10日）。

陳序經，1992，《陳序經東南亞古史研究合集》，台北：台灣商務
　　印書館。

陳佩修，2009，《軍人與政治：泰國的軍事政變與政治變遷》，台
　　北：中央研究院人社中心亞太區域研究專題中心。

張景青，2010，《邊境衝突與泰國政治變遷： 以「柏威夏神廟」
　　（Preah Vihear Temple）爭端為案例》，南投：國立暨南國際大
　　學東南亞研究所碩士論文。

楊昊，2008，〈從避戰到趨合：東協安全共同體的建構理路〉，《亞
　　太研究論壇》， 第42期，頁120-152。

嚴智宏，2005a，〈南傳佛教在東南亞的先驅：泰國墮羅鉢底時期
　　的雕塑〉，《台灣東南亞學刊》第2卷第1期，頁3-60。

嚴智宏，2005b，〈東南亞文化與社會〉，《東南亞文化教學參考手
　　冊整合版》，台北：教育部；南投：國立暨南國際大學東南亞
　　研究中心，頁79-116。

嚴智宏，2007年12月，〈東南亞藝術：以越、泰、印、菲為例〉，《歷
　　史文物》第17卷第12期，頁74-85。

嚴智宏，2009，〈在水之湄：湄公河流域的宗教信仰和音樂舞蹈〉，
　　《2009亞太傳統藝術節特展：在水之湄－湄公河流域的生活
　　與信仰》，宜蘭：國立台灣傳統藝術總處籌備處，頁29-43。

嚴智宏，2013年，〈佛教雕塑藝術概論，七，東南亞〉，《世界佛教
　　美術圖說大辭典》冊10，高雄：佛光山宗務委員會，頁44-49。

東協秘書處網站，http://www.aseansec.org/index2008. html（檢索日
　　期：2017年10月3日）。

二、西文

Bowie, Theodore, ed., 1976. *The Sculpture of Thailand: The Alexander
　　B. Griswold collection, the Walters Art Gallery,* New York: Arno
　　Press.

Briggs, Lawrence Palmer, 1999. *The Ancient Khmer Empire*, Bangkok:
　　White Lotus Press.

Cambodian-Thai border dispute, https://en.wikipedia.org/wiki/
　　Cambodian%E2%80%93Thai_border_dispute (Accessed on
　　2017.10.15）.

Chandler, David P., 2008. A His*tory of Cambodia* (fourth edition),
　　Boulder, Colorado: Westview Press.

Coedes, George, 1968. *The Indianized states of Southeast Asia*, ed. by
　　Walter F. Vella, trans. by Susan Brown Cowing, Honolulu:
　　East-West Center Press.

Collins, Alan, 2007, "Forming a security community: Lesson from
　　ASEAN," *International Relations of the Asia-Pacific*, Vol.7, No.2,
　　pp. 203-225.

Couldry, Nick, 2000. *Inside Culture: Re-Imagining the Method of Cultural Studies*, London: Sage.

Diskul, M.C.Subhadradis, 1981. *Art in Thailand: A brief history*, Bangkok: Amarin Press.

Diskul, M.C. Subhadradis, 1996. "Thailand, §IV, 4: Sukhothai, 13th-15th centuries," in *The dictionary of art*, Vol.30: 600-603.

Diskul, M.C.Subhadradis, 1999. *Sukhothai art*, Bangkok: Prince Maha Chakri Sirindhorn Anthropology Centre.

Dumarcay, Jacques, 1989, edited and translated by Michael Smithies, *The Temples of Java*, Singapore: Oxford University Press.

Dupont, Pierre, 1959. *L'Archeologie Mone de Dvaravati*, Paris: Ecole Francaise d'Extreme-Orient.

Green, David, 2014. *The Hundred Years War: A People's History*, New Haven, CT: Yale University Press.

Harrison, Brian, 1955. *South-East Asia: A Short History*, London: Macmillan.

Jacques, C., 1989. Edited and translated by Michael Smithies, *The temples of Java*, Singapore: Oxford University Press.

Jacques, Claude, and Michael Freeman, 1999. *Ancient Angkor*, Bangkok: River Books.

Mabbett, I. W. , 1977. "The Indianization of Southeast Asia," *Journal of Southeast Asian Studies*, Vol.8, No.2, pp.143-161.

Marrison, G. E., 1996. "Cambodia, §I, 3: Religion, Iconography and Subject- Matter," in *The Dictionary of Art*, Vol.5, pp.461-463.

Miksic, John, 1990. *Borobudur: Golden Tales of the Buddhas*, Boston:

Shambhala.

Moller, Frank, 2003. "Capitalizing on Difference: A Security Community or/as a Western Project," *Security Dialogue*, Vol.34, No.3, pp.297-310.

Pasuk Phongpaichit and Chris Baker, 2009. "Thaksin's Cambodian Gambit," *Far Eastern Economic Review,* Vol.51, Dow Jones & Company, Inc

Saraya, Dhida, 1999. *(Sri) Dvaravati: The Initial Phase of Siam's History*, Bangkok: Muang Boran.

SarDesai, D.R., 1997. *Southeast Asia: Past and Present*, Boulder, Colo.: Westview Press.

Severino, Rodolfo C., 2006. *Southeast Asia in Search of an ASEAN Community: Insight s from the Former ASEAN Secretary-General*, Singapore: Institute of Southeast Asian Studies.

Shiraev, Eric B., 2014. *International Relations*, New York: Oxford University Press.

Simon, Sheldon, 2008. "ASEAN and Multilateralism: The Long, Bumpy Road to Community," *Contemporary Southeast Asia*, Vol.30, No.2, pp.264-292.

Smith, Roger M., 1966. *Cambodia's Foreign Policy*, New York: Cornell University Press.

Soekmono, R., J.G. de Casparis, J., Dumarçay, P. Amranand, and P. Schoppert, 1990. Borobudur: A Prayer in Stone, Singapore: Archipelago Press.

Turner, Jane. et al., eds., *The Dictionary of Art*, Vol. 34, 1996, London and New York: Macmillan.

Tombs, Robert, and Isabelle Tombs, 2006. *That Sweet Enemy: The French and the British from the Sun King to the Present*, London: William Heinemann.

Van Leur, J.C., 1955. *Indonesian Trade and Society: Essays in Asian Social and Economic History*, The Hague: Van Hoeve.

Vickery, Michael, 1998. *Society, Economics, and Politics in Pre-Angkor Cambodia: The 7th-8th Centuries*, Tokyo: The Centre for East Asian Culture Studies for UNESCO.

William, Lea E., 1976. *Southeast Asia: A History*, New York: Oxford University Press.

Wolters, W., 1955. *History, Culture, and Region in Southeast Asian Perspectives*, Singapore: Institute of Southeast Asian Studies.

Wyatt, David K., 2003. *Thailand: A Short History*, New Haven and London: Yale University Press.

Amador, Julio S., Feb 28, 2011. "ASEAN Socio-Cultural Community: An Assessment of its Institutional Prospects," *SSRN Electronic Journal*. （Accessed on 2017.7.31.）

http://www.com/search/read.php?newsid=30100016&keyword=camb odia （Accessed on 2017.8.1.）。

http://whc.unesco.org/en/decisions/1857 （Accessed on 2017.3.1）。

http://www.nationmultimedia.com/specials/vdo/letter.pdf（Accessed on 2017.3.1）。

http://www.nationmultimedia.com/2008/07/03/headlines/headlines_30 077207.php （Accessed on 2017.8.1）。

http://www.udnbkk.com/article/2008/0708/article_38672.html
（Accessed on 2017.3.1）。
http://www.un.int/cambodia/Bulletin_Files/July08/Letter_18_Jul.pdf
（Accessed on 2017.3.1）。

誰的文化？誰的認同？探索台灣與泰國之文創觀光

蘇明如

實踐大學文化與創意學院觀光管理學系助理教授

【摘要】

「創意觀光（Creative Tourism）」在全球文化觀光旅遊業日趨成長，主要是因為全球對「創意產業」重視有關。聯合國教科文組織(United Nations Educational, Scientific and Cultural Organization, UNESCO)視創意觀光為：「直接參與和體驗真實的旅行，透過參與性的學習藝術、遺產或是地點的獨特角色，提供一個與當地居民的連結。」創意觀光重視道地的體驗、參與以及學習。吾人觀察，台泰交流在文化創意產業與觀光發展有諸多可供參照之處。台灣於 2002 年提出「挑戰 2008 國家重點發展計畫」，將「文化創意產業發展計畫」與「觀光客倍增計畫」同時納入，發展至今面貌趨多元，觀光注入文創元素亦受注目。而泰國在金融風暴後 1998 年推出「Amazing Thailand」，以泰國文化

為觀光主要訴求，因應不同地區，設計出不同觀光策略，並在 2002 年選出「觀光」、「時尚」、「食品」、「電腦動畫」、「汽車」做為五大競爭力產業，2003 年推動「創意泰國(Creative Thailand)」，逐漸打造出被譽為「風格之境」的「泰流」。本文藉由國際相關計畫、台灣文化創意產業與觀光政策之互相比對，並對照泰國文創觀光之發展。研究發現多樣性與包容性可打造創意觀光環境，豐富傳統文化旅遊模式，而如何具國際品牌識別性，則和台灣與泰國之文化認同與文化包裝有關。期能累積台泰交流在文創觀光之研究文獻。

關鍵字：泰國、文化創意產業、創意觀光、文化認同

壹、導論

一、研究動機

近年國際間，「文化產業」、「創意產業」或「文化創意產業」等概念，被認為是國家經濟發展、社會生活品質提升的關鍵因素，並常與國家主體認同有關，使得世界各國越來越重視其發展，尤其當國家面臨全球性經濟不景氣時，攸關文化經濟與文化認同等內涵的文創產業，常被挑選出來成為各國經濟發展政策，台灣與泰國亦不例外。文化創意觀光為當代全球觀光趨勢之一，本文以此為主題，初探台灣與泰國之文創觀光產業發展趨勢。

John Hawkins 為文化創意產業研究先驅，認為：「創意無關乎什麼出類拔萃的藝術天賦或文化財富，而是一些生態因素的豐富組合，主要是多樣性、改變、學習與適應。只有在生態條件許可下，創意才能存在，而且可經由有效率的適應而更見蓬勃。」

闡述「創意」如何與環境條件息息相關，提出「多樣性」、「改變」、「學習」與「適應」四個因子，說明可以供創意者盡情發揮的生態區位，而現代城市競爭優勢，已經從地理位置、天然資源蘊藏，轉變成城市公民的創意能量。

聯合國教科文組織（UNESCO）在 2006 年視「創意觀光」為直接參與和體驗真實的旅行，透過參與性的學習藝術、遺產或是地點的獨特角色，其提供一個與當地居民的連結，創造其居住文化。三種可能的創意觀光定義被提出：

第一種是指回歸到確實的創意活動的「家鄉」，無論是手工藝品、舞蹈、烹飪或是音樂，並參與當地居民與文化。第二種意味

著觀光客可以經歷文化活動，但是大部分的地點卻是附帶而非主要的，並與當地居民幾乎沒有連結。第三種則代表創意觀光可以牽涉到創意產業的樂趣，例如建築、電影、時尚或是設計。這些產業傾向全球性，且目的地的文化並非是一個必要的因素。

　　然而，無論採用哪個定義。創意觀光都應該是一個體驗形式的觀光。許多觀光客現在想要享受更為有活力和主動性的假期，而創意觀光正可以提供他們一個理想的選擇。

二、研究方法

　　本文研究以質性研究為主，分田野調查與文獻編碼進行。研究者於 2017 年 11 月前往泰國納黎萱大學進行文創訪問交流，發掘國內外文化創意觀光理論線索，蒐集各面向資料，延伸與其他文化觀光施政互動，包括蒐集學術文獻、官方文獻、預算書，各種對於觀光暨文化政策的宣示、方案方向與評估、相關創意觀光活動、空間的論述與宣傳資料、大眾媒體報導與討論，以及既有研究方案探索其內容。編碼論述，透過選擇性編碼（Selective Coding），即選擇核心範疇，把它有系統的其他範疇予以聯繫，驗證其間的關係，並把概念化尚未發展全備的範疇補充整齊的過程。藉由台灣與泰國觀光政策與文化創意產業政策之比對，並藉由田野調查，期能累積此一領域之研究文獻。

貳、文獻探討

創意觀光牽涉到更多互動，這裡的觀光客擁有受過教育的、秩序的、社會的和參與性的互動，這些互動來自與地點、居住文化以及居住於此地的居民。他們感覺就像是市民…創意觀光必須連接到文化，這特定的文化表現必須對於每一個地方都是獨一無二的。[1]

聯合國教科文組織在所謂的創意觀光運動的指導下，提倡創意觀光應該要涵蓋更多文化和歷史（「少一點博物館；多一點廣場」）的途徑：「創意觀光牽涉到更多互動，這裡的觀光客擁有受過教育的、情緒的、社會的和參與性的互動，這些互動來自與地點、居住文化以及居住於此地的居民。他們感覺就像是市民……創意觀光必須連接到文化，這特定的文化表現必須對每一個地方都是獨一無二。[2]舉兩項創意相關理論，分述如下：

一、Charles Landry 創意氛圍理論

Charles Landry 為英國研究機構「傳通媒體（Comedia）」執行長，Landry 認為：城市要達到復興，只有通過城市整體的創新，而其中的關鍵在於城市的創意基礎、創意環境和文化因素。因此，任何城市都可以成為創意城市，或者在某一方面更具有創意。而解決在地化問題，以及注重多元發展，是城市重生之重要關鍵。

[1] UNESCO, 2006, "Discussion Report of the Planning Meeting for 2008."
[2] 同註 1

　　18世紀工業都市的發展最終駛入衰敗期，在時代的推進下，其失去先前的經濟功能，以工業大國著稱的英國最終也面對此瓶頸，為了力挽狂瀾，當時英國首相 Anthony Charles Lynton Blair便組織了「英國創意產業特別工作小組」（Creative Industry Task Force），打造「新英國」，提倡重視知識經濟、推廣「創意產業（Creative Industries）」，而創意產業是城市的文化資產，是城市給人的印象。

　　Landry 提出，鼓勵大家發揮想像力的城市，遠遠超越了城市基礎工程典範，而不只是一味專注於諸如道路、千篇一律的住宅開發，或是平凡無奇的辦公大樓等硬體基礎建設，而是要營造一種「創意氛圍（Creative　Milieu）」；創意氛圍是種空間概念，指的是建築群、城市的某處、甚至整座城市或區域。它涵蓋了必要的先決條件，即是足以激發源源不絕的創意點子與發明的一切軟硬體設施。軟體基礎建設包括：關注人們如何才能會面、交換意見，並建立網路，並鼓勵促進人際溝通的實體發展與空間營造，這些空間具有高度品質與舒適便利性。

　　由於創意不僅在於有構想，應該更進一步將它們落實，因此這類城市需要活力十足的思想家、創造者與實踐者。而特立獨行者通常會挑戰阻礙進步的界線，因此，創意組織了解，若要運作良好，就需要這些「人才」，而重要的是，這種較開放的城市能夠提供人才運作的空間。

二、Richard Florida 創意資本理論

　　Richard　Florida　提出「創意資本理論(Creative　Capital

Theory）」，主要是描述 21 世紀創意時代來臨後，創意階級會在具備「4T」的地區發生群聚，而這些地方將會成為最高競爭力的城市。Florida 認為，當一座城市的經濟發展是透過聚集創意人才與高科技產業來達成，同時也具備開放多元的生活空間，便可稱之為「創意城市」。

其所謂創意經濟發展的「四 T」即：科技（Technology）、人才（Talent）、寬容（Tolerance）、愉悅環境（Territorial Assets）與自然與人造的愉悅環境（Territorial Assets）[3]。一個地方想要吸引創意人、激發創新能力與刺激經濟成長，必須四者兼具。

Florida 並與相關研究人員共同提出的其他創意城市競爭力等相關指標，指標由四部分組成：1.創意階級所占勞動力比例、2.以每人專利權數目來測量的創新指標、3.以地區高科技產業出產量占全國高科技產業出產量的比例來測量的高科技產業指標、4.多樣性，其中第 4 項「多樣性」有項具特色指標：「波西米亞指數（Bohemian Index）」，波西米亞人數指標，指的是藝術創意人口數，統計藝術家、作家、表演者與各種跨領域藝術工作者，在一個區域的密度。

---

[3] 創意經濟發展的四 T 包含 1.科技是一個城市中擁有創新和高科技產業聚集；2.人才是創新的來源，為經濟發展的主要推手，指的是擁有學士或以上學位的人才；3.包容力則關於城市或國家是否具有開放性，能夠具備能夠吸引人才的能力，包含開放性、種族與職業的多樣性。4.自然與人造的愉悅環境創造出高質量的生活品質，其中包含地方文化、藝術氣息和多樣性，都是人才選擇地區的考量。創意階級的人對於生活環境的品質要求愈來愈高，一個地方如果沒有文化，是沒有辦法激起創意的，他們想要的是一種動態性的地區，可以與人與事物產生共鳴，並且可以碰撞出不一樣的想法，所以擁有越多文化和藝術氣息的社區，就會越吸引更多創意階級的人搬入。

　　其綜合各項指標[4]，提出結論為：「與其說經濟成長完全由企業主導，不如說它是發生在對創意更包容、多元、開放的地方，因為所有創意人都想要在這樣的地方生活。」Florida 認為「多元化」也代表刺激與活力，有吸引力的地方不一定是大城市，但一定是具有國際觀的地方，任何人都可以找到讓自己安逸的團體，也可以找到足以帶來刺激的其他團體，各種文化與觀念在這個地方互動。許多城市（例如工業的或全球化的）最近發展和推廣遺產景點，所以強調當代、體驗性和創意的觀光就變得相當重要。創意城市需要創意政府和創意的領導階層。

參、泰國文創與創意觀光初探

　　前述提及創意相關理論，而本文探討之泰國在金融風暴後 1998 年推出「Amazing Thailand」，以泰國文化為觀光主要訴求，因應不同地區，設計出不同觀光策略，並在 2002 年選出觀光、時尚、食品、電腦動畫、汽車做為五大競爭力產業，2003 年推動「Creative Thailand」，逐漸打造出被譽為「風格之境」的「泰流」。

　　依據泰國觀光局台北辦事處[5]指出，泰國已有 700 多年的歷史和文化，原名暹羅。西元 1238 年建立了素可泰王朝，開始形成較為統一的國家。先後經歷了素可泰王朝、大城王朝、吞武裏王朝和卻克里王朝（曼谷王朝）。從 16 世紀起，先後遭到葡萄牙、荷

---

[4] 其他指標有「人力指標」：一地區具有學士學位以上人口數；「外國人數指標」：指一地區外國人口比例。

[5] 泰國觀光局台北辦事處 a，2017，〈認識泰國〉。<http://www.tattpe.org.tw/KnowThailand/know_tai_intro.aspx>，(檢索日期: 2017 年 10 月 20 日)

蘭、英國和法國等殖民主義者的入侵。19 世紀末，曼谷王朝五世王大量吸收西方經驗進行社會改革。1896 年，英、法簽訂條約，規定暹羅為英屬緬甸和法屬印度支那之間的緩衝國，從而使暹羅成為東南亞唯一沒有淪為殖民地的國家。1932 年 6 月，人民黨發動政變，建立君主立憲政體。1938 年，鑾披汶執政，1939 年 6 月更名為泰國，意為「自由之地」。

圖一、泰國藝術文化中心 BACC

資料來源：作者攝影

一、文創相關計畫

　　學者陳尚懋教授[6]在〈泰國文化創意產業的政治經濟分析〉一文中探討泰國政府在文化創意產業中所扮演的角色，指出：「泰國

---

[6] 陳尚懋，2011，〈泰國文化創意產業的政治經濟分析〉，《亞太研究論壇 54》。

政府希望可以藉由強調柔性權力的文化創意產業有效帶領泰國經濟走出危機。在經過多年的發展之後，泰國文化創意產業的產值大幅提昇泰國的設計實力受到全世界矚目。」「從 2001 年的塔信到 2008 年的艾比希文化創意產業一直是泰國經濟發展的重要策略產業，政府透過相關的政策與制度支持文化創意產業。」

　　根據《2015 台灣文化創意產業年報》[7]，曾對泰國文化創意產業作一專論〈泰國—以創意經濟的概念，提高產品附加價值〉，提及泰國政府為提高國際競爭力與穩定泰國的社會經濟發展，不斷藉由創意與設計來推動泰國的產業升級轉型，泰國政府相當重視泰國的創意產業，積極推動各項產業的發展，下圖為泰國創意產業相關政策歷程：

---

[7] 文化部，2016，《2015 文化創意產業年報》，臺北市：文化部。

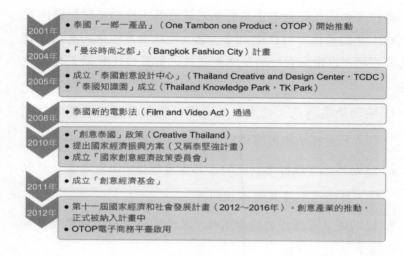

圖二、泰國藝術產業發展歷程

資料來源：2015 臺灣文化創意產業發展年報

　　泰國政府推動文創相關計畫，經文獻分析與田野調查，分述如下：

（一）一村一品（One Tambon One Product – OTOP）

　　「一村一品」計劃是泰國政府 2001 年開始實施的，目的是推廣世代相傳的傳統手工業和特色農業產品。根據這項政策，政府扶助每個村鎮利用當地自然資源和特有材料，發展富有文化內涵的傳統產業，生產特色產品。除了注重產品質量及設計理念外，此計劃尤其強調將地方智慧及傳統文化融入到產品中。

　　為推廣泰國各鄉村的手工藝品或農產品，協助其開拓國內市場，2001 年開始推動 OTOP 計畫，進一步藉由多樣化的商品行銷至海外市場，以增加當地的就業與收入。泰國 OTOP 的主要目標包括：

1. 協助地區特色文化或自然資源轉型成具附加價值的文化商品，並有助於振興該地區的經濟成長。

2. 鼓勵具地方或村落特色的產品生產製造，但需考量原料取得、技術成熟度及地方認同感。

3. 協助建立可操作的行銷策略，以及在全球市場中建立具競爭力的區域品牌。

4. 鼓勵生產者對其特色產品進行智慧財產權的登記，以防止仿冒的情況發生。

　　一村一品的主要精神即在於運用當地原物料以及當地製作，並創造出高品質的商品，例如服飾、家居物品、飾品、或任何能夠符合每個人及每種生活型態的裝飾性物品，包括：手織品、木製品、陶製品、人工花卉、創意手工肥皂及蠟燭、布料、紙漿、鳳梨、或其他天然纖維中煉製出的紙張、椰子殼或棕櫚商品。

　　泰國人使用當地獨特的原料並融合地方智慧與經驗，將一般商品轉化為精巧細緻商品，並以符合國際標準(的)最高品質為目標，美麗地呈現古老的傳統以及當地精神。另外，為了推廣一村一品的產品，在大部分的大型百貨公司或購物商場裡，尤其國家文化象徵的國際機場，都可以發現 OTOP 的零售店鋪（如圖三）。

圖三、國際機場皆可看到 OTOP 的商店

資料來源：研究者攝影

（二）TCDC 創意設計中心

於 2005 年正式開幕的泰國創意設計中心（Thailand Creative and Design Center，TCDC），原坐落於曼谷的 The Emporium 購物商場中，現已移至河畔舊郵政總局(如圖四所示)。隸屬於泰國知識管理發展辦公室（Office of Knowledge Management and Development，OKMD），在政府政策與資金支援下運作，為世界第一個提供設計資源與學習的設施。設計中心裡包括常設展廳、特展展廳、圖書館、材質資料庫、設計商店等，提供所有與設計相關之館藏、多媒體視聽資源等，其材質資料庫更是擁有超過上千種廣泛被使用在產品製造上的材料樣本，讓設計人才、學生或製造業者，有機會學習、體驗、接觸國際知名藝術家或設計師的創意及所使用的材料，了解世界設計潮流與材質運用等資

訊。此外，創意設計中心的目的，除了增進設計業者及設計系學生的相關學識之外，更希望可以讓一般民眾更容易地吸取設計創意等相關知識，增加對設計的了解與激發創意。

圖四、遷址後的 TCDC 創意設計中心

資料來源：研究者攝影

（三）創意泰國計畫

2010 年泰國政府更進一步施行創意泰國（Creative Thailand）計畫，從基礎設施、教育、社會意識、產業等面向，全面推動創意經濟發展。根據《臺北產經》之報導指出，泰堅強計畫（Thai Khem Khaeng Project）陸續投入上百億泰銖於藝術表演、工藝、創意產品、媒體、文化遺產、軟體及設計研發等領域，其內容則包括創意王（Creative King）、泰國歷史文化創意電影、創意城市、創意經濟意識、泰國產品新國際印象、創意經濟研討會或工

作坊、兒童與青少年之創意推動、提升創意產業之潛力與競爭力等子計畫。[8]

其中創意城市方面，泰國商務部智慧財產局提出創意城市示範計畫，選定泰國十個城市（包括清邁、清萊、楠府、也拉、猜納等），藉由結合在地文化與創意，提高文創產品價值，推展城市文化觀光，進一步達到增加該地區就業機會與收入之目標。可呼應前述提及之創意城市理論。

而根據 NESDB 的分析，泰國文化創意產業的競爭優勢大致可以分為以下三點：其一，在文化旅遊（Cultural Tourism）方面：泰國擁有三座聯合國所認可的世界文化遺產、傳統文化具多元樣貌、相對低價之服務。其二，在商品設計（Design Goods）方面：擁有獨具文化特色之手工藝精品、獲得泰國政府全面且充分的支持。其三，在影視產品(Film)方面：地點優勢，氣候佳且天然景點眾多、從業人員專業素質佳、廣受政府相關單位的支持。

表一、泰國文化創意產業的競爭優勢與面臨問題

產業別	競爭優勢	面臨問題
文化旅遊	1.擁有 UNESCO 認定之三大世界遺產 2.傳統文化具多元樣貌 3.相對低價之服務	1.旅遊專業人員不足 2.部分景點公共設施不完善 3.部分景點缺乏獨有特定
商品設計	1.擁有獨具文化特色及故事性之手工藝精品 2.生產製造過程使用獨特或獨創之方法	1. 缺乏資金及行銷專業進行推廣 2.抄襲設計及模仿名牌 3.技術及設計知識之轉移

8　戴卉姍，2012，〈驅動經濟邁向新世紀—泰國的創意設計〉，《臺北產經》，第 11 期，頁 41-44。

	3.獲泰國政府全面且充分輔導支持	緩慢且過程複雜 4.無法有系統地彙整地方智慧資產
影視產品	1.地點優勢，如氣候佳、天然景點眾多 2.從業人員專業素質佳 3.廣受政府相關單位的支持 4.專攻特定領域，如喜劇片及恐怖片	1.屢見智慧財產權侵權案 2.缺乏獨特創意及多樣化產品 3.相關產業專業人員不足 4.缺乏系統性研發及知識整合機制

資料來源：作者自製

二、驚豔泰國 Amazing Thailand

（一）推動觀光策略

　　根據陳尚懋教授 2010 年的研究，泰國政府從 1960 年代開始發展觀光業，成效相當不錯，到 2008 年時，吸引超過 1,400 萬名觀光客。

　　最早從 1960 年代的越戰開始，就有為數眾多的美國大兵前往泰國進行休閒度假，為泰國賺進不少外匯，也促進泰國觀光業軟硬體建設的發展。越戰結束之後，泰國有效利用越戰時期所累積下來的觀光資源，順利吸引大量美國與歐洲的觀光客。

　　1982 年時，泰國觀光業正式取代稻米成為最大的外匯來源，觀光業也開始進入黃金時期。1997 年的亞洲金融危機對於泰國的整體經濟環境造成相當大的影響，觀光業自然也遭受到不小的打擊。

　　不過，泰國政府有效結合公、私部門的資源與力量，除了推出大型的國際行銷活動—驚奇泰國（Amazing Thailand）(如圖五所示)外，再加上推廣醫療觀光（Medical Tourism），以及新機場啟用等利多，迅速帶領泰國觀光業走出金融危機的陰影。而根據世界旅遊組織的分析，Amazing Thailand 成功的關鍵性因素有：（1）明確的目標；（2）參與夥伴具有高度的責任感與耐心；（3）公正與開放；（4）社群的支持；（5）有效管理等。[9]

　　此外，相關媒體報導指出，為了推廣泰國旅遊，泰國觀光局不斷努力加強泰國觀光產業，現在泰國是最受全球觀光客喜愛的旅遊國家之一，被認為是旅遊產品多樣化、購物天堂、以及物超所值的最佳旅遊地。旅客人數也不斷的在增加中，其中靠的就是不斷協助雙方業者掌握資訊與推廣重點以便進一步緊密合作，更重要的當然是提供業者最新旅遊產品的資訊，以促使更多新產品問市，也使遊客有更多的選擇。（如圖五所示）

[9] World Tourism Organization, 2003, *Co-Operation and Partnerships in Tourism: A Global Perspective*, Madrid, Spain: World Tourism Organization, p.61.

圖五、泰國多元國暨行銷活動—驚奇泰國（AMAZING THAILAND）、
素可泰歷史遺產公園

資料來源：研究者攝影

　　泰國旅遊觀光業在近幾年受到許多獎項的肯定，在市場調查
排名中名列前茅，充分顯示泰國旅遊商品及服務品質有極高的信
心。在 2018 的推廣主題「驚艷泰國繽紛歡樂觀光年」的行銷概念
下，泰國觀光局積極推動各種主題旅遊，發展出多項產品，像是
青年畢業旅遊、結婚蜜月旅遊、輕度冒險旅遊、運動旅遊、環保
綠色旅遊、家庭旅遊、體驗學習旅遊、高爾夫旅遊、健康養生旅
遊、恣意悠閒旅遊、奢華享樂旅遊等等，除此之外各式節慶活動、

旅遊交易會、以及多樣反映獨特地區文化與生活型態的活動也都
將陸續推出。[10]

（二）體驗泰式烹飪

創意觀光重視體驗參與，本文以其中最具代表性之體驗泰式
烹飪作為舉例，吾人觀察，在曼谷和泰國幾個大府有許多烹飪學
校，幾乎所有飯店的泰式餐廳也都可以安排烹飪課，有些飯店餐
廳強調實際動手做，其他還只用「觀摩和試吃」方式的課程，學
習一些基本技巧，可以讓您自己回家動手做幾道喜愛的菜，其他
更深入專業的訓練，則適合新進的廚師。

通常學校會讓您選擇食譜，但一些餐廳只會推出在他們菜單
上有的特定烹飪課程，飯店經營的烹飪學校平均學費較高，但一
般都會提供餐。一些學校甚至提供如何選擇菜單以及在餐廳點菜
的教學課程(如圖六所示)。各府的烹飪學校通常烹飪課程都會以
當地風味菜及國內最受歡迎的菜為主。烹調泰國菜的基本材料和
方法非常多樣，也可用在許多世界知名烹飪內。尤其在曼谷，例
如，有餐廳擷取泰國烹飪用在猶太或回教菜餚中，除了保有泰式
獨特的風味還可以嚴格遵守每道烹飪的飲食規定。西方的廚師也
會將泰國風味融入他們經典的菜餚中，創造出現在世界各地最流
行融合美食。最後，泰國常見的藥草如檸檬香茅、薄荷、紅花、

---

[10] 泰國觀光局台北辦事處，2017，〈2017 泰國旅遊交易會 泰國觀光局亞洲暨
南太平洋地區〉，<http://www.tattpe.org.tw/TravelInfo/TravelInfo_detai
l.aspx?NewsID=1141>，(檢索日期：2017 年 11 月 15 日)

薑根和羅勒製成具有療效的茶類製品，透過做成茶包的特別包裝出口，也逐漸受到外國的歡迎。

圖六、體驗泰式烹飪—泰北風味料理

資料來源：研究者攝影

肆、台灣文創與創意觀光分析

前述提及泰國文創與觀光相關計畫,而台灣觀光政策發展與文化創意觀光的興起，分述如下：

一、文化創意產業興起

「文化創意產業」在臺灣，以國家文化政策被提出，始於2002年我國政府正式將「文化創意產業」列為「挑戰2008：國家重點發展計畫」中十大重點投資計畫之第二項。定義為：「源自創意與文化積累，透過智慧財產的形成與運用，具有創造財富與就業

機會潛力，並促進整體生活環境提昇的行業。」[11]在國家文化認同與文化經濟競爭力之間，行政院文化建設委員會出版《文化創意產業手冊》[12]提及：

　　面對各國政府積極的作為，臺灣政府必須在短時間內急起直追，並且充分朝資源整合與知識創新的目標邁進，才有機會在新一波全球競合的環境中，永續發展。……臺灣在面臨全球化浪潮的席捲下，正步入全球均質的危機當中，若無法建構屬於臺灣特色，以做為全球化下識別的符碼，臺灣的國際競爭力是很難提昇的；臺灣長期以發展高科技產業及大型製造業為主，對於文化藝術相關產業的輔導、非營利事業環境的建構與藝文生態的策進等，均極少被視為扶植產業或國家重點發展方向。此次文化創意產業的目的，即在整合地方智慧與文化藝術生命力，將其應用於產業發展以因應全球化之挑戰。[13]

　　文化產業的重視與創新被認為是國家經濟發展以及社會生活品質提升的重要關鍵因素，且對應「體驗經濟」等風格社會之提出，並常與國家主體性、國家文化認同有關，使得世界各國越來越重視文化創意產業的發展，亦成為創意觀光發展之背景趨勢。

　　2002 年行政院提出「挑戰 2008：國家發展重點計畫[14]」，跟以往 1970 年代十大建設相較，硬體建設下降，軟體建設相對提

---

[11] 行政院經濟建設委員會，2007，《挑戰 2008 國家重點發展計畫》，臺北：行政院經濟建設委員會。

[12] 1981 年成立的「行政院文化建設委員會」，於 2012 年升格為文化部。

[13] 行政院文化建設委員會，2004，《文化創意產業手冊》，臺北市：行政院文化建設委員會。

[14] 依據行政院經濟建設委員會資料，其十大重點投資計畫分別為：1. E世代人

高，諸如攸關本文之「文化創意產業發展計畫」以及「觀光客倍增計畫[15]」等皆為軟體建設。

　　以在台灣而言，2010 年施行之《文化創意產業發展法》第 3 條：「本法所稱文化創意產業，指源自創意或文化積累，透過智慧財產之形成及運用，具有創造財富與就業機會之潛力，並促進全民美學素養，使國民生活環境提升之下列產業。」共計 15＋1 項。

二、文創推動範疇

　　文化創意產業於初期時，是在經濟部會的主政下，作為「經濟政策」大於「文化政策」，在各方存在疑慮與觀望下，透過諸多討論調整，終將政策法制化，於焉《文化創意產業發展法》在 2010 年經立法院三讀通過總統令制訂公告。

　　根據台灣《文化創意產業法》，產業選定原則包含就業人數多或參與人數多、產值大或關聯效益大、成長潛力大及原創性高或創新性高及附加價值高三項，列表如下：

才培育；2. 文化創意產業發展；3. 國際創新研發基地；4. 產業高值化；5. 觀光客倍增；6. 數位台灣；7. 營運總部；8. 全島運輸骨幹整建；9. 水與綠建設；10. 新故鄉社區營造。

[15]　「觀光客倍增計畫」策略：整備現有套裝旅遊路線；開發新興套裝旅遊路線及新景點；建置觀光旅遊服務網；宣傳推廣國際觀光；發展會議展覽產業。

表一、「文化創意產業發展法」之文創產業範疇 15＋1 項

產業類別	中央目的事業主管機關	內容及範圍
一、視覺藝術產業	文化部	指從事繪畫、雕塑、其他藝術品創作、藝術品拍賣零售、畫廊、藝術品展覽、藝術經紀代理、藝術品公證鑑價、藝術品修復等行業。
二、音樂及表演藝術產業	文化部	指從事音樂、戲劇、舞蹈之創作、訓練、表演等相關業務、表演藝術軟硬體（舞臺、燈光、音響、道具、服裝、造型等）設計服務、經紀、藝術節經營等行業。
三、文化資產應用及展演設施產業	文化部	指從事文化資產利用[16]、展演設施（如劇院、音樂廳、露天廣場、美術館、博物館、藝術館（村）、演藝廳等）經營管理之行業。
四、工藝產業	文化部	指從事工藝創作、工藝設計、模具製作、材料製作、工藝品生產、工藝品展售流通、工藝品鑑定等行業。
五、電影產業	文化部	指從事電影片製作、電影片發行、電影片映演，及提供器材、設施、技術以完成電影片製作等行業。
六、廣播電視產業	文化部	指利用無線、有線、衛星或其他廣播電視平臺，從事節目播送、製作、發行等之行業。
七、出版產業	文化部	指從事新聞、雜誌（期刊）、圖書等紙本或以數位方式創作、企劃編輯、發行流通等之行業[17]。
八、廣告產業	經濟部	指從事各種媒體宣傳物之設計、繪製、攝影、模型、製作及裝置、獨立經營分送廣告、招攬廣告、廣告設計等行業。

[16] 所稱文化資產利用，限於該資產之場地或空間之利用。

[17] 1.數位創作係指將圖像、字元、影像、語音等內容，以數位處理或數位形式（含以電子化流通方式）公開傳輸或發行。2.本產業內容包括數位出版產業價值鏈最前端數位出版內容之輔導。

九、產品設計產業	經濟部	指從事產品設計調查、設計企劃、外觀設計、機構設計、人機介面設計、原型與模型製作、包裝設計、設計諮詢顧問等行業。
十、視覺傳達設計產業	經濟部	指從事企業識別系統設計（CIS）、品牌形象設計、平面視覺設計、網頁多媒體設計、商業包裝設計等行業[18]。
十一、設計品牌時尚產業	經濟部	指從事以設計師為品牌或由其協助成立品牌之設計、顧問、製造、流通等行業。
十二、建築設計產業	內政部	指從事建築物設計、室內裝修設計等行業。
十三、數位內容產業	經濟部	指從事提供將圖像、文字、影像或語音等資料，運用資訊科技加以數位化，並整合運用之技術、產品或服務之行業。
十四、創意生活產業	經濟部	指從事以創意整合生活產業之核心知識，提供具有深度體驗及高質美感之行業，如飲食文化體驗、生活教育體驗、自然生態體驗、流行時尚體驗、特定文物體驗、工藝文化體驗等行業。
十五、流行音樂及文化內容產業	文化部	指從事具有大眾普遍接受特色之音樂及文化之創作、出版、發行、展演、經紀及其周邊產製技術服務等之行業。
十六、其他經中央主管機關指定之產業	指從事中央主管機關依下列指標指定之其他文化創意產業： 產業提供之產品或服務具表達性價值及功用性價值。 產業具成長潛力，如營業收入、就業人口數、出口值或產值等指標。	

資料來源：本研究整理

---

[18] 1.視覺傳達設計產業包括「商業包裝設計」，但不包括「繪本設計」。2.商業包裝設計包括食品、民生用品、伴手禮產品等包裝。

三、台灣觀光政策與旅遊策展趨勢

　　前述探討聯合國「創意城市網絡」、歐盟「歐洲文化首都」以及泰國「體驗泰式烹飪」與「創意觀光」相關之計畫。回歸台灣，依據行政院 104 年（2015）8 月 4 日院臺交字第 1040041343 號函核定「觀光大國行動方案（104-107 年）」施政計畫可知「觀光產業」是「可外銷的服務業」，近年異軍突起，逆勢成長，躍升為政府促進經濟發展之重點產業，列為「六大新興產業」之一。主要政策「觀光拔尖領航方案」以「發展國際觀光、提升國內旅遊品質、提升觀光外匯收入」為核心理念，擴大臺灣觀光市場規模、 引領產業國際化發展。

　　依據世界觀光組織（UNWTO）2015 年 4 月公布資料分析，2014 年臺灣入境旅客人次達 991 萬人次，名列全球第 31 名（較 2013 年名次第 38 名前進 7 名），創造觀光外匯收入達到 147 億美元，排名全球第 24 名（較 2013 年名次第 25 名前進 1 名）；2014 年來臺旅客成長率 23.6%，居全球前 50 大觀光目的地中第 2 名（僅次於日本成長率 29.4%），且大幅高於全球成長率 4.4%及亞太地區成長率 5.4%；觀光收入成長率達 18.9%，居全球前 50 大觀光收入地區中第 4 名，臺灣觀光創匯潛力可觀。

表二、2014 年主要鄰國國際旅客及觀光外匯收入世界排名表

國家	入境旅客人次（萬人）	成長率（%）	2014世界排名	觀光外匯收入（美金億元）	成長率（%）	2014世界排名
中國大陸	5,560	-0.1	4	569	10.2	3
香港	2,780	8.2	11	384	-1.4	10
馬來西亞	2,740	6.7	12	218	5.4	13
泰國	2,480	-6.7	14	384	-2.7	9
澳門	1,460	2.1	19	508	-1.9	5
韓國	1,420	16.6	20	181	24.1	18
日本	1,340	29.4	22	189	35.3	17
新加坡	1,190	-0.3	25	192	0.7	16
臺灣	991	23.6	31	147	18.9	24

資料來源：UNWTO World Tourism Barometer April 2015.

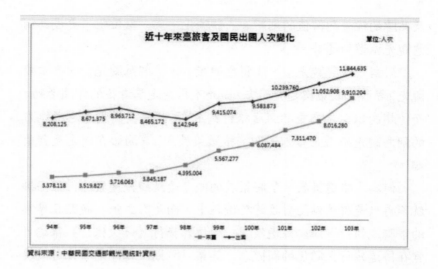

圖七、近十年來台旅客及國民出國人次變化

資料來源：中華民國行政院交通部觀光局

　　此外，根據中華民國行政院交通部觀光局統計資料「來台旅客及國民出國人次變化圖」(如圖七所示)可觀察到，近十年來，觀光產業發展在台灣已形成了一股趨勢，而隨著全球經濟國際化、自由化，以及兩岸間往來頻繁，加速了台灣觀光業之蓬勃發展，使觀光業成為當前政府重點發展產業。

　　前述提及，在國家未來的經濟建設規劃中，「觀光拔尖領航方案」是政府投入發展之六大新興產業之一。而隨著網路、3C產品被普遍使用，網路旅遊業者興起，除了打破經營疆界的限制，資訊流通更加迅速，更能夠透過多元的通路加以行銷旅遊產品以

及品牌的經營和價值的創新。「體驗化」與「數位化」更成為創意觀光旅遊新趨勢。

　　針對「優質觀光」、「特色觀光」、「智慧觀光」、「永續觀光」等觀光政策與趨勢而言，觀光不再是走馬看花的休閒活動，而是趨向以文化為重的深度旅行為主[19]，此時具備創意思考能力的創意觀光旅遊企畫人，即「旅遊策展人」[20]開始在觀光產業興起。

　　何為「旅遊策展」？將策展的概念連結觀光產業，行程安排就不再只是將景點全盤收錄於遊程中，而是有主張、觀點且專業的串聯或執行。雄獅旅遊集團──欣傳媒發行《一次旅行》雜誌，旨在傳達旅行主題化的新概念，其第 15 期主題即是「旅遊策展人」，工頭堅在〈策展的觀念來規劃旅行〉中表示[21]，從機票的選擇開始，不同類型、國籍航空公司的服務與氛圍或是機位，都將分別帶來不同的飛行體驗；訂飯店的原則，從奢華享受的品牌

---

[19] 深度旅遊是當今觀光發展中的一種新興旅遊型態，意即遊客在某一個特定旅遊景點中，透過自然與人文的旅遊資源與產品，以基本的觀察、學習與體驗，豐富與增進知識，甚至引 導或鼓勵遊客改變長期的行為習性、生活型態或人際互動方式，提升自我心靈與內在價值， 達到心理與生理層面的解放與舒展的旅遊方式。

[20] 「策展人（Curator）」最初意指負責博物館藏品保存和研究的專業人士。最近策展人一詞更被廣泛定義為展覽召集人。如今已衍生詮釋為具有某些整合特質的規劃者或風潮引領者，在專業領域保有自己特有的主張風格。若從旅行的角度來看，「策展人」則能營造出獨特旅行氛圍，讓行程不只是單純地將景點串連，而是有主張、有觀點、甚至有專業的執行能力，最終形成一個能產共鳴、可被分享的同好出遊模式。

[21] 工頭堅，2013，〈用策展的觀念來規劃旅行〉，《欣旅遊》，<http://solomo.xinmedia.com/travel/2272-kenworker>，（檢索日期：2017 年 01 月 28 日）。

飯店、民宿到青年旅舍，便隨著自己的選擇，而進入不同的空間、與不同的人群接觸，就好像你選擇了什麼樣的場地，來做為展覽的空間；至於行程的規劃，因為每位策展人的見聞與歷練不同，組合與創造出的行程就不同，於是從這個角度來看，遊程設計就不只是遊程設計，而是運用工具與專業執行，營造出獨特旅行氛圍的「旅遊策展」。吾人觀察，旅遊策展趨勢，將為台灣發展「創意觀光」提供新的時代環境。

伍、誰的文化？誰的認同？台灣與泰國比較初探

根據前述陳尚懋教授研究，與文化部《2015 台灣文化創意產業年報》，泰國在 1997 年金融風暴之後，為了儘速進行經濟復甦，故在政府帶領之下發展文化創意產業，泰國的文化創意產業主要分成四個類別：1.文化遺產（Cultural Heritage），如工藝、歷史文化觀光、泰國食物、傳統醫藥等；2.藝術（Art），如視覺藝術、表演藝術；3.媒體（Media），如電影、出版、廣播與音樂；4.功能性創意（Functional Creation），如設計、時尚、建築、廣告、軟體等。若對照台灣文創範疇 15＋1，本研究製表如下：

表三、泰國與台灣文創範疇比對

泰國		台灣
文化遺產	手工藝	四、工藝產業

（Cultural Heritage）	歷史文化觀光	
	食物	
	傳統醫藥	
藝術 （Arts）	表演藝術	二、音樂及表演藝術產業
	視覺藝術	一、視覺藝術產業
媒體（Media）	電影	五、電影產業
	出版	七、出版產業
	廣播	六、廣播及電視產業
	音樂	二、音樂及表演藝術產業
創意（Functional Creation）	設計	九、產品設計產業 十、視覺傳達設計產業
	時尚	十一、設計品牌時尚業
	建築	十二、建築設計產業
	廣告	八、廣告產業

	軟體	十三、數位內容產業
		三、文化資產應用及展演設施
		十四、創意生活產業
		十五、流行音樂及文化內容產業
		十六、其他經中央主管機關指定之產業

資料來源：本研究整理

從上表可看出，台灣與泰國兩國在文創範疇推動上，多數範疇可互相對照，但泰國有「歷史文化觀光」、「食物」、「傳統醫藥」這三大項，為台灣文創推動範疇所沒有之項目。而台灣則有「文化資產應用及展演設施產業」、「創意生活產業」、「流行音樂及文化內容產業」三項，在泰國並未明列於文創範疇。然而泰國音樂產業對於流行音樂是否有相關推動政策，仍待進一步研究。

值得一提的是，「文化觀光」此一範疇，被聯合國教科文組織研究建議列入文創推動範疇之類別，在泰國，「歷史文化觀光」為文創推動範疇(如圖八所示)，然而，即使文化觀光在台灣甚受注目[22]，卻未選列於台灣 15＋1 項文創範疇中，回顧梳理文獻，

---

[22] 台灣原有成立「文化觀光部」之議，後經民間輿論多方討論，行政院組織改

係因當時 2002 年「挑戰 2008 國家重點發展計畫」中，已有另一大項「觀光客倍增計畫」，故未將觀光列入文創產業範疇，而另單獨列一大項，有其時空背景因素。然而，文化觀光與文化創意產業之密切連結，實為國際社會重視趨勢。

　　本研究以為，台灣有「文化資產應用及展演設施產業」、「創意生活產業」兩項皆和文化觀光較有關連，未來如何推動發展，值得多所關注，而泰國在這部分已累積有豐富成果，可作為台灣未來政策參照借鏡之處。

　　吾人觀察，「創意觀光（creative tourism）」在全球觀光旅遊業日趨成長，其發展部分原因和全球對「創意產業」的重視有相關，「文化產業」、「創意產業」或「文化創意產業」等概念，在近年來國際間，或為增進國家文化認同，或為加強國家文化競爭力之趨勢下，成為蔚為顯學的文化思潮，甚或以文化之名，一躍而為檯面上明示的國家政策之一環。1990 年代臺灣尚未提出文化創意產業政策，2002 年文化創意產業計畫列為國家發展重點計畫，直至 2010 年《文化創意產業發展法》公布施行至今（2017年）。而泰國政府陸續在整體產業方面投入許多政策資源，來發展泰國的文化創意產業，如今，泰國的設計、時尚、工藝、電影等產業的發展已漸具成效，不僅使泰國走出經濟危機，更成功透過文創產業提升國家競爭力。

　　本研究以為，文化創意產業的年代，國家城市鄉鎮須要展現自己文化容貌與風格，以強化競爭力與居民榮譽感，所營造的特

造推動小組於 2008 年 12 月 16 日召開會議，決議為：考量到觀光業務在交通部下運作順暢，無需變動，觀光涉及文化的成份，可以透過跨部會平台來強化，所以決定觀光業務仍屬交通部職掌，單獨把文建會提升為文化部。

色，正是聚焦城鄉印象的重要人文風景。在關注文化創意媒合觀光的聲浪中，「全球在地化」已成為國家競爭力展現，文化創意產業觀光，設法形塑在地文化聚焦成為國際亮點，成為重要議題。

圖八、素可泰文化公園（世界文化遺產）

資料來源：研究者攝影。註：歷史文化觀光是泰國文創範疇之一。

此外，吾人觀察，推動文創觀光與國家的文化認同議題有所關連，然而國家文化認同議題常與歷史政治操作相關。如 1960 年代，彼岸中國大陸於 1966 年展開文化大革命，當時國際間，適逢美蘇對峙冷戰氛圍，以台澎金馬為基地的中華民國政府，則以中華文化企圖反制，強調中華民國為「中華文化之正統」。1967 年 7 月行政院成立「中華文化復興運動委員會」、國民黨成立「中華文化復興運動推行委員會」、11 月教育部成立文化局，積極推展「中華文化復興運動」，而 1990 年代之後，台灣中央政府政黨多次輪替，台灣國族論述成為主流，可見不同時代有不同國族訴求，而這也呈現了今日台灣，在文化認同上有多樣混雜之特性。

相對於此，泰國積極建立泰國族群認同（如圖九和圖十所示），
文化觀察家指出：

> 還有什麼比 Sawasdii 這個問候語更泰國呢？但其實這是鑾披汶・頌堪編造
> 制訂於 40 年代晚期的詞語。問題在於當時泰國沒有類似於西方哈囉的問
> 候語。……今天泰國仍在積極塑造傳統文化。政府踏進鑾披汶・頌堪及後
> 續政變策劃者在 1932 年廢除純君主政體，使藝術失去王室這個首要贊助
> 者時造成的真空。自此，政府官僚變成了超級大師，施壓全國各地的機構，
> 以「泰國文化」之名行標準化之時。許多局處都對藝術發佈命令：藝術部、
> 泰國觀光局、觀光部、總理辦公室、文化部、國家認同委員會、以及歐威
> 爾式的最後一擊：文化監督委員會。……自鑾披汶・頌堪之後，泰國政府
> 一直以大小不等的措施建立國家認同，也儼然形成對「泰國文化」的執
> 著。……在泰國，傳統文化的外在形式依然重要。泰國精神就隱藏於圓弧
> 的金絲細工和閃閃發光的裝飾品、戴金冠的天女、寺廟高起的天女、寺廟
> 高起的屋簷、「拜」這種祈禱般的問候之中。[23]

　　誰的文化？誰的認同？而台灣與泰國不同之文化認同，怎樣
成為兩國之文創觀光的元素或是包裝，值得後續深入探究。

　　此外，前述文獻探討提及，多元開放風氣與包容力，對於創
意城市人才聚集，有著高度吸引力。泰國在跨性別的包容性上舉
世有目共睹，台灣在相關如性別平權議題上近年亦有所著墨。未
來如何打造多樣性與包容性，亦是台灣與泰國文創觀光可持續努
力方向之一。

---

[23] Alex Kerr（艾力克斯・柯爾），2014，《發現曼谷：城市的倒影》，原文名
　　稱：Bangkok Found: Reflections on the City，臺北市：木馬文化。

圖九、藍甘亨大帝與現典藏於曼谷國家博物院最早泰文石碑

資料來源：研究者攝影

圖十、納黎宣大帝（左圖）與曼谷國際機場造景（右圖）皆為泰

國文化認同象徵

資料來源：研究者攝影

　　除上述之外，吾人應重新思考：我們為何要關注文化創意產業與觀光？

　　國際統合的文化創意產業相關定義，以聯合國教科文組織觀點：「文化產業，通常指那些內容的結合創作、生產與商業，並且內容的本質上是無形資產與具文化概念的，而且通常藉由智慧財產權的保護，可以以產品或服務的形式來呈現。」這項宣言顯然是國際間以文化產業作為施政重點時，所承受的時代潮流而影響，除了各國文化現象能有所發展外，對於新興國家，或是第三世界開發中的國家，事實上有相當程度的鼓舞作用，尤其提倡多元文化與文化自主的宣言中，文化產業已傾向民族自決與民主權的闡述，所以科教文的立場：「文化產業的重要性在於宣傳及維護文化多樣性，確保文化的民主權。」此外，這些文獻必然是普遍性與時代潮流所應實施的規範與理想。[24]

　　聯合國教科文組織（UNESCO）2005 年通過的《文化多樣性公約》，亦在公約第四條中納入「文化活動、產品與服務」與「文化產業」，將其理解為：

　　「文化活動、產品與服務」是指從其具有的特殊屬性、用途或目的考慮時，體現或傳達文化表現形式的活動、產品與服務，無論他們是否具有商業價值。文化活動可能以自身為目的，也可能是為文化產品與服務的生產提供幫助。

　　「文化產業」指生產和銷售上述的文化產品或服務的產業。[25]可知商業價值，並非致力發展「文化多樣性」的聯合國教科文組

---

[24] 黃光男，2011，《詠物成金：文化‧創意‧產業析論》，臺北市: 典藏。.

[25] United Nations Educational, Scientific and Cultural Organization, 2005, "Convention on the Protection and Promotion of the Diversity of Cultural Expressions 2005,"

織，推動文化產業之唯一考量。本研究以為，文化創意產業與全球文化多樣性之關連，更是我們之所以需要關注文創觀光的真正理由，絕非只是一廂情願地經濟掛帥。是故，保障文化多樣性的延續與創新，是現階段，需在眾說紛紜的文化創意產業與觀光思維中，應回歸本質，重新著力之處。

綜觀全文，多樣性與包容性可打造創意觀光環境，豐富傳統文化旅遊模式，而如何具國際品牌識別性，則和台灣與泰國之文化認同與文化包裝有關。本文期能拋磚引玉，逐步累積台泰交流在文創觀光之研究文獻。

誌謝：本文承專書學術審查委員暨編委會提供寶貴建議，並蒙實踐大學專題研究計畫（USC-105-05-06005）補助研究之進行，謹此致謝。

UNESCO: Retrieved from http://portal.unesco.org/en/ev.php-URL_ID=31038&&URL_DO=DO_TOPIC&URL_SECTION=201.html（檢索日期：2018 年 11 月 02 日）。

參考文獻

一、中文

Florida, Richard（理查‧佛羅里達）著，鄒應瑗譯，2003，《創意新貴：啟動新新經濟的菁英勢力》（The Rise of the Creative Class: And How It's Transforming Work, Leisure, Community and Everyday Life），臺北：寶鼎出版。

Landry, C.（查爾斯‧蘭德利）著，楊幼蘭譯，2008，《創意城市：打造城市創意生活圈的思考技術》（The Cerative City: A Toolkit for Urban Innovators），台北：馬可孛羅文化。

Kerr, Alex（艾力克斯‧柯爾）著，2014，《發現曼谷：城市的倒影》，原文名稱：Bangkok Found: Reflections on the City，臺北市：木馬文化。

Melanie K. Smith，2014，《文化觀光學》，Issues in Cultural Tourism Studies。國立台灣師範大學歐洲文化與觀光研究所（譯），台北：桂魯。（原著 2 版出版年：2009）。

Strauss, A. & Corbin, J.（1997），《質性研究概論》，徐宗國（譯），臺北：巨流。（原著出版年：1990）

工頭堅，2013，〈用策展的觀念來規劃旅行〉，欣旅遊，<http://solomo.xinmedia.com/travel/2272-kenworker>，（檢索日期：2017 年 01 月 28 日）。

文化部，2016，《2015 文化創意產業年報》，臺北：文化部。

行政院經濟建設委員會，2007，〈挑戰 2008 國家重點發展計畫〉，臺北：行政院經濟建設委員會。

行政院文化建設委員會，2004，《文化創意產業手冊》，臺北市: 行
　　政院文化建設委員會。

黃光男，2011，《詠物成金：文化‧創意‧產業析論》，臺北市: 典
　　藏。

泰國觀光局台北辦事處 a，2017，〈認識泰國〉。<http://www.tattpe.
　　org.tw/KnowThailand/know_tai_intro.aspx>，(檢索日期: 2017
　　年 10 月 20 日)。

泰國觀光局台北辦事處 b，2017，〈2017 泰國旅遊交易會 泰國觀
　　光局亞洲暨南太平洋地區〉，<http://www.tattpe.org.tw/
　　TravelInfo/TravelInfo_detail.aspx?NewsID=1141>(檢閱日期：
　　2017 年 11 月 15 日)。

陳尚懋，2010，〈泰國觀光業的政治經濟分析〉，《台灣東南亞學
　　刊》，第 7 卷第 1 期，頁 41-74

陳尚懋，2011，〈泰國文化創意產業的政治經濟分析〉，《亞太研究
　　論壇》，第 54 期，頁 1-28。

戴卉姍，2012，〈驅動經濟邁向新世紀－泰國的創意設計〉，《臺北
　　產經》，第 11 期，頁 41-44。

二、西文

UNESCO, 2006, "Discussion Report of the Planning Meeting for
　　2008."

United Nations Educational, Scientific and Cultural Organization. ,
　　2005, "Convention on the Protection and Promotion of the
　　Diversity of Cultural Expressions 2005," UNESCO: Retrieved

from http://portal.unesco.org/en/ev.php-URL_ID=31038&URL_ DO=DO_TOPIC&URL_SECTION=201.html

World Tourism Organization , 2003, "Co-Operation and Partnerships in Tourism: A Global Perspective," Madrid: World Tourism Organization.

台灣與泰國的博物館發展樣態與策展交流

回顧與展望

王雅萍[1]

政治大學民族系副教授兼系主任

台灣泰國文化暨語言交流協會常務監事

【摘要】

東南亞各國都有國家級博物館和民族村，過去台灣對東南亞各國博物館領域研究比較少。台灣的博物館和學校從社會教育和文化分享的角度請南洋姊妹轉化成文化教育的介紹導覽員。例如台北縣(已升格為新北市)在 2010 年教育局首創成立新住民文教輔導科，在該科輔導下就在學校成立 9 所國際文教中心，以在學

---

[1] 本文是科技部「泛太平洋的區域政治經濟與文化流動–以民為本的跨國連動政治：臺灣與東南亞關係的再檢視」整合計畫的子計畫二「顯影的連動性：東南亞民族村與國家博物館對台灣的東南亞多元文化教育之啟示」的第一年研究成果(計畫編號：MOST 106-2420-H-004-001-MY2)。本文曾在 2017 年 12 月 8 日月日「台灣第二屆泰國研究國際研討會：台泰交流七十年的機遇與情誼：邁向多元交流的新紀元」宣讀，感謝與會的學界先進給予的評論與指正，本文已做修改。

校學習華語文的外籍配偶轉為新住民語言文化的志工老師，以真人實事分享來拉近國小師生對東南亞文化的理解。台東的國立史前博物館就藉由「東南亞文化教學」，串起社群、博物館、學校就社會教育的連結，朝向多元文化共享共榮的目標來發展(林頌恩,2014)。例如以原四方報總編張正為主的燦爛時光團隊，於2015年起則活用「真人圖書館」的策展概念，不斷地邀請在台灣的東南亞年輕研究者、跟東南亞籍人士通婚的台灣人或東南亞籍台灣配偶和新二代，一起共構形成一種對東南亞議題關懷的社會文化與論動能。國立故宮博物院為配合政府「新南向政策」，積極營造友善參觀環境，以吸引東南亞各國遊客到訪，特與中華民國觀光導遊協會合作，培育泰國語、印尼語、越南語的專業導遊，讓來自東南亞國家的朋友更深入認識故宮文物之美，展開博物館間的交流。

　　本文研究是以泰國為例，顯影研究博物館和民族文化村，對東南亞整體的博物館和民族文化村的輪廓理解下，以現場觀察、館員訪談和文獻分析等研究方法，對東南亞多元族群教育的願景和實施策略，以連結了解對南向政策的影響，並思考以博物館為主的對未來國人理解東南亞的文化教育模式。

關鍵字：**泰國、新南向政策、博物館、民族文化村、多元文化、新住民**

壹、前言

　　由於台灣特殊的地理位置，一直跟東南亞諸國皆有往來，「東南亞」可說是台灣社會既熟悉又陌生的存在，熟悉的是生活中處處可見隨著東南亞裔新移民人數增加而產生的族裔地景，火車站假日聚集的外籍配偶、移工，公園裡大樹下群聚的長輩與外籍看護的身影，充滿異國情調的越南、泰緬美食餐廳等等。陌生的是過去我們的教育較少對東南亞關心，台灣的東南亞研究自從1994年9月中央研究院撥款成立「東南亞區域研究計畫」(Plant resources of South-East Asia, PROSEA) 開始有東南亞專門研究機構，迄今已經推動多年，研究隊伍卓然有成。

　　筆者自2002年開始在政大開設「東南亞民族與現況」通識課程，學生普遍對東南亞咸感陌生，直到2016年1月31日政大成立東南亞研究中心，學校也有教育部的南風四重奏計畫推動，學校端的教學現場就有許多新南向的實踐議題，深化對東南亞的研究學習。

　　本文是以泰國為例，顯影研究博物館，對東南亞整體的博物館和民族文化村的輪廓理解下，主要以2017年8月前往泰國曼谷移地研究與現場觀察、館員訪談和文獻分析等材料，對東南亞多元族群教育的願景和實施策略，以連結了解對南向政策的影響，並思考以博物館為主的對未來國人理解東南亞的文化教育模式。

貳、台灣博物館近年有關東南亞的策展回顧

　　2017年台灣各大博物館間有一陣東南亞相關策展熱，如果加上地方文物館有更多的展覽會更加熱鬧。近年台灣博物館策展主

題的新南向變化是顯而易見的，台灣的博物館和學校從社會教育
和文化分享的角度請南洋姊妹轉化成文化教育的介紹導覽員。例
如台北縣(年已升格為新北市)在 2010 年教育局首創成立新住民
文教輔導科，在該科輔導下就在學校成立 9 所國際文教中心，以
在學校學習華語文的外籍配偶轉為新住民語言文化的志工老師，
以真人實事分享來拉近國小師生對東南亞文化的理解。台東的國
立史前博物館就藉由「東南亞文化教學」，串起社群、博物館、
學校就社會教育的連結，朝向多元文化共享共榮的目標來發展。[2]

　　回顧台灣博物館界對東南亞的策展，可說是對新移民文化平
權的政策回應，在 2017 年第一位新移民身份的不分區立法委員[3]
林麗蟬，在立法院相關文書曾經質詢全台博物館有關進用新住民
導覽的情況。在這全球化急遽帶動國際間密集且大量的人口移動
潮，台灣因經濟、工作、跨國婚姻因素加入國際移動行列的人口
急速增加，改變臺灣的人口結構。根據內政部統計，至 2017 年
11 月止「新住民」人數已達 52 萬 8 千人，此數字尚不包括勞動
部統計的移工人數；除了中國大陸配偶外，以越南、印尼、泰國
及菲律賓等國新住民為大宗。這群因為婚姻移民而入籍台灣的新

---

[2] 林頌恩，2014，〈面對新移民，博物館員的認知調整：是共犯還是共創？〉，
《中華民國博物館簡訊》，第 67 期，頁 19。

[3] The Newslens 關鍵評論，https://www.thenewslens.com/article/45600（2016-08-02）
專訪台灣第一位新移民立委林麗蟬：讓孩子尊重媽媽的家鄉，是新住民媽媽努
力的目標。林麗蟬是 1977 年生於柬埔寨金邊市，1997 年結婚移民台灣定居彰
化花壇，熱心公益，先後創立「花壇鄉長春社區發展協會」、「台灣新移民發
展與交流協會」並擔任理事長，獲選台灣十大傑出青年，2015 年取得國立暨
南大學碩士學位，於 2016 年擔任台灣國會議員。(檢索日期：2018 年 03 月 30
日)。

住民和新台灣之子，正改寫著台灣的教育（如表一所示）。

表一、灣的外裔、外籍配偶人數表

各縣市外裔、外籍配偶人數按國籍分與大陸（含港澳）配偶人數

76年1月至106年10月底　　　　　　　　　　　　　　　　　　　　單位：人；%

區域別	總計	外裔、外籍配偶（原屬）國籍																	大陸、港澳地區配偶					
		合計		越南		印尼		泰國		菲律賓		柬埔寨		日本		韓國		其他國家		合計		大陸地區		港澳地區	
		人數	%	人數	%	人數	%	人數	%	人數	%	人數	%	人數	%	人數	%	人數	%	人數	%	人數	%	人數	%
總計	528,653	175,880	33.27	99,858	18.89	29,394	5.56	8,689	1.64	9,023	1.71	4,299	0.81	4,718	0.89	1,567	0.30	18,332	3.47	352,773	66.73	337,064	63.76	15,709	2.97

資料來源：人口統計圖表擷自於內政部移民署2017年11月的統計資料。

「博物館與新住民」是文化部2013年「地方文化館人才專業成長培訓課程」的主軸（2012年主軸為「零障礙博物館」），於臺灣四地舉辦，依時序由臺東國立臺灣史前文化博物館、高雄市立美術館、臺北國立臺灣博物館、臺南國立臺灣文學館承辦，課程成果專書於2012年底已經陸續出版。[4]根據鄭邦彥的研究指出「當時臺灣先後出現與新住民為題（或有關）的三個策展，2007年6月「臺灣國際勞工協會」（Taiwan International Workers Association, TIWA）策劃《凝視驛鄉—Voyage 15840 移工攝影展》，同年10月國立歷史博物館主辦《菲越泰印—東南亞民俗文物展》，隨後2008年春，國立故宮博物院主辦《探索亞洲—故宮南院首部曲》」。

---

[4] 鄭邦彥，2015，〈在臺灣博物館兼容新住民—近期實踐與反思〉，《博物館學季刊》，29 (3): 103-116。

　　鄭邦彥指出：當年三個策展的主體，大有差異。《凝視驛鄉》展由社運團體創意發想，內蘊巧思；《菲越泰印》展為配合教育部政策由官方博物館主辦的國際借展；《探索亞洲》展則在故宮南院典藏政策下的首次策展。然而，此意象背後並無「標準答案」，如同盞探照燈，投射出「亞洲的過去」、「人類學觀點下的亞洲」與「亞洲的現在」等多元視野。

　　鄭邦彥認為博物館回應新住民人口增加最好的方式就是「培力移民朋友成為志願服務者或工作者」。在此培力新移民想像下，地方文化館成為培力新住民的基地，是與臺灣主流社會連接的橋樑。但如何在文化政策、地方館與新住民社群間找到交集，構成挑戰。

　　博物館的「新」力軍，讓新住民參與博物館活動，這群主要以婚姻移民為主的新住民從經驗分享變成導覽者。以故宮為例，即有安排泰語導覽[5]。本研究整理近2017年台灣各大博物館都有關新住民的文化展演活動如表二，這些展覽大都是邀請新住民朋友擔任文化解說員。

---

[5] 根據故宮博物院官網 https://www.npm.gov.tw/Article.aspx?sNo=03009428（檢索日期:2017 年 11 月 10 日）以及筆者親自致電詢問，目前故宮的導覽服務分為「語音導覽」及「專人導覽」。「語音導覽」為參觀者自行至服務台租借語音導覽機，備有華、台、客、英、日、韓、西、法、德、粵、泰、越、印尼、手語等語言；「真人導覽」則是使用華語或英語。

表二：2017 年台灣有關東南亞的博物館展覽/活動

博物館	展覽活動日期	展覽/活動
國立臺灣歷史博物館	2017/03/11- 2017/11/05	「新臺客：東南亞移民移工在臺灣」特展
社團法人台灣四十分之一移工教育文化協會/華山文創園區	2017/04/01- 2017/04/14	六十萬個旅程；六十萬個故事
臺中市新住民藝文中心	2017/04/12- 2017/12/31	新住民文化節慶展
國立台灣文學館	2017/06/15- 2017/10/08	「蕉風‧雨林‧北迴歸線：台灣與東南亞」文學展
國立臺灣博物館	2017/06/18	新住民文化論壇
嘉義市文化局博物館	2017/07/01- 2017/08/20	南望家鄉－東南亞文物展
國立臺灣博物館	2017/07/22- 2017/10/22	南洋味‧家鄉味特展
高雄駁二藝術特區	2017/07/28- 2017/08/12	東南亞映臺灣
宜蘭縣文化局	2017/10/05- 2017/10/19	「偶遇的人生：文化平權系列

		活動」
國立暨南大學圖書館	2017/10/07	「望見東南亞」系列特展
國立臺灣歷史博物館	2017/10/13- 2017/10/15	臺史博紀錄劇場《我有一個夢》

資料來源：2017年本研究計畫整理

　　國立臺灣博物館於 2014 年開始招募新住民服務大使，並於 2015 正式上線，提供東南亞語和英語導覽服務。過去博物館除了研究、典藏、教育、展示、休憩及娛樂既有功能外，更被期待積極擔負社會服務的責任。[6]筆者在 2017 年 8 月在泰國訪問的 MOCA 博物館館員就曾分享其利用免簽證[7]和自由行，來台參訪故宮和朱銘美術館。

　　移工帶來的飲食、音樂、舞蹈等物質、非物質文明，多元迷人。每年的 8 月 17 日是國慶日是印尼最大的節慶。臺灣有 60 萬的外籍勞工，印尼籍勞工人數最多有 23 萬，近年在 8 月 17 日印尼國慶日前後常有大規模的印尼文化活動。近年筆者常常帶領學

6　王雅萍，2017，科技部「泛太平洋的區域政治經濟與文化流動─以民為本的跨國連動政治：臺灣與東南亞關係的再檢視」整合計畫的子計畫二「顯影的連動性：東南亞民族村與國家博物館對台灣的東南亞多元文化教育之啟示」的期中報告書和移地研究報告(計畫編號：MOST 106-2420-H-004-001-MY2)。

7　外交部2016年8月1日發布新聞稿宣布，自2016年8月1日起至明年7月31日，試辦泰國及汶萊兩國國民來台停留30天免簽證措施。後又延期一年至2018年免簽證。

生到國立台灣博物館進行校外教學，二年前參訪國立台灣博物館，巧遇東南亞移工文學獎頒獎典禮的彩排，記得看到在象徵日本殖民台灣的偉業－國立台灣博物館的展廳，展演著印尼國慶的舞蹈，這是台灣嶄新的新移民碰撞出的後殖民文化現象[8]。2017年8月20日國台博舉辦的「印尼國慶文化藝術節」除讓印尼移民工歡慶國慶，也讓臺灣大眾有機會藉由活動期間的文物展示、舞樂演出、遊戲互動、飲食體驗等，認識並學習印尼歷史與文化的深厚底蘊，以促進臺灣社會與印尼移民工族群的和諧發展。

　　在2016年3月開始國立故宮博物院為配合政府「新南向政策」，積極營造友善參觀環境，以吸引東南亞各國遊客到訪，特與中華民國觀光導遊協會合作，培育泰國語、印尼語、越南語的專業導遊，讓來自東南亞國家的朋友更深入認識故宮文物之美[9]，展開博物館間的交流。而以原四方報總編張正為主的燦爛時光團隊2015年起則活用「真人圖書館」的策展概念，運用燦爛時光的獨立書屋不斷地邀請在台灣的東南亞年輕研究者、跟東南亞籍人士通婚的台灣人或東南亞籍台灣配偶和新二代一起共構形成一種對東南亞議題關懷的社會文化輿論動能。

　　台灣的博物館界創造新住民積極參與博物館導覽活動的機會，搭起增能賦權、產生共榮對話的橋樑。博物館的新住民族展示活動創造一個回應多元文化挑戰的對話新平台，提升各新住民的文化公民權，並成為族群間對話的平臺，跨越差異彼此認同，

---

[8] 整理引自國立台灣博物館網頁對「印尼國慶文化藝術節」的介紹。
  <https://event.culture.tw/NTM/portal/Registration/C0103MAction?useLanguage=tw&actId=70047>，(檢索日期:2017年11月10日)。
[9] 整理自2016年03月國立故宮博物館的相關訊息。

進而達到相互理解、尊重與包容，將是博物館全球化的新願景與
挑戰。未來應可明訂文化政策，成立以移民及多元文化為核心概
念的博物館，積極推展多元文化教育與文化平權議題。

參、 泰國的博物館與文化村的文創與觀光連結

　　國立歷史博物館曾在 2007 年舉辦「菲越泰印—東南亞民
俗文物展」[10]，當時 該展覽被視為是近年促進泰國與台灣人
民互相瞭解的一項重要的契機，該展覽留下的專書。該次展
覽總計有 74 件泰國古物及藝術品，展品是從泰國各個國家
博物館挑選出來，包括來自：巴托塔尼府紀念泰皇陛下登基
50 週年紀念國家博物館、曼谷國家博物館、國家美術館、猜
納國家博物館、難府國家博物館、黎逸國家博物館、烏汶國
家博物館，以及猜耶國家博物館等。
　　以下分別介紹泰國的博物館和文化村如何跟文創與觀
光聯結的情況。

一、泰國國家博物館

　　根據 2007 年前來台灣參加「菲越泰印—東南亞民俗文物展」
的泰國國家博物館總辦公室總長蘇拉沙克・斯里沙滿的報告指出
「泰國國家博物館係隸屬於文化部藝術司的政府機構，主要負責

---

[10] 2007 年國立歷史博物館「菲越泰印—東南亞民俗文物展」是依據教育部施政
　　目標的「發展新移民文化」方案，係由教育部指定由該館規劃辦理此項介紹
　　東南亞文化的展覽。該展覽最後印尼國以沒有邦交為由並未派團參加展覽。

收集、保存、分析和研究國家古物、藝術品及民族學藏品，並經由全國 43 座國家博物館，透過展示和教育活動向大眾推廣相關資訊」。[11]

　　泰國的博物館工作始於 1870 年並持續至今，第一座博物館建立在皇宮，主要作為泰皇展現國家文化榮耀及自然資源之所。今日國家博物館是屬於政府組織的一部分，主要肩負保存國家文化遺產，以及提供社會大眾資訊的使命。

　　泰國國家博物館可區分為以下六種類別：

(一) 國家歷史、考古及藝術史博物館

　　曼谷國家博物館是首座也是最重要的國家博物館，主要是展示泰國的整體文化。隨後，藝術司分別在泰國中部、北部、南部及東北部，建立了 7 座以上的國家博物館，目的在於展示各區域的歷史、藝術史及考古發現。

(二) 國家現代藝術博物館

　　有國家美術館以及泰國現代藝術之父皮勒斯紀念美術館等 2 座博物館，主要展示泰國的現代藝術。

(三) 國家民族學博物館

　　2007 年左右新加入成為國家博物館一員，是位於巴托塔尼府的國家博物館(全名為紀念泰皇陛下登基 50 週年紀念國家博物館

---

[11] 國立歷史博物館編輯委員會編輯 2007《菲越泰印—東南亞民俗文物展》，台北： 國立歷史博物館。

（National Museum in Honor of H.M. The King's Golden Jubilee），已於 2014 年開幕，主要展示泰國的民族學藏品。[12]

(四) 主題性國家博物館

泰國的主題性國家博物館包括：位於曼谷市的皇家船舶國家博物館及皇象國家博物館，位於 Suphanburi 府的泰國米農國家博物館，以及位於 Chanthaburi 府的國家海事博物館。

(五) 城市國家博物館

這些國家博物館主要係展示該地區、城市或省府的歷史，這類型共有 9 座博物館。

(六) 考古遺址、寺廟或皇宮國家博物館

這類型國家博物館提供展示及存放來自主要考古遺址、寺廟及皇宮的文物，目前共有 19 座博物館散佈在全國各地。近百年來，為了保存文物以及教育大眾認識泰國文化，泰國國家博物館規劃巡迴展以促進與國際合作，並使外國更進一步瞭解泰國文

---

[12] 國立慶祝泰王登基五十週年博物館（National Museum in Honor of H.M. The King's Golden Jubilee）上文以提過全稱，不用重覆原定該館 2014 年開幕，主要展示泰國的民族學藏品。經確認該館確定已經開幕。
<http://www.finearts.go.th/museumkanjanaphisek/79-%E0%B8%82%E0%B9%88%E0%B8%B2%E0%B8%A7%E0%B8%9B%E0%B8%A3%E0%B8%B0%E0%B8%8A%E0%B8%B2%E0%B8%AA%E0%B8%B1%E0%B8%A1%E0%B8%9E%E0%B8%B1%E0%B8%99%E0%B8%98%E0%B9%8C-joomla/76-2014-04-09-06-10-21.html>，(檢索日期: 2018 年 03 月 20 日)。

化。這類展覽包括：1878 年於法國巴黎世界博覽會中的「泰國藝術與手工藝品展覽」。1996 年為慶祝泰皇陛下登基 50 週年，於荷蘭阿姆斯特丹展出「泰國：佛國之寶」特展。2005 年在美國舊金山亞洲藝術博物館展出「暹羅王國：1350-1800　泰國中部藝術」。

蘇拉沙克•斯里沙滿總長認為：該次展覽主題所選擇的文物，目的在於展現泰國人民的生活方式，主要包括兩個子題：首先是泰國人民、歷史、社會及文化：此類的文物主要是展現泰國人民在歷史、社會、宗教、文化及表演藝術等面向的文化特質，這個部分展示了泰國中部的文化，以及其他地區的不同族群。包括泰國首座雕刻有泰族文字的石碑 (複製品)、泰國傳統繪畫、皇家船舶的模型、傳統傀儡戲戲偶、皮影戲戲偶、紡織品及木雕等。再者則是泰國人民的佛教實踐：這部分係由佛教的「三寶」，展示泰國人民的佛教實踐，包括：佛：以佛像作為代表。法：以佛教經文及相關物件為代表。僧：由僧伽的袈裟、用具及儀式用品為代表。該次展覽也有與佛教建築相關的文物，例如佛教紀念石碑以及佛寺建築的構件等。[13]

國家博物館總辦公室希望本次(2007 年國立台灣歷史博物館)的展覽，可以使得台灣人民更加瞭解泰國人民的生活方式、歷史以及文化，同時此次的合作，將是開啟國家博物館文交流的第一步。[14]

二、Muse Pass 博物館護照

---

[13] 國立歷史博物館編輯委員會編輯 2007《菲越泰印─東南亞民俗文物展》，台北：國立歷史博物館。

[14] 國立歷史博物館編輯委員會編輯，前揭書。

　　2017 年 8 月到泰國曼谷移地研究，發現泰國有蓬勃發展的博物館和文化村現象，[15]泰國的博物館和文化村，兩者都跟觀光產業結合，博物館的門票價格算高，對外國人大約都是台幣 200 元起跳，泰國博物館對外國人的收費跟本國人不同，本國人約只需30 元左右的泰銖即可。參訪博物館，通常老師和中小學生免費，泰國把博物館當成是教育場域。跟台灣比較不同的是，泰國已經透過 Muse Pass 來做跟觀光文化創意行銷，2017 年買的 Muse Pass 博物館護照，一年份是 199 元泰株，可以免費逛 56 間博物館 。[16]

　　為何泰國的文創會跟觀光結合呢？根據 2011 年陳尚懋〈泰國文化創意產業的政治經濟分析〉的研究指出，1980 年代泰國因應全球化開放國內市場，但卻未同時做好監督工作，以致 1997 年爆發嚴重的金融危機。民主黨的川立派（Chuan Leekpai）臨危受命，在國際貨幣基金（International Monetary Fund, IMF）的援助之下從事大規模的結構性改革，但也因 IMF 的援助方案引發而黯然下臺。接任的 Thaksin Shinawatra 於 2001 年上臺後，便開始透過許多策略性產業來帶動泰國經濟復甦，希望採取區域化（汽車產業）與本土化（文創產業）兩大策略來回應全球化危機。[17]

　　泰國在 Thaksin 上臺之後，也希望透過傳統優勢（觀光產業）與其所熟悉的產業（電信產業）來帶領泰國經濟的復甦，可惜因政治動亂，最後以失敗告終。[18]泰國 1998 年推出「驚豔泰國」

---

[15] 王雅萍，2017，前揭書。

[16] 王雅萍，2017，前揭書。

[17] 陳尚懋（2011），〈泰國文化創意產業的政治經濟分析〉，《亞太研究論壇》，第 54 期，頁 1-28。

[18] 陳尚懋，前揭書，頁 1-28。

（Amazing Thailand），以泰國文化為觀光主要訴求，因應不同地區，設計出不同觀光策略，並在 2002 年選出觀光、時尚、食品、電腦動畫、汽車做為五大競爭力產業，2003 年推動「Creative Thailand」，逐漸打造出「泰流」。[19]。

2017 年訪查的結果，泰國結合觀光的文創活力讓人驚艷，此點可以給台灣的未來的原住民族博物館參考，未來原住民族博物館已經確定落腳於高雄澄清湖，希望可以結合觀光讓 29 座原住民族地方文化館的串連與行銷，可以跟觀光產業做有效的結合與文化行銷。[20]

三、【MOCA】當代藝術館

泰國的當代藝術館 MOCA 是「Museum Of Contemporary Art」的簡稱，是一間很新的博物館，為泰國少有的私立博物館。該館於 2012 年開始啟用，該館起始於泰國電信大亨波恩查•本卡隆古爾(Boonchai Bencharongkul)捐出 30 多年收藏品展出讓公眾欣賞，他又捐出 20 億，花了 12 年時間蓋館，MOCA 是在 2012 年 3 月 23 日，由泰國皇室詩琳通公主殿下親自主持開幕。MOCA 目前

---

[19] 賀桂芬，2017，〈泰流靠誰在撐腰?〉，《天下雜誌》，634 期，<https://www.cw. com.tw/article/article.action?id=5085701>，（檢索日期：2017 年 3 月 29 日）。

[20] 原住民的地方文物館曾經被譏為蚊子館，經財團法人福祿文化基金會的團隊自 2007 開始至 2014 年連續八年承辦該項活化輔導計畫。針對全國 29 座原民館進行訪視、輔導診斷，同時執行各館人才培訓等教育推廣活動以及原民館靜態展示巡迴展，並進行評鑑考核工作，讓館舍之間有了競爭的動力，並於 97 年順利協助解除 13 座被行政院公共工程委員會「活化閒置公共設施專案小組」列管的館舍，並逐年提升規劃員與行政業務承辦人員的博物館專業能力。

是東南亞唯一的當代藝術博物館。[21]亞洲目前的8個MOCA館點七個在東北亞，日本東京MOCA與日本金澤的21世紀MOCA，首爾MOCA、上海MOCA、香港MOCA與伊朗MOCA與台北MOCA。該館的建築靈感來自細緻精美的石雕。建築內採光的菱形為「茉莉花梗形」，是博物館的特色。而所採的光，會根據不同的時段和季節，讓人有不同的感受。明亮的採光，挑高的樓層，巨幅的畫作，讓人很震撼。MOCA共有五個樓層，展出100多位藝術家的 400 多件作品，幾乎都是泰國藝術家，包括國寶級的Thawan Duchanee、Hem Vejakorn、Chalermchai Kositpipat、Prateep Kochabua 等等。

參訪者一進門就會看到被稱為泰國藝術之父(Corrado Feroci)(1892-1962)的雕像，他是義大利人，來自義大利佛羅倫斯，本身就以雕塑出名，他於1923年被泰國宮廷藝術部邀請來教導西洋藝術，該部門現今為泰國的藝術大學。Corrado Feroci 他將西方藝術帶入泰國，創建藝術學校（泰國藝術大學的前身），在二次大戰期間為逃避日本侵略者，而改名為 Silpa Bhirasri（意思為藝術），並加入泰國籍。Silpa Bhirasri 教授培養了多位泰國藝術家(例如在清邁有名的藝術家許龍才(1955-)，白廟的創建者，就是泰國藝術大學畢業的第一屆學生)，並對泰國藝貢獻良多，泰國重要地標都是出自他與學生之手，泰國政府將他的生日9月15日訂為國家藝術日。

MOCA 的內部大部分廳都可以拍照，每樓都有一個館員，一

---

[21] 泰國清邁當代藝術美術館(MAIIAM，Contemporary Art Museum)不在清邁古城區，而是在郊外的 Sankampheang 區，是在 2017 年 6 月才開幕，筆者在 2018 年 2 月帶學生前往參訪。是相當於在泰北的 MOCA。

樓設有咖啡廳和禮品專賣店,可買紀念品。由館方安排的中文導
覽員解說,因為隨行的學生助理是泰國人,中文導覽員的中文還
不是很流利,就用泰文導覽。導覽結束訪談了館員。因為展覽實
在很精采,很有泰國主體性,讓人驚艷,買了一本開館時的紀念
畫冊。

圖1、圖2:
MOCA 的戶外雕塑

圖3:
MOCA 的門口

圖4:MOCA 的館員(左)和目前
館內唯一會中文的導覽
員,到禮品部買畫冊

圖5:訪談館員後合影

圖6：五樓代表神、人、鬼三界的巨幅畫作

圖7：黑屋畫家的畫

圖8：泰國藝術之父(Corrado Feroci) (1892-1962)

圖9：泰國的地標勝利紀念碑

圖10：泰國的地標

圖11：泰國的地標

四、泰國創意設計中心【TCDC】

跟台灣博物館產業比較不同的是，「泰國創意設計中心」
（Thailand Creative and Design Center，TCDC）隸屬於泰國知識管理發展辦公室（Office of Knowledge Management and Development, OKMD），於2005年開幕，是直屬於泰國總理府（Office of the Prime Minister），原本位於曼谷 The Emporium 購物商場裡，現已移至舊郵政總局。

TCDC 在政府政策與資金支援下運作，為世界第一個提供設計資源與學習的設施。TCDC 包括常設展廳、特展廳、圖書館、材質資料庫、設計商店等，主要是提供所有與設計相關之館藏、多媒體視聽資源等，其材質資料庫更是擁有超過上千種廣泛被使用在產品製造上的材料樣本，讓設計人才、學生或製造業者，有機會學習、體驗、接觸國際知名藝術家或設計師的創意及所使用的材料，了解世界設計潮流與材質運用等資訊。是泰國設計科系學生必訪的聖地，平常也開放一般民眾自由參觀。

圖 12：一樓的作品展

圖 13：TCDC 的運作

泰國落實以民為本的常民設計。其中 TCDC（泰國創意設計

中心) 的持續在地實踐與創新，頗引人注目。全國共有 13 個據點的經營模式，可供文化部參考。跟日常生活結合的務實設計，讓個人、文創組織可以和政府部門溝通的平臺。彙集整理民間、國內外和政府部門文創相關的資料，形成文創資源豐富的資料庫和學習中心。全泰國都有據點分佈，結合學校、社區組織、藝術家組織等，開設教學和實做課程，協助作品實體化、產業化。以書面、影片等方式推廣泰國的創意，讓創意得以應用，並衍生更多的創意。

　　2017 年 8 月參訪回國後發現，台北市長柯文哲率領參訪團(以文化局團隊為主)曾於 2017 年 3 月 28 日參訪泰國創意設計中心 (TCDC)，並與泰方簽訂合作備忘錄(MOU)。柯文哲市長希望藉此能讓臺北松菸文創園區與泰國創意設計中心建立聯繫與交流，將有助兩國文創產業的發展。[22]

　　在穿梭尋找博物館、文化村和各種市場的過程中，因為要找素食餐廳，透過幾位當地的泰國朋友介紹，瞭解到泰國開始有跟佛教結合的生態村，發現佛教的有機生態村，泰國倡議的知足經濟哲學[23]。住在生態村內的人吃素、從事無毒種植，後來越來越多的遊客到訪，根據需求附近居民也開始無農藥種植，陸續販賣素食。村內設有修行者住居區、修行區、學校、農場等。村內男

---

[22] 台北市與泰國創意設計中心（TCDC）上文已提，不用重覆簽訂 MOU 柯文哲：有助兩國的文創產業發展，2017 年 3 月 28 日。台北市政府秘書處，<http://www.gov.taipei/ct.asp?Item=280660856&ctNode=51920&mp=100001>，（檢索日期：2018 年 11 月 01 日）。

[23] 泰國九世皇蒲美蓬 1974 年提出的「知足經濟」（Sufficiency Economy）哲學，讓多數泰國人體會到「自給自足、知足常樂」的生活信念，也有一派小乘佛教徒很像台灣的錫安山教徒，倡導自己自足的有機生活。

的著藍色衣服，女的著深棕色衣服，行走都不穿鞋。村子的產業有，農場、草藥類產業、食品加工廠、福利社、農業用品。這個生態村做為友善大自然組織，倡議著：自足經濟、堅強的社區、公平有理的社區、安泰的國家。

2007 年代表泰國紀念泰皇登機 50 周年國家博物館來台的尼塔雅‧卡諾可曼可羅在《菲越泰印—東南亞民俗文物展》中指出藝術與工藝品自史以來，即是泰國生活的一部分。泰國社會有家戶、寺廟、皇宮等 3 個主要作為藝術創作的機構，也作為村莊工藝品的來源。

同時，泰國鄉間居住著有 40 多個部落，他們各自有獨特的文化、傳統以及作為日用的工藝品。他們的作品訴求簡約，並且運用當地的生活模式和自然環境。寺廟是壯麗的佛教藝術來源主要是人們心靈寄託及佛教慶典舉行之所，因此是佛教藝術作品的源頭。工匠的偉大作品是致力於提升與宣揚佛教，並且相信這將使他們在此生與來世都會感到快樂。

皇宮是國家美術、藝術家和藝師的來源，大皇宮是國王的居所，亦為國家文化榮耀的象徵。那些是最美麗的藝術作品的來源，出自於 10 群藝術部門之手，包括：繪畫、裝飾、造型、塑造、雕刻、塗蓋、上漆、攪拌、模塑和刻畫。出自這 3 個主要創作機構的泰國藝術與工藝品，如編織、經櫃、皇家戲偶、編籃、漆器、陶器、木雕等。

雖然時至今日，大多數的泰國人已採取全球化國際性的生活方式，但是在他們的生活中仍保存著泰國傳統，這可透過造訪泰

國以及與泰國人民接觸而有感知[24]。

　　目前台灣的另類教育有慈心華德福的家長許多投入有機耕作以及綠色市集，道禾實驗教育在台中、苗栗三義、新竹等地辦的三代同堂的有機生態村和村校共學的教育理念，都不約而同走向有機生態村的教育模式，在曼谷有其賣素食生態的特別市場，很受泰國人歡迎。

　　泰國民族織布產業的發展，因為筆者之前參與科技部的人社實踐計畫(政大烏來樂酷計畫)對烏來泰雅族原住民族織布產業品牌發展有所關注與期待，這次移地對曼谷處處可見織布產品，對泰國的織布產業也產生進一步的比較研究的問題意識，已於2018二月前往泰國北部織布村訪查，將另外為文論述。

肆、泰國如何推動認識東協的教育？

　　2017年的夏天在博物館的田野調查過程中，意外發現東協文化中心(ASEAN cultural center)。位於詩麗吉皇后畫廊三樓（在Rajdamnoen 巴生大道, 在民主紀念碑附近），由文化部管理。該中心在2015年8月8日東協日(ASEAN DAY)當天開幕。2007年8月8日為慶祝東協成立40週年，特定每年的8月8日為東協日。2007年11月20日東協十國元首在新加坡簽署《東協憲章》（原文）。2015年11月22日，東協十國於馬來西亞召開的第二十七屆高峰會簽署共同聲明，成立東南亞經濟共同體(ASEAN Economic Community, AEC)。共同體於2015年12月31日正式上

---

[24] 2007年國立歷史博物館「菲越泰印—東南亞民俗文物展」。該展覽有出版專書。

路。於泰國曼谷推出全新的東協文化中心，再次強調它打算成為東盟的樞紐位置的企圖心。

　　該中心耗資 1,500 萬，空間有為 600 米，展覽分為六區展出互動式數位展覽和手工藝品，旨在教育遊客瞭解東協的歷史、藝術和文化。為東協成員國的文化平臺，使人們能夠感受東盟文化的特色和豐富。以實現建立東協共同體為目標，在社會各階層的團結精神中彼此認識並促進共同價值。該中心開放學校戶外教學所用。以新穎的多媒體呈現，讓觀眾有更多的參與感，融入情境，讓觀眾親身體驗東南亞各國文化。館內 2 樓設有圖書館，可以借閱東南亞相關的書籍，亦有電子書可以在線觀看。泰國教育單位已經在小學五年級推動議題融入認識東協國家的教學，配合東協中心做好認識東協的主題掛圖和電子書內容，方便全國老師做認識東協的議題融入教學[25]，展現引領未來世代強調曼谷做為為東盟的樞紐位置的企圖心。

　　在多元文化教育中，將東南亞國家七國語文納入 107 年即將實施的十二年國教新課綱是台灣國民教育的新創舉，泰國做為東協心臟的整套認識東協各國的教育推廣策略，值得台灣借鏡。

　　回顧在 1998 年起在行政院與教育部主導下啟動一連串的教育改革政策，其中也包含教材編審制度的開啟。前面已經談論過高中歷史教材中有關越南描述的演變，雖已不見強調古代中越在政權上的隸屬關係，取而代之的是以漢文化圈的概念詮釋，但嚴

---

[25] 在泰國的小學，處處有認識東協10國的主題掛圖，經詢問學校老師表示不是正式課程，是採議題融入式教學。筆者2017年在曼谷的出版社買教科書時，有詢問當地的中學生，兩位中學生剛好一位表示學校老師有教過，一位表示學校有掛圖但是上課沒有教。

格說起來仍然是宗藩關係的遺緒。

在教育部公布的國民中小學就年一貫課程綱要來看，東南亞地區被定為「多元文化的東南亞，並強調中國、印度、伊斯蘭文化以及西方殖民力量對本區的深刻影響，並簡介外勞、外籍新娘的背景和東協的組成」。教育部並陸續與各大學合作推動「認識新原鄉——推廣東南亞文化計畫」與「新移民與多元文化教學發展計畫」，很明顯地這兩個計畫主要是因應臺灣日漸增多的跨國婚姻，而且大多數來自東南亞地區，計畫主要從知識建構著手，以理解移民母國文化為基礎，再來學習多元文化應有的態度。像是國立暨南國際大學東南亞研究中心受委託執行的「認識原鄉——推廣東南亞文化計畫」，主要以東南亞文化教學參考資料編撰及教師研習為計畫內容，此計畫的招募對象鎖定在未來教導國中/小的人文社會教學參考資料的老師、撰寫社會學程教科書的作者、未來將擔任這些課程的種子老師、國立編譯館的編審人員等，其知識傳播的影響度可想而知。從教學參考手冊的內容來看，包含東南亞地區古代文明與歷史、近代史、去殖民化、文化與社會、政治與經濟、臺灣與東南亞關係與區域安全，其目的是希望建立一套瞭解東南亞文化，養成多元文化觀，並對東南亞去汙名化的參考資料[26]。

新移民的移入確實為臺灣帶來一些社會結構上的變化，在國小社會科教科書中也反映出這樣的特徵。以文字和圖片為例，出現最多的東南亞國家次數依序是越南、菲律賓、泰國和印尼，具

---

[26] 楊昊、陳琮淵 (2013)。《臺灣東南亞研究新論：圖象與路向》。臺北：洪葉出版。

體內容上以國家概說、新移民和文化三大類為主。而這四個國家也是目前臺灣新移民人數排名前四位的原籍國家，甚至也是移工的主要來源國家。

　　「由於跨國婚姻日增，臺灣人口結構改變，新住民子女就學人數不斷攀升。全國各級學校，無論在班級經營、課程教學、親職教育、親師交流等方面，都需積極應對。」、蔣偉寧部長在2013年指出「教育部統計資料顯示，101學年度全國2,657所國小，其中有高達8成，計2,036間是新住民重點學校」，因此內政部與教育部共同推動「全國新住民火炬計畫」。教育部負責其中的「新住民子女教輔計畫」九大推動項目及課程教材的共同研發。[27]

　　這套以台北縣為基礎發展出來的教育部和內政部合作推動的「全國新住民火炬計畫」，編纂了《新住民母語生活學習教材)》，含越南、印尼、泰國、緬甸、柬埔寨五國，每本教材都採結合華語/國別語的雙語對照，每本教材內容總計三十課。第一課是各國字母與發音。其中第二課到第十五課是基礎級，課文中的中文字母數是50-100字。第十六課到第三十課是進階級，課文中的中文字母數是100-200字。每課的體例由以下五部分構成：

一、課文：內容均為對話形式。

二、語彙：課文中的重要句與詞，挑出十個必須熟練的詞彙及十餘個補充語彙。

三、替換語詞：目的在增強語彙及句法運用的熟練性。在同一個句型下，更換　2-3個不同的語彙，讓學習者大聲朗讀。

---

[27] 林慈玲等總編輯，2013。《新住民母語生活學習教材─全國新住民火炬計畫V3泰國》，臺北：教育部&內政部。

四、文化教室：根據課文內容說明各國在語言文化的特性、文字
　　及生活上的差異加以說明。文化內容以人際互動為主，知識
　　性的描述為輔。各課程有時也增列童謠，並錄製於 CD 中供
　　聆聽。
五、學習單：加強說與寫，基礎級練習短語，進階級練習小短文
　　的書寫。

　　　該系列教材強調不直接用翻譯華語成泰語，而重視文化的對
比性，將臺灣華語的生活情境，依據該國的文化，轉譯成該國的
情境及對話，例如吃早餐，不是將臺灣的豆漿、三明治直接翻譯
成當地語言，例如轉譯為泰國的打拋豬肉飯和柳橙汁，越南是河
粉或法式麵包等，印尼是炒飯和甜茶，緬甸是魚湯麵和茶，柬埔
寨是粿條或法式麵包等。透過文化對比的介紹，有利於學習理解
與快速適應當地生活。[28]

　　　時任內政部長的李鴻源教授指出「婚姻移民不僅已成為我國
人口的重要結構與特色，所帶來的文化融合與創新，更孕育臺灣
多元社會的豐富資產」，內政部跟教育部共同編雙語對照之母語課
程教材，使新住民家庭成員及其子女對新住民父親或母親原生母
國的語言與文化有所認知與傳承」(馬英九總統特別強調「新住民
家庭若能教導孩子學會新住民的母語，將可使其子女更具備多國
語文優勢，日後能夠成為臺灣的國際人才」)。[29]

　　　未來十二年國教除提供新移民子女選修東南亞語文課程外，

---

[28]　林慈玲等總編輯，前揭書。
[29]　林慈玲等總編輯，前揭書。

國人應該可以參考泰國曼谷的東協文化中心的展覽，結合科技的模式，透過這套教材讓國人更認識東南亞各國的國情與文化，不應該只有針對新住民子女的東南亞語言的教學。

伍、結論：新南向政策下的台泰博物館交流

　　台灣跟泰國的博物館在 2007 年透過泰國的國家博物館和台灣國立歷史博物館，已經召開過館長論壇與開始聯合策展，目前透過台灣的中華民國博物館學會也有亞太博物館連線，進行相關的博物館研究與理念的交流。根據2017年的泰國移地研究，也發現 TCDC 和東協文化中心跟觀光和教育兩大場域連結的推動模式，值得台灣借鏡。

　　台灣的博物館目前基於文化平權創造新住民積極參與博物館導覽活動的機會，甚至於增能賦權、產生共榮，呈現活潑的樣貌。燦爛時光的真人圖書館和結合印尼國慶的文化節慶的推動模式，結合博物館的新住民族展示活動創造一個回應多元文化挑戰的對話新平台，提升各新住民的文化公民權，並成為族群間對話的平臺，跨越差異彼此認同，進而達到相互理解、尊重與包容，將是博物館全球化的新願景與挑戰。未來應可明訂文化政策，成立以移民及多元文化為核心概念的博物館，積極推展多元文化教育與文化平權議題。

參考文獻

一、 中文

王宏仁，2004，〈婚姻移民與國際勞動力移動：以台灣的越南新娘為例〉。《香港、台灣和中國內地的社會階級變遷》，頁271-298。香港：香港中文大學香港亞太研究所。

王俊凱、張翰璧、張維安、王宏仁，2011，〈性別化的性別移民政治：關於國內策展的反思〉，《博物館展示的景觀》，頁：333-352。臺北：國立臺灣博物館。

王啟祥，2012，〈博物館觀眾身分認同的研究與啟示〉，《認同建構：國家博物館與認同政治》，頁：173-185。臺北：國立歷史博物館。

王雅萍，2017，科技部「泛太平洋的區域政治經濟與文化流動--以民為本的跨國連動政治：臺灣與東南亞關係的再檢視」整合計畫的子計畫二「顯影的連動性：東南亞民族村與國家博物館對台灣的東南亞多元文化教育之啟示」的期中報告書和移地研究報告(計畫編號：MOST 106-2420-H-004-001-MY2)。

王嵩山，2005，《博物館、知識建構與現代性》，台中：國立自然科學博物館。

王銘銘，1998，《想像的異邦---社會與文化人類學散論》，上海：上海人民出版社。

林慈玲等總編輯，2013。《新住民母語生活學習教材---全國新住民火炬計畫V3泰國》，臺北：教育部&內政部。

夏學理，2007，《文化產業經濟效能研究_我國博物館經營效益與產值調查》，台北：國立台灣博物館。

夏曉鵑，2002，《流離尋岸_資本國際化下的「外籍新娘」現象》，台北：台灣社會研究。

國立歷史博物館編輯委員會編輯 2007《菲越泰印—東南亞民俗文物展》，台北： 國立歷史博物館。

秦裕傑，1992，《博物館絮語》，台北：漢光文化。

張翰璧，2007，《東南亞女性移民與台灣客家社會》，台北：中央研究院亞太區域研究專題中心。

陳雪雲，2005，〈台灣博物館觀眾研究回顧與展望：從現代到後現代主體〉，《博物館、知識建構與現代性》，頁 115-139，台中：國立自然科學博物館。

陳嬋娟、林洛㦤、梁庭瑋，2013，《文字平權：新住民的文化參與與成果專輯》，高雄：高雄市立美術館。

黃永川，2007，《菲越泰印—東南亞民俗文物展》，台北：國立歷史博物館。

楊玲、潘守永，2005，《當代西方博物館發展態勢研究》，北京：華苑出版。

楊昊、陳琮淵，2013，《臺灣東南亞研究新論：圖象與路向》，臺北：洪葉出版。

鄭邦彥，2010，〈一個亞洲‧三個世界：我在博物館蒐藏與策展間的行動與反思〉，《博物館蒐藏的文化與科學》，頁：233-252，臺北：國立臺灣博物館。

顏上晴，2007，《十字路口上的台灣博物館產業_專業、社群、永續》，高雄：國立科學工藝博物館。

王啟祥，2004，〈國內博物館觀眾研究知多少〉，《博物館學季刊》，18(2): 95-104。

丘延亮，2006，〈實踐永遠是在理論的前頭：解讀一個行動研究在地踐行的自敘〉，《應用心理研究》，第 31 卷，頁 246-249。

吳盈潔，2014)，〈更細膩的想像：博物館與新住民的關係〉，《中華民國博物館簡訊》，第 67 期。

阮氏青河，2014，〈為何博物館不是大家的博物館〉，《中華民國博物館簡訊》，第 67 期。

林士傑，2014，〈從「新」出發：臺北場次工作坊規劃始末、觀察〉，《中華民國博物館簡訊》，第 67 期。

林洛慇，2014，〈看見需要：新住民參與博物館的反思〉，《中華民國博物館簡訊》，第 67 期。

林頌恩，2011，〈博物館體現新移民文化的社會角色之嘗試：以史前館與東南亞外籍配偶社群合作為例〉，《21 世紀博物館的價值與使命》，臺北：華騰全球數位文化公司，頁：151-158。

林頌恩，2013，〈博物館實踐促進少數群體文化權利的理論與想像〉，《博物館學季刊》，第 27 卷第 3 期，頁 29- 49。

林頌恩，2014，〈面對新移民，博物館員的認知調整：是共犯還是共創？〉，《中華民國博物館簡訊》，第 67 期。

林潔琪，2014，〈「珍貴的一課」：臺東場次工作坊的看見、做到〉，《中華民國博物館簡訊》，第 67 期，頁 12-13。

柯瓊芳、張翰璧，2007，〈越南、印尼與台灣社會價值關的比較研究〉，《台灣東南亞學刊》，第 4 卷第 1 期，頁 91-112。

胡玉鳳，2014，〈越南新住民胡玉鳳談「我的博物館經驗」〉，《中華民國博物館簡訊》，第 67 期:。

胡清嫻，2014，〈活的博物館〉，《中華民國博物館簡訊》，第
　　67期，頁22-23。

夏曉鵑，2000，〈資本國際化與國際婚姻：以臺灣的「外籍新娘」
　　現象為例〉，《臺灣社會研究季刊》，第39卷，頁45-92。

徐純，2004，〈博物館法人化的蒸發作用〉，《博物館學季刊》，
　　第18卷第4期，頁139-140。

張正，2014，〈博物館的第一步：搶先認識東南亞〉，《中華民
　　國博物館簡訊》，第67期。

張英彥，2014，〈博物館學習：促進新住民融合的新作法〉，《中
　　華民國博物館簡訊》，第67期。

張婉真，2002，〈博物館定義的再思考〉，《歷史文物》，第12
　　卷第8期，頁86-91。

張菀珍、黃富順，2007，〈我國外籍配偶學習問題之研究〉，《國
　　教學報》，第19期，頁49-78。

梁光余，2004，〈公立博物館行政法人化急不得〉，《博物館學
　　季刊》，18(4): 135-138。

陳佳利，2003，〈博物館、多元文化與社會參與平等──以英國的
　　經驗為例〉，《博物館學季刊》，第17卷第1期，頁139-147。

陳怡婷，2014，〈「穿越邊界」的探索與行動：臺南場次側記〉，
　　《中華民國博物館簡訊》，第67期。

陳尚懋，2011，〈泰國文化創意產業的政治經濟分析〉，《亞太研究
　　論壇》，第54期，頁1-28。

陳琮淵整理，2004，〈臺灣東南亞研究的十年回顧座談會〉，《亞太
　　研究論壇》，第25期，頁134-137。

黃貞燕，2004，〈從「文化行政」時代到「公共文化事業」時代：

　　以日本經驗試論國立博物館行政法人化的意義與挑戰〉，《博
　　物館學季刊》，第 18 卷，第 4 期，頁 97-122。

劉德祥，2007，〈博物館觀眾研究：研究方法回顧〉，《博物館
　　學季刊》，第 21 卷第 1 期，頁 31-44。

蔡順柔，2014，〈我的想像：在新移民生活館的路上〉，《中華
　　民國博物館簡訊》，第 67 期。

鄭邦彥，2015，〈在臺灣博物館兼容新住民──近期實踐與反思〉，
　　《博物館學季刊》，第 29 卷第 3 期，頁 103-116。

鄭時宜、黃慶源、蔡秀芳、李宗侯，2003，〈南台灣博物館參觀
　　觀眾生活型態初探〉，《科技博物》，第 7 卷第 1 期，頁 60-75。

蕭新，2004，〈回首來時路：從東南亞區域研究計畫到亞太區域研
　　究專題中心〉，《亞太研究論壇》，第 25 期，頁 138-155。

鍾德馨，2005，〈我國外籍配偶子女教育問題及因應策略之探討〉，
　　《學校行政雙月刊》，第 40 期，頁 213-225。

藍佩嘉，2002，〈跨越國界的生命地圖〉，《台灣社會研究季刊》，
　　第 27 卷，頁 69-95。

杜正勝，2003，〈變革時代談台灣博物館永續經營之道〉，《危
　　機與轉機：新世紀的博物館 2003 年博物館館長論壇論文
　　集》，台北：國立歷史博物館。

郭瑞坤，2009，〈博物館與文化包容性：從社會文化賦權談新移民
　　議題的可能性〉，《當地方遇見博物館：臺灣經驗與跨文化視
　　野》，宜蘭：蘭陽博物館。

黃光男，2003，〈由專業人才與經費預算談台灣博物館營運的省
　　思〉，《危機與轉機：新世紀的博物館 2003 年博物館館長
　　論壇論文集》，台北：國立歷史博物館。

王玉玲，2017，《博物館是共享的：泰國博物館之視障觀眾研究》，
　　台北：國立臺北藝術大學文創產業國際藝術碩士學位學程碩
　　士論文。

陳佩瑜，2001，《台灣想像與落差：十九個埔里越南新娘的故事》，
　　南投：暨南國際大學東南亞研究所碩士論文。

楊智翔，2006，《澳洲台灣年輕移民生活適應與身分認同過程之
　　探討—以墨爾本為例》，台北：台灣大學地理與環境資源學
　　系碩士論文。

蕭昭娟 (2000)。《國際遷移之調適研究：以彰化縣社頭鄉外籍新
　　娘為例》。台北：國立台灣師範大學地理研究所碩士論文。

李先鳳，2008，〈518 國際博物館日，台灣新移民議題融入活動〉，
　　中央社，2008/5/6。

周美惠，2004，〈大選比 SARS 更毒？博物館票房今年三四月
　　比去年同期慘〉，《聯合報》，2004 年 7 月 25 日，B6 版。

周美惠，2005，〈法人風吹，博物館雪上加霜〉，《聯合報》，
　　2005 年 2 月 23 日，C6 版。

翟振孝等，2007，《辦理「東南亞民俗文物展」赴菲律賓、泰國及
　　印尼國家博物館洽商館際合作計畫》。

高雄國立科學工藝博物館，2008，《97 年邀請弱勢族群到館體驗
　　活動計畫》。

高雄國立科學工藝博物館，2008，《生活新體驗，生命新境界」
　　國立科學工藝博物館體驗活動計畫》。

高雄國立科學工藝博物館，2008，《菲印兩國民俗文物特展—南
　　洋一家親系列活動計畫書》。

國立中央大學，2010，《我國博物館作為新移民文化涵化功能研

究」期末報告書》，台南：國立台灣文學館。

中央大學，2010。《我國博物館作為新移民文化涵化功能研究》期末報告書，http://www. nmtl.gov.tw/filemgr/Gov_Info/Plan/我國博物館作為新移民文化涵化功能研究期末報告_20100525.pdf，(檢索日期：2017 年 11 月 17 日)。

吳庭寬，2016，〈吳庭寬：自由的宣示—印尼移工的獨立紀念日〉，獨立評論@天下網頁 https://opinion.cw.com.tw/blog/profile/392/article/4670 ，(檢索日期：2017 年 11 月 17 日)。

國際博物館協(ICOM from 1946)，取自 http://icom.museum/mission.html，(檢索日期：2017 年 11 月 17 日)。

世界博物館搜尋(Museums around the world)，http://icom.museum/vlmp/world.html，檢索日期：2017/11/17。

美國博物館協會（AAM from 1906），http://www.aam-us.org/index.cfm ，(檢索日期：2017 年 11 月 17 日)。

日本博物館資訊網（JMI：Japanese museum information），取自 http://www.museum.or.jp/IM_english/，(檢索日期：2017 年 11 月 17 日)。

加拿大博物館協會(CMA from 1947)，<http://www.museums.ca/en/>，(檢索日期：2017 年 11 月 17 日)。

中華民國博物館學，<http://www.cam.org.tw/big5/main.asp> ，(檢索日期：2017 年 11 月 17 日)。

台灣博物，<網址：http://museum.cca.gov.tw/>，(檢索日期：2017 年 11 月 17 日)。

博物館學教育資源中心，<網址：http://art.tnnua.edu.tw/museum/html/comp.html>，(檢索日期：2017 年 11 月 17 日)。

萬國博覽，<網址：http://expomuseum.com/history/>，(檢索日期：
2017 年 11 月 17 日)。

二、西文

Falk, J. and Dierking, L. D. 2000. *Learning from Museum: Visitor Experiences and the Making of Meaning*. Wamut Creek, CA: Alta Mira Press.

Falk, J. 2009. *Identity and Museum Visitor Experience*. Wamut Creek, CA: Left. Coast Press, Inc.

Green, Gillian. 2008. *Pictorial Cambodian Textiles*. 1st Ed. River Books, Thailand: Ratchadamnoen Contemporary Art Center.

Kemmis, S. and McTaggart, R. 1988. *The Action Research Planner*. *Geelong*, Victoria: Deakin University Press.

Kelly. Kristin. 2001. *The Extraordinary Museums of Southeast Asia*. New York : Harry N. Abrams.

Ladkin, D. 2004. "The Phenomenological Roots of Action Research." *Action Research*, Vol.3, No.1, pp.109-127.

Lather, P. 1986. "Research as Praxis." *Harvard Educational Review*, Vol.6, No.3, pp.257-277.

Reason, P. and Bradbury, H. 2001. "Inquiry and participation in search of a world worthy of human aspiration," In: Reason, P. and Bradbury, H. (Eds.), 2001, *Handbook of Action Research: Participative Inquiry and Practice*, pp.1-14. London: Sage.

Schön, D. 1983. *The Reflective Practitioner: How Professionals Think in Action.* London: Temple Smith.

Schön, D. 1987. *Educating the Reflective Practitioner.* San Francisco: Jossey-Bass.

Teather, J. L. 1991. "Museum Studies: Reflecting on Reflective Practice." *Museum Management and Curatorship*, Vol.10, No.4, pp.403-417.

Young Artists Talent, 2017, *The 8th Young Artists Talents Art Exhibition.* Bangkok: Ratchadamnoen Contemporary Art Center.

附　錄

一、泰國地圖

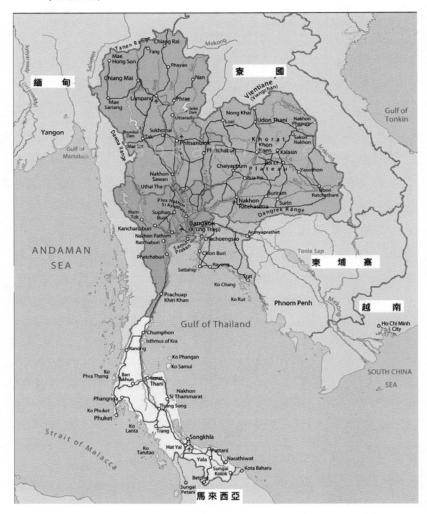

二、2013~2017 泰國經濟數據

年度	2013	2014	2015	2016	2017
名目 GDP (億美元)	4,210	4,070	4,010	4,120	4,550
實質 GDP 成長率 (%)	2.7	0.9	2.9	3.2	3.9
人均名目 GDP (人/美元)	6,157	5,921	5,.830	5,970	6,591
泰國失業率(%)	0.7	0.8	0.9	0.8	0.7
泰國出口至全球 (億美元)	2,285	2,276	2,108	2,136	2,360
泰國從全球進口 (億美元)	2,507	2,279	2,020	1,957	2,251
全球外來直接投資流 入 (FDI) (億美元)	159	50	89	30	79

資料來源：IMF, ITC, Bank of Thailand

三、2017 泰國前十大出口國

單位：百萬美元

排名	國家	出口值	佔比
1	中國	29,365	12.4%
2	美國	26,546	11.2%
3	日本	22,254	9.4%
4	香港	12,280	5.2%
5	越南	11,600	4.9%
6	澳大利亞	10,486	4.4%
7	馬來西亞	10,316	4.4%
8	印尼	8,783	3.7%
9	新加坡	8,167	3.5%
10	菲律賓	6,931	2.9%
	全球	236,005	100.0%

資料來源：ITC

四、2017 泰國前十大進口國

單位：百萬美元

排名	國家	進口值	佔比
1	中國	44,708	19.9%
2	日本	32,376	14.4%
3	美國	15,127	6.7%
4	馬來西亞	11,879	5.3%
5	臺灣	8,216	3.6%

6	台灣	8,142	3.6%
7	新加坡	8,014	3.6%
8	阿聯酋	7,857	3.5%
9	印尼	7,442	3.3%
10	瑞士	7,275	3.2%
	全球	225,131	100.0%

資料來源：IMF

五、2017 前十大對泰國外來直接投資流入國

單位：百萬美元

排名	國家	投資額
1	日本	3,014
2	新加坡	1,753
3	臺灣	696
4	紐西蘭	587
5	德國	337
6	瑞士	312
7	模里西斯	307
8	英國	276
9	開曼群島	232
10	中國	195
	全球	7,944

資料來源：Bank of Thailand

附註：泰國央行計算全球的 FDI 流量會將淨流出量列為負數，因此會出現單一國家大於總數的情況。

國家圖書館出版品預行編目資料

泰國發展進行式：政治、經濟與社會文化整合／宋鎮照，洪鼎倫，譚偉恩主編.
－－初版.－－臺北市：五南，2018.11
　　面；　公分
ISBN 978-957-11-9982-5（平裝）

1.政治經濟　2.政治發展　3.社會發展
4.泰國

552.382　　　　　　　　107016870

4P75

泰國發展進行式：政治、經濟與社會文化整合

作　　者 — 宋鎮照　洪鼎倫　譚偉恩

出 版 者 — 國立成功大學政治系暨政經所

封面設計 — 王麗娟

總 經 銷 — 五南圖書出版股份有限公司

地　　址：106台北市大安區和平東路二段339號4樓

電　　話：(02)2705-5066　　傳　真：(02)2706-6100

網　　址：http://www.wunan.com.tw

電子郵件：wunan@wunan.com.tw

劃撥帳號：01068953

戶　　名：五南圖書出版股份有限公司

法律顧問　林勝安律師事務所　林勝安律師

出版日期　2018年11月初版一刷

定　　價　新臺幣450元